부산대학교 다민족 다문화 연구 시리즈 3

외국 이주민의 사회적 욕구와 적응

MultiRacial MultiCultural

부산대학교 사회과학연구원 편

박영사

서 문

21세기 중요한 특징 중 하나는 세계화이다. 세계화는 자본과 노동이 국가의 경계를 넘어 이동하는 현상이다. 그러나 국가 간 자본의 이동이 자유로워지면서 국가 간 불균형 발전은 심화되었으며, 그 결과 대량실업과 빈곤화로 자국을 떠나는 이주인구가 폭발적으로 증가했다. 국제이주기구의 발표에 의하면, 2010년 현재 자국을 떠나 다른 국가로 이주하는 인구는 2억 1천 4백만 명으로 이는 전세계 인구의 약 3.1%에 이른다고 한다. 국제이주의 흐름은 선진국뿐만 아니라 전세계로 확산되고 있으며, 한국 역시 이와 같은 현상 속에서 1990년대 이후 외국인 유입이 크게 증가하고 있다.

한국은 1990년대 이전만 하더라도 노동력 수출국이었기 때문에 국내에 들어오는 외국인보다 해외로 나가는 국민들이 더 많았다. 하지만 1990년에 접어들면서 국내에 들어오는 외국인은 차츰 증가하기 시작했는데, 1990년 외국인 인구가 49,507명에서 2011년 현재 1,395,077명으로 1990년에 비해 약 28배 증가하였고 전체 인구에서 차지하는 비중도 2.9%에 이르게 되었다. 그리고 한국에 들어오는 외국인의 유형도 외국인근로자, 결혼이민자, 유학생, 무역 및 상업 투자자 등 매우 다양해지고 있다. 특히 한국에 들어오는 외국인 중 결혼이민자의 증가 속도가 빠르며, 이들이 한국사회 곳곳에 거주하게 됨에 따라 한국의 다민족현상은 다른 국가에 비해 훨씬 더 빠르게 진행될 것으로 예상된다.

이러한 한국의 급속한 다민족사회로의 전환에도 불구하고 국내에 거주하는 외국인들은 한국사회에 적응하는 것이 쉽지 않은 것으로 나타나고 있다. 우선 국내 거주 외국인 중 가장 비중이 큰 외국인노동자의 경우 의사소통이 원활하지 않고, 각종 정보에 대한 접근이 용이하지 않아 생활전반에서 불편을 경험하고 있고, 또한 직장 내 차별, 임금체불, 산업재해 등은 낯선 해외에서 일하면서 목돈을 마련하고자 했던 이들의 꿈을 좌절시키기도 한다. 둘째, 결혼이민자의 경우에는 결혼하자마자 새로운 가족문화에 편입되기 때문에 외국인노동자와는 다른 형태의 어려움을 겪는다. 언어와 문화적 차이, 서로 다른 가족구조와 문화, 경제적 어려움, 그리고 이러한 어려움에도 불구하고 사회경제적 접근기회의 부족으로 인해 일상생활의 고통이 더 크다고 할 수 있다.

이상과 같이 단기간에 외국 이주민이 국내에 유입되면서 적응과정에서 많은 문제점이 야기되고 있다. 외국 이주민의 적응 문제는 이들의 체류 목적에 따라 적응의 양상이 다르고 적응의 목표가 다를 수 있다. 한국에 일하러 들어온 외국인노동자의 경우 일시적으로 체류하는 사람들이기 때문에 이들의 적응문제는 이들이 체류하는 동안에 생활에 불편함이 없이 살아가는 정도라고 할 수 있다. 하지만 결혼이민자는 한국에 장기적 혹은 영구적으로 거주할 것으로 예상되는 집단이기 때문에 이들의 적응문제는 외국인노동자의 그것과 다르다. 따라서 이들의 적응 지원은 보다 체계적이고 안정적으로 이루어져야 할 것이다.

이러한 배경에서 이 책에서는 외국 이주민 중 비중이 큰 외국인노동자와 여성결혼이민자를 중심으로 적응과정에서 어려움이 발생했을 때 어떠한 방식으로 대응하는지를 통계 자료 분석에 바탕을 둔 경험적 연구들로 살펴보고 있다.

제1장에서는 여성결혼이민자의 결혼적응에 영향을 미치는 요인을 파악한다. 특히 결혼이민자의 결혼적응을 결혼만족, 이혼의도, 부부 간 애정으로 나누어 각각의 하위척도에서 어떠한 요인이 결혼적응에 가장 크게 영향을 미치고 있는지를 파악하고자 하였다. 이 연구에서는 결혼이민자의 결혼적응에 있어서 스트레스 요인이 크게 작용하고 있으며, 결혼이민자의 가족지원정책에서 스트레스를 해소할 수 있는 방안이 마련되어야 함을 제안하고 있다.

제2장에서는 여성결혼이민자의 문화적응스트레스와 부부 적응의 관계에서 자아탄력성의 매개효과, 조절효과를 살펴보고 있다. 이러한 연구는 스트레스 상황에 놓여 있는 여성결혼이민자에게 스트레스를 감소시킬 수 있는 방안으로 자아탄력성의 중요성을 제시하고 있다.

제3장에서는 여성결혼이민자의 사회적 관계가 결혼의 질과 밀접한 관련이 있다는 선행연구를 토대로 이들의 가까운 사회적 관계로부터 제공받는 사회적 지지

가 결혼의 질을 어느 정도 설명하고 예측하는가를 살펴보고 있다. 특히 가까운 사회적 관계를 배우자, 시댁부모, 친정부모, 자녀, 이웃, 모국 친구, 한국 친구, 공공기관으로 나누어 이들이 제공하는 지지가 여성결혼이민자의 결혼의 질에 어떠한 영향을 미치는지를 살펴본다. 이 연구를 통해 여성결혼이민자의 사회적 지지를 확인할 뿐만 아니라 최근 급속하게 이루어지고 있는 공공기관의 지원이 이들의 결혼생활에 어떠한 효력을 발휘하고 있는지를 살펴본다.

제4장에서는 여성결혼이민자의 결혼의 질을 결정하는 데 있어서 사회적 지지와 생활스트레스의 중요성을 탐구한다. 특히 여성결혼이민자의 생활스트레스와 결혼의 질과의 관계에서 사회적 지지가 어떠한 효과를 나타내는지를 분석하고 있다. 이 연구에서는 여성결혼이민자의 사회적 지지가 생활스트레스에 효과적으로 대처하지 못함으로써 사회적 지지가 매우 미흡하다는 것을 드러내고, 따라서 여성결혼이민자가 한국생활에서 겪는 여러 가지 스트레스에 대응하기 위해서는 사회적 지지망이 확충되고 효과적인 지지가 이루어져야 한다는 것을 제안하고 있다.

제5장에서는 한국사회에서 거주기간이 점점 길어지고 있는 외국인노동자들이 모국을 떠나 문화적으로 다른 한국사회에서 가족을 형성하고 있다는 점과 이주노동으로 인한 가족이 분리되는 위기상황 속에서 어떻게 새로운 환경에서 가족생활 또는 모국과의 가족생활을 유지하고 있는가 하는 것에 초점을 맞추고 있다. 이를 위해 기존의 가족탄력성 개념을 활용하여, 외국인노동자 가족의 연구에 적용하여 가족탄력성이 한국사회의 적응력을 높일 수 있는가를 고찰하여, 외국인노동자 가족의 가족탄력성 강화를 위한 가족복지정책의 방향을 제시하고 있다.

제6장에서는 외국인노동자의 사회적 연결망이 취업만족에 미치는 영향과 사회적 지원이 취업만족에 매개효과가 있는지를 규명한다. 외국인노동자는 한국생활에 적응하고 어려움을 극복하기 위해 자신이 가진 자원을 최대한 동원하게 되는데, 이주 전에는 한국으로 입국하기 위해, 또 이주 후에는 한국생활에 적응하는 데에 유용하게 작용한다. 이러한 외국인노동자의 연결망에 주목하여 한국으로 이주 후 취업을 하는 데 그리고 직장을 옮긴 후 취업만족에 사회적 연결망이 어떠한 영향을 미치는지 그리고 사회적 지원이 취업만족에 매개효과가 있는지를 규명한다.

제7장에서는 기존의 외국인노동자의 욕구조사가 단순한 생활실태조사 혹은 노동실태조사의 한 부분으로서 이루어졌기 때문에 욕구에 관한 충분한 정보를 제공하지 못하는 점에 주목하여 외국인노동자의 사회적 욕구를 파악한다. 즉, 외국인노동자의 욕구 중에서 어떠한 욕구가 중요한지를 실증적 분석을 통해 그 중요성을 파악하고, 의사결정자가 자원을 배분하는 데 필요한 우선순위를 판단할 수 있는 기준을 제시하고자 한다. 구체적으로, 계층분석과정(AHP: Analytic Hierarchy Process) 기법을 이용해 이주노동자의 사회적 욕구에 대한 상대적인 중요도를 측정하여 욕구의 우선순위를 결정하고, 전문가집단으로서 공공기관과 민간단체의 중요도 평가에 어떠한 차이가 있는지를 파악한다.

이 책은 앞서 언급한 바와 같이 한국사회의 두 이민자 집단 즉, 여성결혼이민자와 외국인노동자의 적응에 초점을 두고, 이들의 적응과정에서 이론 및 방법론 제시, 통계자료 분석, 설문조사 해석 등을 추구했다는 점에서 의의가 있다. 각 장에서 추구하는 연구 성과들은 한국의 이민자 연구에 나름대로 의의가 있다고 여겨지지만, 이 책이 가지는 한계도 몇 가지 지적할 필요가 있다. 첫째, 각 장의 연구들이 대체로 부산지역에 한정하고 있어서 연구의 결과들을 일반화하는 데에는 의문이 제기될 수 있다. 둘째, 이 책의 연구들은 외국 이민자 집단의 적응 과정을 사회과학적 관점에서 통합하여 이루려고 했지만, 연구들 간의 통합적 관점을 제시하는 데는 부족했다는 한계도 지적되어야 할 것이다.

이 책은 이러한 한계를 가지고 있지만, 한국사회의 두 이민자 집단의 적응과정에서 발생하는 여러 가지 문제점을 지적하고, 나름의 대안들을 개발했다는 점에 의의를 가진다. 공동 연구를 위해 지원해 준 한국연구재단에 감사하며, 앞으로 이 책의 문제점을 보완하여, 한국사회 이민자 집단의 적응의 이론화와 이에 대한 경험적 연구를 위해 더욱 노력하고자 한다. 미흡하지만 이 책을 통해 한국의 이민자 집단들이 한국사회에서 원활하게 정착할 수 있기를 기원한다.

2012. 8
연구진을 대표하여 박병현 씀

차　례

제 3 장 결혼이주여성의 사회적 지지와 결혼의 질의 관계

제 4 장 결혼이주여성의 결혼의 질의 결정요인
—생활스트레스와 사회적 지지의 중요성을 중심으로

제 5 장 외국인노동자의 가족탄력성이 문화적응스트레스에 미치는 영향 —김해시를 중심으로

제 6 장 이주노동자의 사회적 자본과 취업만족에 관한 연구 —사회적 지원의 매개효과를 중심으로

제1장

결혼이주여성의 결혼적응에 관한 연구

김 현 숙

제1장

결혼이주여성의 결혼적응에 관한 연구*

Ⅰ. 서 론

최근 국제결혼 부부의 이혼 증가가 심상치 않다. 이혼이 행복하지 않은 결혼에 대한 하나의 선택적 대안으로 수용되는 경향으로 짙어지고 있지만, 현재 국제결혼 부부의 이혼의 정도와 속도는 지나친 감이 있다. 2008년 통계청 자료에 의하면, 우리나라 전체 이혼 건수가 2004년 138,932건에서 2008년 116,535건으로 약 1.2배 감소한 반면, 이중 국제결혼 부부의 이혼은 같은 기간 동안 3,300건에서 11,255건으로 불과 4년 만에 약 3배로 증가했다. 그리고 국제결혼 부부의 이혼은 2004년까지 외국인 남편과 한국인 아내 간의 이혼이 많았으나, 2005년부터는 외국인 아내와 한국인 남편 간의 이혼이 더 높게 나타나고 있다. 그리고 외국인 아내와 한국인 남편과의 이혼은 이 기간 동안 무려 약 5배를 넘어서고 있다. 한국의 이혼 현상에서 국제결혼 부부의 이혼이 급격히 증가하고 있으며, 특히 외국인 아내와 한국인 남편의 이혼이 크게 증가했다.

이처럼 단기간에 국제결혼 부부의 이혼이 크게 증가한 것은 무엇보다 이들 부부의 결혼생활이 일반 부부의 결혼생활과 비교할 때 평탄치 않음을 의미한다. 즉, 국제결혼은 몇 가지 측면에서 구조적 문제를 내포하고 있다(박재규, 2006: 73). 한국 및 한국인 배우자에 대한 이해 없이 한두 번의 만남을 통해 결혼하는 국제결혼 구조의 문제(최송식 · 장익진 · 김현숙, 2008: 225), 그에 따른 의사소통의 어려움과

* 이 논문은 2007년 정부(교육인적자원부)의 재원으로 한국연구재단의 지원을 받아 수행된 연구임 (KRF-2007-411-J01101).

한국의 가부장적 가족구조와 문화에의 부적응과 갈등(김이선 · 김민정 · 한건수, 2006: 48-152), 기대했던 결혼생활과 실제 결혼생활의 차이(윤형숙, 2004: 331-337), 경제적, 사회적으로 주류사회로의 통합에의 어려움과 고립(김현숙, 2007: 103-212), 부양 및 양육 스트레스 등이 결혼생활 및 한국생활의 적응을 어렵게 한다. 이처럼 국제결혼 부부의 결혼생활과정에는 일반 부부와 다른 특수한 상황이 있으며, 결국 이러한 요소들이 이들의 결혼생활을 유지하기 어렵게 만들고 있는 것으로 이해할 수 있다. 따라서 국제결혼 부부의 적응을 지원할 수 있는 방안이 마련되어야 하며, 그러기 위해서는 이들의 결혼적응에 대한 이해가 우선시되어야 할 것이다.

결혼은 서로 다른 가치관과 배경을 가진 두 개인의 결합으로, 결혼생활과정에는 공통의 목적과 성취를 위해 서로의 가치관을 조정하고 배우는 상호적응과정이 필요하다. 그동안 부부의 결혼적응에 대한 연구는 Hamilton(1929)이 결혼생활에 대한 만족도를 측정하였던 것을 시작으로, 그 후 Burgess와 Cottrell(1939: 317-322), Locke and Williamson(1958: 562-569), Blood(1960: 209-219), Burr(1970: 29-37), Spanier(1976: 403-414) 등 많은 학자들에 의해 이루어져 왔다. 1970년대 이전까지 결혼적응 개념은 행복, 만족, 일치, 안정, 동료감, 조화 등의 용어와 유사한 개념이며, 결혼 상태에 대한 질적인 평가가 대부분이었다. 1970년대 중반에 이르러 Spanier(1976: 404)는 결혼적응을 끊임없이 변화하는 하나의 과정으로 다루면서, 결혼적응을 부부 간의 일치, 만족, 응집, 애정표현 등으로 정의하였다. 그러나 Spanier(1976: 404)의 결혼적응 개념은 부부를 중심으로 하는 서구의 결혼생활에는 적합하지만, 한국과 같이 결혼에 가족의 영향력이 큰 부부의 결혼적응을 측정하는 데 적합하지 않다(이경성 · 한덕웅, 2003: 680). 이와 같은 문제점이 나타나면서 이경성 · 한덕웅(2003: 679-705)은 Spanier의 결혼적응 개념에 기반하여 가족관계를 포함한 결혼적응척도를 개발하였다.

한편 기존 연구에서 다루어 온 결혼적응에 영향을 미치는 요인들은 크게 사회 · 인구학적 요인, 결혼 전 요인, 부부 상호작용 요인 등으로 나누어진다. 부부의 교육수준(고정자 · 김갑숙, 1999: 15; 조금숙, 2000: 26), 배우자의 안정적인 직업 및 수입(고정자, 1998: 14), 성별의 영향(최규련, 1984: 93), 결혼기간(김혜경, 2005: 64) 등이 있으나, 실제로 사회 · 인구학적 요인들과 결혼적응의 관계는 일관적이지 않다. 결혼 전 요인으로 부부의 교제기간(김태현 · 이성희, 1999: 103), 원가족의 특성 및 건강도(권정란 · 이인수, 2006: 51-53) 등이 언급되고 있는데, 대체로 결혼 전 교제기간이 길수록, 원가족이 건강할수록, 부부의 결혼적응이 높은 것으로 나타나고 있다. 부부 상호작용 요인으로는 부부의 의사소통(오경희, 1997: 209), 자아분화수준(조은경 · 정혜정, 2003: 125), 스트레스 및 갈등해결방법의 차이(이현희, 2002: 20-25) 등이 결혼적응과 관련이 있는 것으로 언급되고 있으며, 현재까지 진행된 연구결과에 의하면 부부의 상호작용 요인이 사회 · 인구학적 요인보다 부부의 결혼적응과 관련하여 더 높은 설명력을 가지는 것으로 보고되고 있다.

그런데 국제결혼 부부의 결혼적응 문제는 인종 · 문화적 배경이 상이하기 때문에 내국인 부부보다 더 복잡하다. 즉, 국제결혼 부부의 적응문제는 국제결혼 부부의 특수성이 고려되어야 한다. 첫째, 일반 부부의 경우 의사소통의 효율성이 결혼적응에 중요하게 작용한다면(오경희, 1997: 209), 국제결혼 부부의 경우 의사소통의 효율성뿐만 아니라 언어 수준까지 고려되어야 한다. 언어는 부부 간의 의사소통을 하기 위한 수단일 뿐만 아니라 문화습득능력이나 타인과의 커뮤니케이션, 나아가 사회적 통합에 영향을 미치기 때문에 결혼생활에 중요한 영향을 미친다(권복순 · 차보현, 2006: 113). 둘째, 부부의 문화적 배경이 상이하기 때문에 일상생활을 영위하는 데 있어서 서로 다르게 생각해서 나타나는 갈등 역시 크다고 할 수 있다(김이선 · 김민정 · 한건수, 2006: 48-152). 따라서 이들 부부의 결혼적응 문제를 다룰 때에는 문화적 차이를 고려하는 것이 필요하다. 예를 들어 출신국은 언어와 문화적 특징에 기반한 것으로 이주국과의 차이를 야기하는 주요 변인으로, 출신국은 결혼적응과 유의미한 관계가 있는 것으로 인식된다. 셋째, 결혼생활을 영위하는 과정에서 여러 가지 사건이 발생할 수 있으며, 또한 이 사건으로 인한 스트레스가 결혼적응에 영향을 미칠 수 있다(이현희, 2002: 20-25). 특히 국제결혼 부부의 경우 일반 부부와 다르게 문화적응 과정에서 발생하는 스트레스 역시 고려되어야 할 것이다. 넷째, 결혼적응을 다루는 데 있어서 일반적으로 고려되는 연령 및 연령차, 결혼기간, 학력, 자녀수 등의 사회 · 인구학적 변인과 가족형태, 가구소득, 배우자의 지지 등 가족변인 등이 고려되어야 한다. 내국인 간의 결혼이 연령과 교육면에서 비슷한 사람들 간의 결혼 즉, 동질혼이라면 적어도 사회 · 인구학적 측면에서 국제결혼은 이러한 동질혼의 범주를 벗어나고 있다. 이러한 사회·인구학적 차이는 가치관의 차이를 크게 하기 때문에 결혼적응에 부정적으로 영향을 미칠 가능성이 크다. 마지막으로 결혼적응 문제는 개개인이 가지고 있는 자원의 양에 따라 달라질 수 있는데, 결혼이주여성의 개인의 탄력 정도(프로마 월시, 1998; 양옥경·김미옥·최명민, 2006: 41; 이은희, 2009: 73-94)나 한국어 수준에 따라(홍달아기·채옥희, 2007: 733) 결혼적응의 수준이 다를 수 있다.

이상과 같이 부부의 결혼적응에는 다양한 요인들이 작용하고 있으며, 그동안 국제결혼 부부의 결혼생활과 관련된 연구들은 국제결혼 부부의 결혼적응에 무엇이 영향을 미치는지를 규명하기 위해 노력해 왔다. 그런데 기존의 연구들은 국제결혼 부부의 결혼적응을 설명하는 데 있어서 개별요인들을 밝히 데 집중함으로써, 이것만으로 국제결혼 부부의 결혼적응을 향상시키기 위한 방법을 모색하는 데 어려움이 있다. 따라서 본 연구에서는 여러 개별 요인들 중 국제결혼 부부의 결혼적응에 무엇이 결정요인으로 작용하고 있는지를 모색해 보고자 한다. 이를 위해 결혼이주여성의 삶의 다양한 측면을 살펴보아야 하고, 이는 결과적으로 결혼이주여성의 결혼적응에 영향을 미치는 다양한 변인들을 동시에 고려하여 설명해야 한다. 이와 같은 목적을 위해 본 연구에서는 결혼이주여성의 사회·인구학적 요인, 가족 요인, 자원 요인, 스트레스 요인이 결혼적응에 어떠한 영향을 미치는지 그리고 이러한 요인들 중 결혼이주여성의 결혼적응에 가장 영향을 미치는 변인이 무엇이며, 결혼적응을 얼마나 설명하는지를 살펴보고자 한다.

Ⅱ. 이론적 배경

1. 결혼적응

결혼적응은 결혼의 성공을 판단하는 하나의 기준으로, 결혼에 이른 부부의 적응방식과 적응정도는 결혼생활의 성공과 개인의 행복에 매우 중요한 영향을 미치게 된다. 특히 국제결혼의 경우 문화적 배경이 상이하기 때문에 이들 부부의 결혼적응의 문제는 최근 결혼과 가족을 연구하는 학자들의 주된 관심이 되고 있다.

적응(adjustment)의 사전적 의미를 살펴보면, 개체가 환경에 대해 적합한 태도를 취하는 것을 말하는데, 가족학의 입장에서 결혼적응(marital adjustment)은 두 성인남녀가 생리적 · 심리적 · 사회적 욕구를 충족시키기 위해 상호 적응하는 연속적 관계이며(이기숙 · 공미혜 · 김득성 · 김은경 · 손태홍 · 오경희 · 전영주, 2001: 296), 또한 부부 쌍방 간의 적응에 국한된 것이 아니라, 여러 가지 외적 조건, 즉 경제적, 사회적, 인간적 환경이라는 여러 외적 조건에 대한 적응이라 하겠다(옥선화 · 정민자 · 고선주, 2006: 97).

결혼적응에 관한 여러 학자들의 정의를 살펴보면 크게 세 가지로 나누어지는데, 역할 모델(role model)과 동반자 모델(companionship model), 결혼적응모델(marital adjustment model)이다. 첫째, 역할 모델은 결혼적응을 부부 간의 역할구조 면에서 측정한 것으로, 남편과 아내의 역할의식이 일치되는 것이 그 부부의 결혼적응에 관련되어 있다고 했다(Kotlar, 1965; Noller, 2005: 98 재인용). 그러나 결혼생활을 물질적인 차원에 국한시키고 사회적 상호작용이나 감정 공유 등의 내면적 측면을 고려하지 않은 점, 그리고 경직된 역할관계를 통해 부부관계를 파악한다는 점에서 현재의 부부관계를 설명하는 데 부적합하다(강은령, 1989: 9). 둘째, 동반자 모델은 결혼을 역할관계가 아니라 하나의 인격적인 관계로 보고(Burgess · Cottrell and Williamson, 1958; 이숙현, 1988: 163 재인용), 부부 간의 내적인 감정상태 즉, 친밀한 결합, 감정이입, 애정의 표시, 공통된 관심사와 같이 참여하는 활동 등과 같은 동반자의식을 결혼적응 측정의 주요한 지표로 삼는다(Noller, 2005: 99). 하지만 동반자 모형은 부부관계를 다루는 데 있어서 너무 감정적인 측면만을 다루고 있다는 점이 한계로 지적되고 있다(장온정, 2007: 17). 이상과 같이 1970년대 이전까지 결혼적응 개념은 부인 일방의 적응에서 부부 상호간의 적응문제로 변화되어 가고 있으며, 주로 결혼 상태에 대한 질적인 평가가 대부분이었다.

1970년대 중반에 이르러 Spanier(1976: 403)는 그동안 결혼적응의 개념이 부부관계의 질적인 측면만을 다루어 왔음을 지적하면서, 결혼적응을 과정과 상태의 두 측면으로 정의하였다. 즉, 결혼적응에는 좋은 적응에서 나쁜 적응에 이르는 여러 차원이 있으며, 조만간 어느 점에서 평가될 수 있는 질적인 차원을 가진 항상 변화하는 과정이다(김득성, 1986: 56). 또한 Spanier(1976: 403-404)는 결혼적응을 부부 쌍방의 적응문제로 다루면서, 다루기 힘든 결혼상의 차이, 배우자 간의 긴장과 개인적인 고민, 결혼만족, 부부 결합, 결혼의 기능에서의 중요한 일에 대한 일치정도에 의해 결정되는 산물로 정의하였다.

한편 그동안 결혼과 가족을 연구한 학자들은 결혼적응을 구성하는 하위 요소에 대해 다양한 개념화를 시도해 왔다. Blood(1960: 212)는 결혼적응의 하위 요소로 의견일치, 부부갈등, 성적 적응 등을, Locke(1958: 564)는 의견일치, 성적 행동, 애정적 친밀성, 결혼 및 배우자에 대한 만족감, 동반의식 등을, Burgess · Cottrell and Williamson(1958)은 결합의 친밀성, 결합의 전개, 결합 작용, 부부 행복감 등을 제시하였다. 그러나 이상과 같이 학자들이 제시한 결혼적응의 하위요소들은 서로 중복되고 정적인 접근으로 결혼적응 개념에 내재된 동적인 속성을 반영시키기는 어렵다. 이와 같은 결혼적응의 측정을 둘러싼 혼란 속에서 Spanier(1976: 403)는 결혼적응의 하위영역을 부부 간의 일치, 만족도, 응집도, 애정표현도로 할 것을 제시하였다. 이것은 결혼생활에서 다양한 영역을 포함하는 다차원 영역으로 결혼적응에 대한 심층적 이해가 가능하다는 점에서 여러 나라의 많은 학자들의 연구에서 사용되고 있다. 우리나라에서도 Spanier의 결혼적응척도는 결혼과 가족 연구에서 가장 활발하게 사용되는 척도 중 하나이다. 이경성과 한덕웅(2003: 679-705)은 Spanier(1976: 403)의 결혼적응 개념을 따르면서도, 우리나라 부부의 현실을 고려하여 한국판 결혼적응척도를 개발하였다. 본 연구에서는 국제결혼 부부의 결혼적응이 한국인으로 구성된 부부와 다르지만 서구의 부부 중심의 가족관계와도 다르며, 또한 최근 국제결혼 부부의 이혼이 중요한 사회적 관심사가 되고 있어서 이경성과 한덕웅이 개발한 결혼적응척도를 사용하였다.

본 연구에서 결혼적응의 하위개념은 결혼만족, 이혼의도, 부부 간 애정 등의 3가지 영역으로 하였다. 첫째, 결혼만족은 결혼생활 전반에 대한 만족과 배우자 만족으로 구성되어 있다. 결혼만족은 결혼관계의 지속과 해체를 결정하는 중요한 요인 가운데 하나로서 결혼생활과 배우자에 대해 지니고 있는 긍정적 태도로 정의된다(이경성, 2001: 98). 결혼생활 및 배우자만족은 가족 전체의 건강과 복지를 위한 중요한 전조가 된다는 점에서 매우 중요하다. 둘째, 이혼의도는 이혼이나 별거를 원하고, 계획하고 행동에 옮기려는 시도이다(이경성, 2001: 98). 사람들은 이익을 내는 관계에 만족하고 그렇지 않은 경우 관계가 해체되는 것이 일반적인 전제인데, 실제로 그렇지 않은 경우에도 관계가 지속되는 경우가 많다. 결혼이주여성의 경우에도 부부관계를 유지하는 데 다양한 요인들이 작용할 가능성이 있다. 셋째, 부부 간 애정은 친밀성, 상호소통, 성적 만족으로 구성되어 있으며, 결혼만족과 더불어서 관계의 지속과 해체를 결정하는 데 중요한 변인이다(이경성, 2001: 98). 친밀감은 배우자에게 가깝다고 느끼고, 배우자의 행복을 기원하며, 소중히 여기는 것이다. 상호소통은 배우자와 의사소통하고 마음이 통하는 수준으로, 국제결혼 부부의 경우 의사소통에 문제가 있을 때 결혼적응에 부정적인 영향을 미친다는 사실이 여러 연구에서 입증되고 있다(김오남, 2006: 89; 홍달아기 · 채옥희, 2007: 739). 성적 만족은 부부 간의 성적 관심, 애정 표현 및 성관계에 대해 만족하는 것으로, 성생활은 부부 상호 관계를 증진시키는 것으로 보고되고 있다.

2. 국제결혼 부부의 결혼적응에 영향을 미치는 변인들

그동안 국제결혼 부부의 결혼적응과 관련된 연구들은 연령차, 한국어수준, 국제결혼 경로, 자아존중감, 가족가치관, 부부권력과 배우자 역할수행 평가, 의사소통기술, 아내학대 등이 결혼적응과 관련이 있음을 밝혀왔다. 본 연구에서는 결혼적응에 대한 체계적 이해를 위해 선행연구에서 결혼적응과 관련된 것으로 제시해 온 개별변수들을 사회 · 인구학적 요인, 가족 요인, 스트레스 요인, 자원 요인으로 나누어 살펴볼 것이다.

1) 사회 · 인구학적 요인

결혼이주여성의 사회 · 인구학적 특성으로 결혼적응과 관련된 변인은 출신국, 연령, 학력수준, 종교, 결혼기간, 자녀유무 등이 연구되어 왔다.

결혼이주여성을 대상으로 사회 · 인구학적 변인과 결혼적응 혹은 결혼만족과의 관계를 연구한 자료를 살펴보면, 결혼이주여성의 출신국에 따라 결혼적응에 미치는 영향이 다르다는 것을 보고한다. 농촌 국제결혼 부부의 적응 및 생활실태를 비교 분석한 양순미(2006: 151)에 의하면, 필리핀과 일본 이주여성의 결혼생활 수준은 중국 조선족 이주여성의 적응수준보다 유의미한 수준에서 낮았으며, 남편의 적응수준도 아내들의 경향과 유사하다고 보고한다. 이는 사회문화적 배경이 비슷할수록 결혼적응 수준이 높다는 것을 의미한다.

한편 김두섭 · 이명진(2007: 40)은 국제결혼 부부의 사회 · 인구학적 상이성 특히 연령, 학력의 차이가 클수록 결혼안정성에 부정적인 영향을 미치고 있음을 보여준다. 연령차는 일반 부부의 결혼적응 연구에서도 부정적으로 작용하고 있음을 보여주는데(강은령, 1989: 68), 연령의 차이가 클수록 배우자의 역할수행이나 가치관의 차이 등이 크게 나타나기 때문에 부부 상호간의 적응에 부정적 영향을 미칠 가능성이 크다. 학력과 결혼만족의 관계에 대한 연구는 일관적이지 않은 것으로 나타난다. 많은 연구들이 학력이 높을수록 결혼만족이 증가한다고 보고하지만(권복순 외, 2006: 129; 김두섭 외, 2007: 42). 몇몇 연구에서는 오히려 반대의 결론을 내리기도 한다. 예를 들어 전만길의 연구(2005: 106)에서는 한국 남성과 결혼한 이주여성 중 중졸이하 집단보다 고졸, 대졸집단이 결혼에 대해 만족하지 않는 것으로 나타났다.

일반 부부를 대상으로 한 결혼적응에 관한 선행연구는 종교가 결혼적응의 강력한 예측변수가 되고 있음을 밝히고 있는데(Filsinger & Wilson, 1984; 강은령, 1989: 16 재인용), 결혼이주여성의 경우에도 특정 종교에 의한 국제결혼 선택의 비율이 높고, 이혼을 원하면서도 이혼하지 않는 이유로 '종교 때문'이라고 응답한 결과가 보고되고 있어(경기도가족여성개발원, 2007: 161), 종교는 결혼적응과 관련성이 있는 것으로 예측된다.

국제결혼 부부의 경우, 결혼 전 배우자에 대한 사전지식이 정확하고 충분할수록 결혼의 질이 높다고 보고되고 있어서(최송식 외, 2008: 243), 결혼경로는 결혼적응에 예측변수로 작용할 것이다. 결혼기간과 결혼적응의 관계에 대한 연구들은 결혼기간이 길수록 결혼만족이 떨어진다는 보고도 있고, 그렇지 않은 경우도 있어서 결혼기간과 결혼적응의 관계는 일관적이지 않았다. 전만길(2005: 66)은 결혼이주여성들의 결혼지속년수가 길어질수록 한국생활뿐만 아니라 결혼생활에도 긍정적으로 작용한다고 보고하지만, 김오남(2006: 61)은 결혼이주여성들의 결혼기간이 오래될수록 오히려 부부갈등이 높아진다고 보고한다. 부부 간 연령차는 결혼적응과 밀접한 상관이 있는 것으로 알려져 왔다(김두섭 외, 2007: 42). 지나친 연령차는 배우자로서 역할수행의 문제, 부부의 가치관의 차이 등으로 결혼적응에 부정적 영향을 미칠 것 같다.

한편 가정 내 의존적인 자녀의 존재는 부모의 시간, 에너지, 경제적 자원의 소비를 필요로 하기 때문에(이숙현, 1988: 166), 부부의 결혼생활에 악영향을 미칠 가능성이 있다. 결혼이주여성의 출신국가별 가족관계스트레스에 관한 연구(김세아, 2009: 34)에서 자녀 및 자녀수는 결혼이주여성의 결혼생활에 역영향을 미치고 있음을 보고한다. 게다가 다문화가정에서 자란 자녀들이 공통적으로 정체성의 혼란, 언어발달 지연에서 오는 학습 부진의 문제, 사회성 및 성격발달의 문제, 주위의 편견, 따돌림에 대한 두려움 등의 어려움을 경험하고 있음이 보고되고 있어서(오성배, 2006: 150), 결혼이주여성에게 자녀양육역할의 긴장은 일반가정의 부인보다 더 크다고 할 수 있다.

2) 가족 요인

가족구조란 가족을 구성하는 여러 가지 요소가 유형적으로 일정한 원리에 따라 유기적으로 배치되는 체계로 파악할 수 있다(양옥경 · 송민경 · 임세와, 2007: 143). 선행연구에서 가족구조를 예측변수로 사용할 경우 가족형태, 가족관계, 자녀, 가구소득 등을 포함해 왔으나(양옥경 외, 2007: 143), 본 연구에서는 가족형태와 가구소득, 배우자 지지만을 포함시켰다.

가족형태와 결혼적응의 관계에서 일반 부부를 대상으로 한 연구(이소영, 2008: 59)에서 결혼적응이 핵가족과 확대가족 사이에 대체로 큰 차이가 없는 편이라고 하였다. 결혼이주여성의 경우에서 핵가족의 형태를 취하고 있으나, 시부모의 며느리에 대한 통제가 항존하고, 시댁과의 갈등이 두드러진 현상으로 나타나고 있어서(김이선 외, 2006: 155-191), 결혼이주여성의 결혼적응에 가족형태가 영향을 미칠 가능성이 있다.

결혼적응에 관한 많은 연구들은 가구소득이 결혼적응에 긍정적인 영향을 미친다고 보고한다(이규삼, 1999: 50; 홍기혜, 2000: 105-116; 권복순 외, 2006: 1256).

홍기혜(2000: 105-116)는 경제력을 비롯한 가정 내 많은 자원을 남편이 독점함으로써 이주여성이 부부관계에 불만족을 가지고 있다고 보고한다. 이규삼(1999: 50), 권복순 외(2006: 125)는 가구소득이 높을수록 결혼만족을 더 느낀다고 제시하고 있어서, 가구소득과 결혼적응에 유의미한 영향을 미칠 가능성이 크다.

결혼적응에 관한 많은 연구들은 상대방 배우자가 제공하는 지지가 부부의 결혼만족 및 안정성과 직접적인 관계가 있음을 지적한다(Cutrona, 1996; 장춘미, 2008: 55 재인용). 특히 결혼이주여성의 경우 익숙한 고향을 떠나 낯선 한국에 와서 새로운 가정을 꾸리고 생활에 적응해 나가야 하기 때문에 결혼적응에 있어서 배우자의 지지는 매우 중요한 요소이다.

3) 스트레스 요인

부정적인 사건이 인간의 건강과 행동에 부정적인 영향을 미친다(장춘미, 2008: 53-75)는 연구결과는 스트레스 사건이 부부의 결혼만족과 관련이 있음을 시사한다. 부부의 스트레스와 결혼만족도의 관계를 다룬 연구(이정은 · 이영호, 2000: 531-548)는 경제적 곤란을 심하게 느낄수록, 양육에 대한 부담이 클수록, 의사소통이 활발하지 않을수록 스트레스가 커지며, 부부의 결혼만족이 감소함을 보고한다. 따라서 부정적인 생활조건이 개인행동에 부정적인 영향을 미치며, 결혼관계에서 스트레스 사건은 부부 상호작용의 긍정적인 측면을 억제시키고, 부정적인 측면을 더욱 악화시킨다고 할 수 있다. 결혼생활의 안팎에서 부부나 각 배우자에게 영향을 미치는 스트레스 사건의 발생은 많은 시간과 에너지를 스트레스 사건을 다루는 데 소모하게 되어 서로에게 소홀하게 되고, 혹은 스트레스를 다루는 방법의 의견차이로 인해 부부기능에 많은 부정적인 효과를 가질 수 있다. 결혼이주여성이 겪는 스트레스는 이주로 인한 문화적응스트레스와 가족생활에서 발생하는 가족생활스트레스, 그 밖에 사회참여스트레스, 양육스트레스 등을 예상할 수 있다. 본 연구에서는 대부분의 이주여성들이 일반적으로 겪는 문화적응스트레스와 가족생활스트레스를 중심으로 살펴볼 것이다.

문화적응스트레스(acculturative stress)는 문화적응과정에서 다른 문화와 접촉할 때 개인과 집단이 경험하는 고통과 역기능을 말하는데(Berry, 2005: 18), 국제결혼 부부의 적응에 관한 연구들은 문화적응스트레스와 한국생활 및 결혼적응이 부적인 상관이 있음을 지적한다(김오남, 2006: 62; 양옥경 외, 2007: 160). 양옥경 외(2007: 160)에서는 사회통합의 수준에 따라 문화적응스트레스에 미치는 영향이 다름을 지적하고, 김오남(2006: 62)의 연구에서 국제결혼 부부의 갈등을 설명하는 모델 중 문화모델이 가장 영향력이 큰 변수임을 확인하고 있다. 국제결혼한 배우자에게 문화적 차원이 믿음, 관습, 전통, 삶의 양식을 포함한 결혼생활의 중요한 면으로서, 문화적 차이 및 문화적응스트레스는 결혼이주여성의 부부생활에 부정적인 영향을 미칠 것으로 예측된다.

가족생활스트레스(family life stress)는 심각한 질병이나 사고, 이사, 전학, 가족이나 친구의 질병과 부상, 가족구조의 변화 등과 같은 주요한 생활사건과 사소한 생활사건으로 구분할 수 있다(나임순, 2008: 99). 결혼이주여성들의 일상생활에는 국가, 성, 계급의 문제가 복잡하게 나타나기 때문에(이혜경, 2005: 94-95), 일반 여성이 겪는 생활스트레스보다 더 심각할 수 있다. 나임순(2008: 130)은 결혼이주여성이 겪는 생활스트레스에서 가사노동문제에 대한 스트레스가 가장 높으며, 그 다음이 경제문제, 남편과의 관계, 시댁과의 관계에 대한 스트레스 순으로 나타나고 있다고 보고한다. 일반적으로 일상생활에서의 스트레스가 낮을수록 부부의 결혼만족도가 높다는 연구결과를 볼 때, 결혼이주여성의 생활스트레스는 결혼적응에 예측변수로 작용할 수 있을 것이다.

4) 자원 요인

인간뿐만 아니라 모든 생물체가 존재하기 위해서는 일정정도 자원을 필요로 한다. 일반적으로 자원은 소유하거나 획득할 수 있는 어떤 것이며 즉 목표를 달성하기 위해 사용될 수 있는 도구이며 재능이자 소유물이다(신은주, 1996: 33). McCubbin(1991: 5)은 자원을 개인적 자원, 가족체계자원, 사회적 지지 자원으로 분류하였다. 개인적 자원은 가족 개개인이 인지능력, 자립능력, 재정, 교육, 건강, 성격 특성 등을 말하며, 가족체계자원은 가족조직의 내부 자원을 의미하는 것으로 가족원들 간의 의사결정 또는 문제해결능력, 개방된 의사소통, 가족의 응집성과 적응력 등이 포함된다. 사회적 지지자원은 사회적 교제를 통한 지지를 의미하는 것으로 친구관계, 이웃, 지역사회, 사회기관의 보조 등에서 얻어지는 자원을 말한다. 따라서 자원은 자신의 욕구를 충족하기 위해 사용될 수 있는 잠재력을 인정받는 수단을 뜻하며, 본 연구에서는 결혼이주여성의 성격변인인 자아탄력성과 한국어수준을 자원 요인으로 사용하였다.

많은 연구들은 개인의 내적 특성과 결혼만족도에 초점을 맞추고 있는데 (Holman and Larson, 1994: 47), 자아개념, 인성, 자아탄력성 등의 인성특성이 결혼만족도에 상당히 안정적으로 영향을 미친다고 하였다. 이중에서도 자아탄력성은 하나의 성격유형으로, 좁게는 개인의 감정차원을 조절하고 상황과 환경적 수반성을 변화시키는 적응적 자원이며, 넓게는 외적, 내적 스트레스원에 대해 융통성 있게 적응하는 능력이다(Block, 1982; 프로마 월시, 1998; 양옥경 외, 2006: 41 재인용). 이은희(2009: 73-94)는 탄력모델을 적용하여 결혼이주여성의 결혼 후 가족과의 생활과정에서 겪는 스트레스가 적응에 어떻게 영향을 미치고 있는지를 분석하였다. 이 연구에 의하면 생활스트레스와 적응의 관계에서 탄력요인이 유의미하게 영향을 미치고 있음을 보고한다.

부부의 애정적 의사소통과 문제해결을 위한 의사소통이 결혼만족도의 우수한 예측변인임을 밝히고 있다(이정은 · 이영호, 2000: 538). 결혼이주여성의 경우 한국생활 및 결혼생활에의 적응에서 의사소통과 문화적 차이로 인한 어려움이 주된 어려움으로 되어 있으며(양순미, 2006: 169; 홍달아기 외, 2007: 741), 결혼이주여성의 한국어능력과 의사소통수준은 결혼적응에 중요한 예측변인이 될 것으로 여겨진다.

3. 결혼이주여성의 결혼적응에 영향을 미치는 요인

이 연구는 결혼이주여성의 결혼적응에 영향을 미치는 요인을 분석하고자 한다. 이론적 논의를 통해 결혼이주여성의 결혼적응에 영향을 미치는 요인들은 〈그림 1-1〉과 같이 모형을 설정하였다.

연구문제 1. 결혼이주여성의 사회 · 인구학적 요인, 가족 요인, 스트레스 요인,

자원 요인은 결혼만족, 이혼의도, 부부 간 애정에서 어떠한 차이가 나타나는가?

연구문제 2. 결혼이주여성의 사회 · 인구학적 요인, 가족 요인, 스트레스 요인, 자원 요인은 결혼만족, 이혼의도, 부부 간 애정에 어떠한 영향을 미치는가?

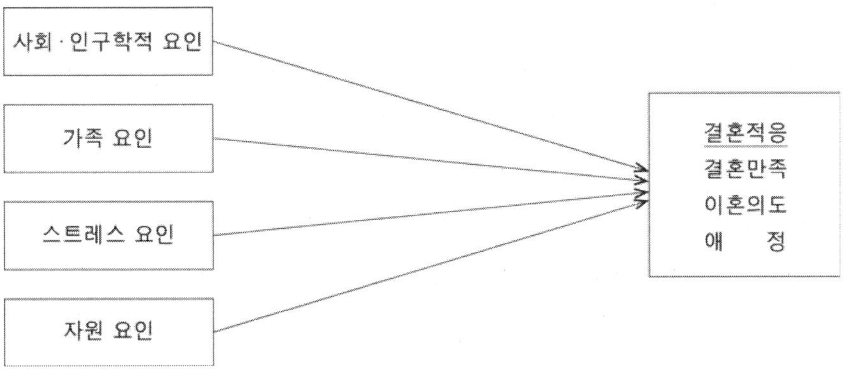

〈그림 1-1〉 결혼이주여성의 결혼적응에 영향을 미치는 요인

Ⅲ. 연구방법

1. 연구대상 및 자료수집

본 연구는 결혼이주여성의 결혼적응에 관한 연구로 부산대학교 사회과학연구소에서 2009년 7월-8월에 걸쳐 수집한 「결혼이주여성의 자아탄력성과 결혼적응」 자료를 이용하였다. 이 자료는 부산지역 결혼이주여성의 결혼적응을 파악하고, 그 결과를 바탕으로 결혼적응을 지원할 수 있는 정책대안을 마련할 목적에서 실시되었다. 이 자료에는 행정안전부에서 발간한 지자체별 외국이주민 현황(2008년)을 기초로 부산지역 결혼이주여성의 현황을 파악하고, 국적별로 할당하여 표집되었고, 부산지역 4개 다문화가족지원센터, 이주여성인권센터 부산지부, 부산여성사회교육원 사회적 기업 일자리팀, 복지관 등을 통해서 수집되었다. 이 자료에는 중국

45명, 중국 조선족 26명, 일본 21명, 몽골 9명, 베트남 36명, 필리핀 10명, 태국 12명, 러시아 13명 등 총 172명의 결혼이주여성이 포함되어 있다.

2. 측정도구

1) 사회·인구학적 요인

결혼이주여성의 결혼적응에 관한 사회·인구학적 요인으로 결혼이주여성의 연령, 연령차, 교육수준, 결혼지속기간, 자녀수 등을 측정하였다. 연령은 20-29세(1), 30-39세(2), 40-49세(3), 50-59세(4)로 측정하였고, 회귀식에서는 년(year) 단위로 측정하였다. 교육수준은 초등학교 이하(1), 중학교 졸업 이하(2), 고등학교 졸업 이하(3), 전문대학 졸업 이상(4)으로 측정하였으며, 회귀식에서는 고등학교 이하(0), 전문대학 이상(1)으로 더미변수로 측정하였다. 연령차는 남편의 연령에서 부인의 연령을 뺀 것으로, 동갑 및 연하(1), 1-5세(2), 6-10세(3), 11-15세(4), 16-20세(5), 21세 이상(6)으로 측정하였고, 회귀식에서는 년(year) 단위로 측정하였다. 결혼기간은 0-5년(1), 6-10년(2), 11-15년(3), 16년 이상(4)으로 측정하였고, 회귀식에서는 년(year)단위로 측정하였다. 자녀수는 없다(1), 1명(2), 2명(3), 3명 이상(4)으로 측정하였고, 회귀식에서는 자녀수의 유무로 없다(0), 있다(1)로 측정하여 사용하였다.

2) 가족 요인

가족과 관련된 요인은 가족형태, 가구수입, 배우자 지지를 측정하였다. 가족형태는 부부(1), 부부+자녀(2), 부부+(자녀)+(시부모)+(남편형제)(3), 부부+(자녀)+(친정부모)+(친청형제)(4)로 측정하였으며, 회귀식에서는 부부, 부부+자녀=핵가족(0), 나머지는 확대가족(1)으로 하여 더미변수로 측정하였다. 가구수입은 ⓪ 모름, ① 100만원 미만, ② 101-150만원, ③ 151-200만원, ④ 201-250만원, ⑤ 251만원 이상으로 측정하였다. 배우자 지지는 Zimet et al.(1988: 34)의 사회적 지지 척도(Multidimensional Scale of Perceived Social Support, MSPSS)를 사용하였다. 이 척도의 하위 영역은 총 3개(가족, 친구, 의미있는 타자)의 12개 문항으로 구성되어 있다. 본 연구에서는 결혼이주여성의 의미있는 타자를 배우자, 시부모, 친정부모, 모국친구, 한국친구로 수정하고, 여기서 배우자 지지 부분만 사용하였다. 배우자 지지의 신뢰도는 α=.87이다.

3) 스트레스 요인

스트레스와 관련된 변인은 문화적응스트레스와 가족생활스트레스로 나누어 측정하였다. 문화적응스트레스 수준을 측정하기 위한 도구로 Sandhu와 Asrabadi (1994)가 개발한 Acculturative Stress Scale for International Student를 이승종(1995: 34)이 한국어로 번안한 척도를 사용하였다. 총 36문항으로 구성된 이 척도의 하위영역은 ① 지각된 차별감, ② 향수병, ③ 지각된 적대감, ④ 두려움, ⑤ 문화충격, ⑥ 죄책감, ⑦ 기타 일곱 가지 하위영역으로 구성되어 있다. 각 문항에 대한 응답은 Likert 5점 척도로 구성되어 있고, 점수가 높을수록 스트레스가 높은 것으로 해석한다. 하위영역별 신뢰도는 지각된 차별감 α=.82, 향수병 α=.62, 지각된 적대감 α=.80, 두려움 α=.67, 문화충격 α=.70, 죄책감 α=.62, 사회적 고립, 열등감, 불신 α=.69이다.

가족생활스트레스란 가족구성원이 생활하면서 겪는 경험을 통해 발생하는 가족의 요구(demands)와 스트레스에 대처하는 가족의 능력(capabilities)과 사이의 불일치 결과이다(McCubbin, 1991). 본 연구에서 가족스트레스 측정은 McCubbin (1991)의 FLLE(Family Inventory of Life Events and Changes)의 척도를 성혜영(1998: 25)이 수정한 척도를 사용하였다. 총 18문항으로 가족관계(6문항), 경제관계(4문항), 대인관계(6문항), 건강문제(2문항)를 하위문항으로 구성하였다. 각 문항에 대한 응답은 Likert 5점 척도로 구성되어 있고, 점수가 높을수록 스트레스가 높은 것으로 해석한다. 하위 영역별 신뢰도는 가족관계스트레스 α=.83, 경제관계스트레스 α=.85, 대인관계스트레스 α=.78, 건강스트레스 α=.85이다.

4) 자원 요인

결혼이주여성의 자원과 관련된 변인은 결혼이주여성의 자아탄력성, 한국어

수준으로 나누어 측정하였다. 본 연구에서 자아탄력성 측정은 Block(1961, 1978)이 CAQ(California Adult Q-Sort)의 방법으로 평정한 것으로, Klohnen(1996)이 CPI (California Personality Inventory)로 새로이 보완 수정된 것을 박유숙(2001: 10)이 번안한 척도를 사용하였다. 총 26문항으로 긍정적 진술 15문항과 부정적 진술 11문항으로 구성되어 있으며, 각 문항의 응답은 Likert 5점 척도로 구성되어 있고, 점수가 높을수록 자아탄력성이 높은 것으로 해석한다. 자아탄력성 신뢰도는 α=.85이다. 한국어수준은 읽기, 듣기, 쓰기, 말하기 영역으로 나누어 각 Likert 5점 척도로 구성하여 점수가 높을수록 한국어 능력이 높은 것으로 해석한다.

5) 결혼적응

결혼이주여성의 결혼적응은 이경성 · 한덕웅(2003: 679-705)이 개발한 결혼적응검사 척도를 사용하였다. 이 척도는 결혼만족, 이혼의도, 부부 간 애정, 주변가족과의 관계, 자녀만족, 경제적 만족 등의 하위척도로 구성되어 있는데, 본 연구에서는 부부 서로간의 적응에 초점을 두어 결혼만족(7문항), 이혼의도(7문항), 부부간 애정(12문항)의 하위척도를 사용하였으며, 하위영역별 신뢰도는 결혼만족 α=.82, 이혼의도 α=.99, 부부 간 애정 α=.92로 나타났다.

3. 자료분석

본 연구의 연구문제를 분석하기 위해 SPSS 15.0 프로그램을 사용하였다. 먼저 조사대상자의 일반적인 특성을 파악하기 위해 빈도분석을 통해 기초통계량을 구하였다. 그 다음에는 다변량분석(MANOVA)을 통해 사회 · 인구학적 요인별, 가족요인별, 스트레스 요인별, 자원 요인별로 결혼적응을 파악하였다. 마지막으로 각 독립변수가 결혼이주여성의 결혼적응에 영향력을 파악하기 위하여 중다회귀분석((Multiple Regression)을 실시하였다.

Ⅳ. 분석 및 결과

1. 조사대상자의 일반적 특성

조사대상자의 특성은 〈표 1-1〉에서 제시된 바와 같다. 조사대상자의 출신국은 중국이 26.2%(45명)로 가장 많고, 그 다음이 베트남 20.9%(36명), 중국 조선족 15.1%(26명), 일본 12.2%(21명), 러시아 7.6%(13명), 태국 7.0%(12명), 필리핀 5.8%(10명), 몽골 5.2%(9명) 순으로 나타났다. 조사대상자의 연령별 분포를 살펴보면, 20대가 41.3%로 가장 많고, 그 다음이 30대(40.1%)였고, 이들이 전체의 81.4%를 차지하고 있었다. 그리고 40대는 8.7%, 50대는 9.9%를 차지하고 있었다. 조사대상자의 학력분포는 고졸이 36.9%로 가장 많았고, 그 다음이 전문대학 졸업 28.0%, 중학교 졸업 21.0%, 초등학교 졸업 8.3%, 대학 졸업 5.2%로 나타났다. 조사대상자의 평균 학력은 11.88년으로 약 고등학교 이하로 나타났다.

조사대상자의 78.5%는 중매결혼을 한 것으로 나타났고, 결혼경로는 결혼중개업체를 통한 결혼이 24.5%로 가장 많았고, 그 다음이 아는 사람 소개 23.4%, 교회소개 20.2%, 친구소개 20.2%, 가족소개 8.7%, 기타 3.2% 순이었다.

조사대상자의 가족형태를 살펴보면, 우선 가구형태는 부부+자녀로 구성된 가족형태가 47.7%로 가장 많았고, 그 다음이 부부+(자녀)+(시부모)+(남편형제)로 구성된 가족형태(30.4%), 부부 단독 가족형태(18.7%), 부부+(자녀)+(친정부모)+(친정형제)로 구성된 가족형태(3.5%) 순이었다.

조사대상자의 직업유무를 살펴보면 조사대상자의 69.3%가 전업주부였고, 취업을 하는 경우에는 서비스직이 11.7%로 가장 많았고, 그 다음이 사무직 7.4%, 단순노무 4.3%, 자영업 2.5%, 과학기술자 1.8%, 농업 0.6% 순이었다. 배우자의 경우 기능원이 29.6%로 가장 많았고, 그 다음이 자영업 19.1%, 단순 노무 17.3%, 사무직 14.8%, 서비스직 7.4%, 판매직 3.1%, 과학기술자 3.1%, 농업 등 1.9% 순이었고, 남편이 직업이 없는 경우도 3.1%로 나타났다.

〈표 1-1〉 조사대상자의 일반적 특성

변수	빈도(%)		변수	빈도(%)		변수		빈도(%)
출신국 (N=172)	중국	45(26.2)	학력 (N=157)	초등학교 졸	13(8.3)	연령 (N=172)	20-29	71(41.3)
	조선족	26(15.1)		중학교 졸	33(21.0)		30-39	69(40.1)
	일본	21(12.2)		고등학교 졸	58(36.9)		40-49	15(8.7)
	베트남	36(20.9)		전문대학 졸	44(28.0)		50-59	17(9.9)
	필리핀	10(5.8)		대학 이상	9(5.7)	결혼 형태 (N=163)	연애결혼	35(21.5)
	몽골	9(5.2)		(N=142)			중매결혼	128(78.5)
	태국	12(7.0)						
	러시아	13(7.6)						
결혼경로 (N=94)	친구소개	19(20.2)	가족형태 (N=171)	부부				32(18.7)
	가족소개	8(8.5)		부부+자녀				81(47.7)
	교회소개	19(20.2)		부부+(자녀)+(시부모)+(남편형제)				52(30.4)
	아는사람소개	22(23.4)		부부+(자녀)+(친정부모)+(친정형제)				6(3.5)
	결혼중개업체	23(24.5)						
	기타	3(3.2)						
본인 직업 (N=163)	무직,주부	113(69.3)	배우자 직업 (N=162)	무직	5(3.1)	가구 수입 (N=158)	100만원미만	21(13.3)
	자영업	4(2.5)		자영업	31(19.1)		101-150만원	29(18.4)
	기능원	0(0.0)		기능원	48(29.6)		151-200만원	35(22.2)
	단순 노무	7(4.3)		단순 노무	28(17.3)		201-250만원	19(12.0)
	사무직	12(7.4)		사무직	24(14.8)		250만원이상	28(17.7)
	서비스직	19(11.7)		서비스직	12(7.4)		모름	26(16.5)
	판매직	3(1.8)		판매직	5(3.1)			
	농업 등	1(0.6)		농업 등	3(1.9)			
	과학기술자	3(1.8)		과학기술자	5(3.1)			
	기타	1(0.6)		기타	1(0.6)			

2. 각 요인별 결혼적응의 비교분석

1) 사회·인구학적 요인과 결혼적응

사회 · 인구학적 요인별로 결혼적응에 차이가 있는지 살펴보기 위해 중다변량 분석을 실시하였다. 〈표 1-2〉에서 나타나듯이, 연령별 결혼적응의 하위요인의 차이를 살펴본 결과, 결혼만족(F=3.269, p〈.05)과 이혼의도(F=4.357, p〈.01)에서 유의미한 차이가 나타났고, 부부 간 애정은 유의미하지 않았다. 결혼만족의 경우, 40대가 24.73, 20대가 24.49로 20대에 비해서 40대가 오히려 결혼만족이 높은 것으로 나타났다. 그리고 결혼만족이 가장 낮은 연령대는 30대로 21.68로 나타났다. 이혼

〈표 1-2〉 인구사회학적 변인과 결혼적응의 평균 차이

			결혼만족	이혼의도	부부 간 애정
연령	20-29	71	24.49(5.58)	9.54(5.61)	42.28(12.50)
	30-39	69	21.68(6.31)	12.45(6.87)	40.64(11.36)
	40-49	15	24.73(4.35)	8.40(3.50)	43.40(11.73)
	50-59	17	23.64(3.77)	8.58(3.16)	40.11(9.04)
	F		3.269*	4.357**	.437
학력	초등 이하	13	24.69(5.92)	8.07(2.59)	42.76(15.89)
	중학 이하	32	24.36(5.96)	9.84(4.59)	43.00(10.91)
	고등 이하	58	22.86(5.68)	10.63(6.01)	40.10(10.36)
	전문대학 이하	44	22.56(6.11)	11.79(7.55)	43.63(10.67)
	대학 이상	9	25.55(4.09)	10.33(4.66)	46.11(7.18)
	F		.386	.338	.381
연령차	동갑,연하	12	22.31(4.87)	10.05(5.37)	40.10(10.24)
	1세-5세	25	23.04(6.18)	10.66(7.85)	42.91(11.12)
	6세-10세	49	22.91(5.55)	11.79(5.77)	43.16(10.28)
	11세-15세	39	24.56(5.64)	9.22(5.18)	42.05(12.10)
	16세-20세	26	23.25(6.36)	10.11(6.50)	38.29(14.88)
	21세 이상	18	22.18(6.83)	10.90(5.52)	38.27(9.87)
	F		.681	.518	.473
결혼 기간	0-5년	122	23.62(5.87)	10.36(5.98)	42.92(12.07)
	6-10년	27	23.37(5.20)	11.11(5.89)	41.96(9.06)
	11-15년	9	19.33(6.50)	11.22(7.88)	33.44(9.27)
	16년 이상	11	22.83(4.93)	9.63(5.48)	34.91(10.13)
	F		1.586	.228	3.258*
자녀수	0	55	24.16(6.13)	9.70(4.91)	42.70(12.67)
	1	53	21.96(6.00)	12.55(7.90)	40.94(9.98)
	2	33	23.18(5.25)	10.37(4.84)	44.45(9.92)
	3	11	24.54(2.42)	7.90(1.44)	38.54(10.67)
	F		1.548	2.997*	1.116

*p<.05, **p<.01,***p<.001

의도의 경우 30대가 12.45로 가장 높았고, 50대가 8.58로 가장 낮았다. 부부 간 애정은 40대가 43.40으로 가장 높았고, 50대가 40.11로 가장 낮았다. 즉, 40대에서 결혼만족, 부부 간 애정이 가장 높은 반면, 30대에서 결혼만족과 부부 간 애정이

낮고, 이혼의도가 높게 나타나고 있었다. 40대에 결혼적응 수준이 높은 이유가 여기에서는 잘 나타나지 않지만, 뒤의 결혼기간과 비교해 볼 때 연령효과라기보다는 40대에 결혼기간이 0-5년 사이에 있는 결혼이주여성이 많기 때문인 것으로 판단된다. 그리고 30대의 경우에는 일반 부부와 마찬가지로 자녀양육으로 인한 부담으로 결혼만족과 부부 간 애정을 낮추고, 이혼의도를 높이고 있는 것으로 보인다. 학력수준별 결혼적응의 하위변인들의 차이는 모두 유의미하지 않은 것으로 나타났다.

한편 결혼기간에 따른 결혼적응의 차이는 부부 간 애정에서만 유의미한 것으로 나타났는데($F=3.258$, $p<.05$), 0-5년 사이가 부부 간 애정이 42.92로 가장 높았고, 11-15년 사이가 33.44로 가장 낮았다. 이것은 일반 부부에서 결혼기간이 증가함에 따라 부부 간 애정이 낮아진다는 연구결과와 마찬가지로, 국제결혼 부부의 경우에도 이와 유사하게 나타나는 결과로 판단된다. 한편 국제결혼 부부의 연령차이에 따른 결혼적응의 차이는 유의미하지 않았다. 자녀수는 결혼만족이나 부부 간 애정에서는 유의미하지 않은 것으로 나타났으나, 이혼의도에는 유의미한 영향을 미치는 것으로 나타났다($F=2.997$, $p<.05$). 그러나 자녀는 없는 경우보다 있는 경우에서 이혼의도가 높은 것으로 나타났으며, 자녀가 있는 경우에는 자녀수가 증가함에 따라 오히려 이혼의도가 줄어드는 것으로 나타났다. 이와 같은 결과는 결혼이주여성 본인도 아직 적응하지 않은 상태에서 자녀를 출산하여 양육하는 데서 오는 스트레스가 가중되면서 이혼의도에 영향을 미쳤던 것으로 예상된다.

2) 가족요인과 결혼적응

가족요인별 결혼적응의 하위변인들과의 관계를 살펴보면 다음과 같다(표 1-3). 가족요인별 결혼적응의 하위요인에 대한 차이를 검증한 결과, 가족 형태, 가구 수입은 통계적으로 유의미하지 않았으나, 배우자 지지는 통계적으로 유의미하였다. 가족 형태와 결혼적응의 하위변인별 차이를 살펴보면, 결혼만족은 부부 단독으로 사는 경우가 24.59로 가장 높았다. 그런데 부부+(자녀)+(시부모)+(남편형제)가 함께 하는 가족 형태의 결혼만족이 23.63으로 오히려 부부+(자녀)+(친정부모)+(친정형제)의 결혼만족 21.66보다 높았다. 또한 이혼의도를 살펴보면, 부부+(자녀)+(친정부모)+(친정형제) 가족형태에서 이혼의도가 11.0으로 가장 높은 것으로 나타났으며, 그 다음이 부부+자녀로 구성된 가족형태(6.45), 부부+(자녀)+(시부모)+(남편형제)로 구성된 가족형태(10.97), 부부 단독 가구(10.00) 순이었다. 부부 간 애정에서도 부부+(자녀)+(시부모)+(남편형제)로 구성된 가족형태가 43.90으로 가장 높은 것으로 나타났으며, 부부+(자녀)+(친정부모)+(친정형제)로 구성된 가족형태에서의 부부 간 애정이 36.50으로 가장 낮은 것으로 나타났다.

가구수입별 결혼적응의 차이를 검증한 결과, 하위변인들 간의 차이는 유의미하지 않은 것으로 나타났다. 결혼만족은 가구수입을 모른다고 응답한 집단이 24.38로 가장 높은 것으로 나타났으며, 100만 원 이하의 가구수입의 결혼만족이 21.71로 가장 낮은 것으로 나타났다. 이혼의도는 가구수입이 100만 원 이하라고 응답한 집단이 12.80으로 가장 높았으며, 가구수입을 모른다고 응답한 집단이 9.42로 가장 낮았다. 부부 간 애정은 가구수입이 250만 원 이상이라고 응답한 집단이 43.07로 가장 높았고, 가구수입이 100만 원 이하라고 응답한 집단이 39.42로 가장 낮았다. 즉, 가구수입별 결혼적응은 통계적으로 유의미하지는 않지만, 가구수입이 낮은 집단에서 결혼만족, 부부 간 애정이 낮았으며, 이혼의도가 높은 것으로 나타나, 이들의 결혼적응이 수준이 가장 낮았다.

배우자 지지는 배우자 지지를 평균±표준편차로 하여 상, 중, 하 세 집단으로 나누어 결혼적응의 하위변인들 간의 차이를 살펴보았으며, 모두 통계적으로 유의미한 것으로 나타났다. 배우자 지지 집단별 결혼만족의 차이를 살펴보면, 배우자 지지 '상' 집단이 28.30으로 가장 높았으며, 배우자 지지 '하' 집단이 17.74로 가장 낮았다($F=37.209$, $p<.001$). 이혼의도는 배우자 지지 '하' 집단이 13.14로 가장 높았으며, 배우자 지지 '상' 집단이 8.11로 가장 낮았다($F=5.809$, $p<.05$). 부부 간 애정 역시 배우자 지지 '상' 집단이 52.41로 가장 높았으며, 배우자 지지 '하' 집단이 31.18로 가장 낮았다($F=38.852$, $p<.001$). 이와 같이 배우자 지지가 높을수록 결혼만족, 부부 간 애정이 높으며, 이혼의도가 낮은 것으로 나타나, 결혼이주여성의 배우자 지지에 따라 결혼적응에 차이가 있다고 할 수 있다.

〈표 1-3〉 가족요인과 결혼적응의 평균차이

			결혼만족	이혼의도	부부 간 애정
		N(%)	M(S.D)	M(S.D)	M(S.D)
가족 형태	부부	32	24.59(5.79)	10.00(6.23)	42.31(11.73)
	부부+자녀	81	22.86(5.71)	10.97(6.45)	40.56(11.18)
	부부+(자녀)+(시부모)+(남편형제)	52	23.63(5.55)	10.05(5.25)	43.90(10.50)
	부부+자녀+(친정부모)+(친정형제)	6	21.66(6.47)	11.00(5.76)	36.50(14.55)
	F		.434	.797	.247
가구 수입	100만원 이하	21	21.71(7.12)	12.80(8.15)	39.42(13.65)
	101-150만원	29	23.55(6.21)	10.20(4.71)	41.48(12.76)
	151-200만원	34	23.77(5.09)	10.08(5.35)	41.91(10.96)
	201-250만원	19	23.21(4.70)	11.57(7.89)	41.10(12.02)
	250만원 이상	28	22.03(5.56)	10.85(6.10)	43.07(9.91)
	모름	26	24.38(5.67)	9.42(5.13)	42.96(11.74)
	F		.822	.908	.322
배우자 지지	하	27	17.74(5.61)	13.14(6.59)	31.18(8.53)
	중	106	23.02(5.01)	10.61(5.96)	40.87(9.84)
	상	36	28.30(3.47)	8.11(4.74)	52.41(8.46)
	F		37.209***	5.809**	38.852***

*p<.05, **p<.01,***p<.001

3) 스트레스 요인과 결혼적응

결혼이주여성의 스트레스 요인과 결혼적응의 하위변인들 간의 차이를 검증한 결과(표 1-4), 모두 통계적으로 유의미한 것으로 나타났다. 분석에서 앞서 조사대상자의 가족생활스트레스와 문화적응스트레스는 평균±표준편차를 기준으로 상, 중, 하 집단으로 나누었다. 우선 가족생활스트레스 집단별 결혼적응의 하위변인의 차이를 살펴보면 다음과 같다. 결혼만족의 경우 가족생활스트레스 '상' 집단의 결혼만족이 17.48, 가족생활스트레스 '하' 집단이 27.11로 나타나, 가족생활스트레스가 낮을수록 결혼만족이 높게 나타났다(F=25.719, p<.001). 이혼의도의 경우 가족생활스트레스 '상' 집단의 이혼의도가 16.73, 가족생활스트레스 '하' 집단이 7.12로 나타나, 가족생활스트레스가 높을수록 이혼의도가 높게 나타났다(F=23.791, p<.001). 부부 간 애정의 경우 가족생활스트레스 '상' 집단의 부부 간 애정이

〈표 1-4〉 스트레스 요인과 결혼적응의 평균 차이

			결혼만족	이혼의도	부부 간 애정
		N(%)	M(S.D)	M(S.D)	M(S.D)
가족생활 스트레스	하	25	27.11(4.50)	7.12(0.52)	48.07(11.62)
	중	118	23.76(5.20)	9.82(4.97)	41.06(11.56)
	상	26	17.48(5.08)	16.73(8.49)	36.73(9.07)
	F		25.719***	23.791***	7.042**
문화적응 스트레스	하	30	27.40(3.80)	7.73(2.47)	48.10(9.15)
	중	112	22.99(5.80)	10.24(5.71)	40.17(12.27)
	상	30	20.36(5.17)	14.24(7.74)	39.86(9.03)
	F		13.243***	9.853***	6.192**

*p〈.05, **p〈.01,***p〈.001

36.73, 가족생활스트레스 '하' 집단이 48.07로 나타나, 가족생활스트레스가 낮을수록 부부 간 애정이 높게 나타났다(F=7.042, p〈.01). 따라서 가족생활스트레스 수준에 따라 결혼만족, 이혼의도, 부부 간 애정에 차이가 있다고 할 수 있다.

문화적응스트레스 집단과 결혼적응의 하위변인들 간의 차이를 분석한 결과, 결혼만족의 경우 문화적응스트레스 '상' 집단이 20.36, '하' 집단이 27.40으로 나타나, 문화적응스트레스가 낮을수록 결혼만족이 높게 나타났다(F=13.243, p〈.001). 이혼의도의 경우 문화적응스트레스 '상' 집단의 이혼의도가 14.24, 문화적응스트레스 '하' 집단이 7.73으로 나타나, 문화적응스트레스가 높을수록 이혼의도 수준이 높은 것으로 나타났다(F=9.853, p〈.001). 부부 간 애정의 경우 문화적응스트레스 '상' 집단의 부부 간 애정이 39.86, '하' 집단이 48.10으로 나타나, 문화적응스트레스가 낮을수록 부부 간 애정 수준이 높게 나타났다(F=6.129, p〈.01). 따라서 문화적응스트레스 수준에 따라 결혼만족, 이혼의도, 부부 간 애정에 차이가 있다고 할 수 있다.

4) 자원 요인과 결혼적응

〈표 1-5〉는 결혼이주여성의 자원 요인과 결혼적응의 하위변수 간의 차이를 살펴보고 있다. 그리고 분석에 앞서 연구대상자의 자아탄력성, 의사소통수준을 평균±표준편차를 기준으로 상, 중, 하 집단으로 나누어 결혼적응을 살펴보았다. 자아탄력성 집단별 결혼만족에서는 자아탄력성이 높을수록 결혼만족이 낮은 것으

〈표 1-5〉 자원 요인과 결혼적응의 평균 차이

			결혼만족	이혼의도	부부 간 애정
		N(%)	M(S.D)	M(S.D)	M(S.D)
자아 탄력성	하	25	25.69(5.88)	7.72(3.60)	41.65(16.10)
	중	120	23.03(5.61)	10.73(5.92)	41.37(10.66)
	상	24	22.12(5.98)	12.12(7.53)	42.08(11.20)
	F		5.679	3.769*	.039
의사소통 수준	하	23	19.04(5.39)	12.56(6.14)	31.65(9.24)
	중	118	23.23(5.51)	10.83(6.40)	40.92(10.35)
	상	28	27.78(3.37)	7.28(1.04)	53.75(5.70)
	F		17.657***	5.884**	33.345***

*p〈.05, **p〈.01,***p〈.001

로 나타났으나, 통계적으로 유의미하지 않다. 자아탄력성 집단별 이혼의도는 자아탄력성 '상' 집단이 12.12, 자아탄력성 '하' 집단이 7.72로 나타나, 자아탄력성이 높을수록 이혼의도가 높은 것으로 나타났으며, 통계적으로 유의미하였다(F=.3769, p〈.05). 자아탄력성 집단별 부부 간 애정은 자아탄력성이 높을수록 부부 간 애정이 높은 것으로 나타났으나, 통계적으로 유의미하지 않았다. 이상과 같은 결과로 볼 때, 자아탄력성 수준에 따라 이혼의도에 차이가 있다고 할 수 있다.

의사소통수준과 결혼적응의 하위변인 간의 차이도 모두 유의미한 영향을 미치는 것으로 나타났다. 결혼만족의 경우 의사소통수준 '상' 집단이 27.78, '하' 집단이 19.04로 나타나, 의사소통수준이 높을수록 결혼만족이 높은 것으로 나타났다(F=17.657, p〈.001). 이혼의도의 경우 의사소통 수준 '하' 집단이 12.56, '상' 집단이 7.28로 나타나, 의사소통 수준이 낮을수록 이혼의도가 높은 것으로 나타났다(F=5.884, p〈.01). 부부 간 애정에서 의사소통 수준 '상' 집단은 53.75, '하' 집단은 31.65로 나타나, 의사소통수준이 높을수록 부부 간 애정 수준이 높은 것으로 나타났다(F=35.016, p〈.001). 이상과 같이 결혼이주여성의 의사소통 수준에 따라 결혼만족, 이혼의도, 부부 간 애정에 차이가 있다고 할 수 있다.

3. 결혼이주여성의 결혼적응에 영향을 미치는 요인

다음으로 각 독립변수들의 결혼이주여성의 결혼적응에 대한 상대적 영향력을 파악하기 위해 중다회귀분석(Multiple Regression)을 실시하였다. 중다회귀분석에 앞서 회귀분석의 기본 가정들(극단값 점검, 잔차의 정상성, 선형성, 동변량성, 다중공선성)에 문제가 없는지 검토하였다. 자료의 극단치를 알아보기 위해 종속변수에 대한 히스토그램을 점검한 결과 극단치 없이 개략적인 정상분포를 보였으며, 예측된 값과 잔차의 산포도에서도 극단치는 발견되지 않았다. 공차한계의 값은 모든 변수가 .402~.925로 나타났으며, VIF(Variance Inflation Factor)값이 1.081~2.488의 값을 보여 다중공선성의 위험이 없는 것으로 판단되었다. 잔차의 독립성은 Dubin-Watson D 통계량을 통해 검증하였는데, 종속변수별로 각각 2.201, 1.940, 1.660으로, 1.5와 2.5 사이에 위치해 심각한 자기상관은 없다고 할 수 있다. 따라서 거론된 전제조건을 고려하여 본 회귀식은 적합한 모형으로 채택되었다.

〈표 1-6〉은 결혼적응의 하위변수별로 독립변수들의 상대적 영향력을 보여주고 있다. 분석결과를 살펴보면, 첫째 결혼만족에는 사회 · 인구학적 요인은 영향을 미치는 않는 것으로 나타났으며, 가족 요인 중에서는 배우자 지지가, 스트레스 요인 중에서는 가족생활스트레스가, 자원 요인 중에서는 의사소통수준이 결혼만족에 영향을 미치고 있는 것으로 나타났다. 즉, 배우자 지지가 높을수록, 가족생활스트레스가 낮을수록, 의사소통수준이 높을수록 결혼만족이 높은 것으로 나타났으며, 독립변수의 설명력은 58.9%로 나타났다. 결혼만족에 가장 영향력 있는 요인은 가족생활스트레스였는데, 가족생활스트레스가 낮을수록(β=-.381, p〈.001) 결혼만족이 높은 것으로 나타났다.

둘째, 이혼의도는 사회 · 인구학적 변인 중 자녀수와 스트레스 요인 중 가족생활스트레스가 영향을 미치는 변인인 것으로 나타났다. 즉, 자녀수가 적을수록, 가족생활스트레스가 높을수록 이혼의도가 높은 것으로 나타났으며, 그 설명력은 31.0%로 나타났다. 이혼의도에 가장 영향력 있는 요인은 가족생활스트레스였으며(β=.451, p〈.001), 가족생활스트레스가 높을수록 이혼의도가 높은 것으로 나타났다. 국제결혼 부부의 적응에 관한 연구들은 가족생활스트레스와 결혼적응이 상관이 있음을 밝히고 있는데(나임순, 2006: 97-136), 본 연구에서 가족생활스트레스와 문화적응스트레스를 함께 투입할 경우 가족생활스트레스가 문화적응스트레스보다 이혼의사에 더 영향력 있는 변수로 나타났다.

셋째, 부부 간 애정관계는 사회·인구학적 요인 중에서 결혼기간, 가족요인 중에서는 배우자 지지가, 자원 요인 중에서 부부의 의사소통수준이 영향을 미치는 변수로 나타났다. 즉, 결혼기간이 짧을수록, 배우자 지지가 높을수록, 의사소통수준이 높을수록 부부 간 애정이 높은 것으로 나타났으며, 그 설명력은 60.7%였다. 그리고 부부 간 애정에 가장 영향력 있는 변수는 의사소통수준이었으며, 의사소통수준이 높을수록(β=.473, p<.001) 부부 간 애정이 높은 것으로 나타났다. 의사소통은 결혼생활 적응은 물론 결혼만족에 영향을 주는 요인 중 하나로 가족생활적응에 있어서 핵심적인 역할을 한다. 선행연구에서 의사소통이 효율적이며, 의사소통빈도가 높을수록 결혼만족도가 높다고 보고하고 있으며(홍달아기 외, 2007: 741) 본 연구의 결과와도 일치한다.

〈표 1-6〉 결혼이주여성의 결혼적응에 영향을 미치는 요인(N=172)

		결혼만족		이혼의도		부부 간 애정	
		B	Beta	B	Beta	B	Beta
사회·인구학적 요인	연령	−.021	−.044	−.003	−.005	−.012	−.014
	연령차	−.010	−.012	−.051	−.051	−.273	−.168
	결혼기간	−.033	−.056	.067	.104	−.147	−.138*
	학력	−.847	−.064	.912	.062	−1.416	−.059
	자녀수	.735	.117	−1.664	−.239*	.199	.017
가족 요인	가족형태	−.933	−.075	−.566	−.041	−1.542	−.069
	가구수입	−.273	−.079	−.018	−.005	−.015	−.002
	배우자 지지	1.897	.306***	−.304	−.044	3.755	.333***
스트레스 요인	가족생활스트레스	−.157	−.381***	.205	.451***	−.112	−.150
	문화적응스트레스	−.024	−.102	.042	.163	.003	.008
자원요인	의사소통수준	1.418	.199*	−.266	−.034	6.143	.473***
	자아탄력성	−.114	−.227	.082	.148	−.096	−.105
상수		29.764***		−2.935		23.943**	
R^2		.634		.385		.650	
수정된 R^2		.589		.310		.607	
F		8.308***		1.594		17.289***	
Durbin−Watson		2.201		1.940		1.660	

*p<.05, **p<.01, ***p<.001

주) 더미(dummy)변수: 학력(고등학교 이하=0, 전문대학 이상=1), 가족형태(핵가족=0, 확대가족=1), 본 연구에서 연령, 결혼기간, 연령차, 자녀수는 연속변수로 측정하여 연구모형에 투입하였다.

V. 결론 및 제언

본 연구는 부산지역에 거주하고 있는 결혼이주여성의 결혼적응을 체계적으로 파악하고자 하였다. 이를 위해 본 연구에서는 그동안 선행연구에서 다루어져 왔던 각 독립변인을 사회·인구학적 변인, 가족 변인, 스트레스 변인, 자원 변인으로 나누었다. 그리고 결혼적응의 하위영역을 결혼만족, 이혼의도, 부부 간 애정(친밀성, 상호소통, 성적 만족) 등으로 두고, 각 독립변인과 결혼적응과의 평균차이와 결혼적응에 미치는 상대적 영향력을 분석하였다.

우선 각 독립변인과 결혼적응의 하위영역과의 평균 차이는 다음과 같다. 첫째, 사회·인구학적 요인 중 연령, 결혼기간, 자녀수가 결혼적응에 유의미한 영향을 미치는 것으로 나타났다. 특히 30대에서 결혼만족이 낮고, 이혼의도가 높은 것으로 나타났다. 자녀수는 자녀가 없는 경우보다 있는 경우가 이혼의도가 높았으나, 자녀가 있는 경우에는 오히려 자녀가 3명 이상인 경우보다 1명인 경우에서 이혼의도가 높은 것으로 나타났다. 결혼기간은 결혼기간이 길어질수록 부부 간 애정이 낮아지는 것으로 나타났다. 이상과 같은 결과를 볼 때, 30대의, 자녀가 1명인, 결혼기간이 11-15년이 된 결혼이주여성의 결혼적응이 가장 낮다고 할 수 있다. 이는 내국인 부부에서 나타나는 것처럼 30대 자녀양육에 따른 부담감이 결혼적응을 어렵게 하는 것으로 볼 수 있다. 둘째, 가족 요인과 결혼적응의 하위영역과의 평균 차이는 배우자 지지만이 유의미한 것으로 나타났다. 배우자 지지와 결혼적응 하위영역과의 평균차이는 배우자 지지가 높을수록 결혼만족과 부부 간 애정이 높은 것으로 나타났으며, 이혼의도는 낮은 것으로 나타나, 배우자 지지 집단별로 결혼적응이 다르다는 것을 의미한다. 셋째, 스트레스 요인별 결혼적응의 평균차이는 모두 유의미한 것으로 나타났다. 가족생활스트레스와 결혼적응 하위요인과의 관계에서, 가족생활스트레스가 낮을수록 결혼만족, 부부 간 애정이 높으며, 이혼의도가 낮은 것으로 나타났다. 문화적응스트레스와 결혼적응 하위요인과의 관계에서도 문화적응스트레스가 낮을수록 결혼만족과 부부 간 애정이 높으며, 이혼의도가 낮은 것으로 나타나, 가족생활스트레스, 문화적응스트레스 수준에 따라 결혼적응의 차이가 있는 것을 의미한다. 넷째, 자원 요인별 결혼적응의 하위영역과의 평균차이를 검증한 결과, 자아탄력성은 이혼의도와 의사소통수준은 결혼적응 하위영역 모두와 유의미한 것으로 나타났다. 자아탄력성 집단별 이혼의도는 자아탄력성이 높은 집단일수록 이혼의도가 높은 것으로 나타나, 자아탄력성 집단별로 이혼의도에서 차이가 있는 것으로 나타났다. 의사소통수준 집단별로는 결혼만족과 부부 간 애정은 높은 것으로 나타났으며, 이혼의도는 낮은 것으로 나타났다. 즉 의사소통 집단별로 결혼적응에서 차이가 있음을 의미한다.

다음으로 각 독립변인이 결혼적응의 하위영역에 미치는 상대적 영향력을 살펴보았다. 첫째, 결혼만족은 배우자 지지, 가족생활스트레스, 의사소통수준이 영향을 미치고 있었다. 특히 가족생활스트레스가 결혼만족에 가장 큰 영향력을 갖는 변수로 나타났다. 이러한 결과는 결혼이주여성들의 결혼만족이 결혼생활 과정에서 발생하는 스트레스에 의해 영향을 많이 받고 있다는 것을 의미하며, 향후 결혼이주여성의 결혼의 질을 향상시키기 위해서는 이들이 가족생활과정에서 발생하는 스트레스를 낮추는 정책적 지원이 필요함을 함의한다. 둘째, 결혼이주여성의 이혼의도는 자녀수, 가족생활스트레스가 영향을 미치는 것으로 나타났다. 특히 결혼만족과 마찬가지로 가족생활스트레스가 이혼의도에 가장 영향력이 큰 변수로 나타나, 결혼이주여성의 이혼의도를 낮추기 위해 가족생활스트레스를 감소시키는 것이 필요함을 의미한다. 또한 자녀수 역시 자녀수가 적을수록 이혼의도가 높은 것으로 나타나고 있는데, 〈표 1-3〉에서 나타나듯이 자녀가 1명인 경우에서 이혼의도가 높은 것으로 볼 때, 결혼 후 첫 자녀를 둔 시기에서 결혼적응이 매우 어려움을 겪고 있는 것으로 보인다. 이는 결혼이주여성 본인도 아직 한국생활에 적응하지 않은 상태에서 자녀를 양육하게 됨에 따라 나타나는 어려움이 이혼의도를 높이는 것으로 해석될 수 있다. 따라서 결혼이주여성들이 자녀양육에 따른 어려움을 해소할 수 있는 양육지원정책이 마련되어야 할 것으로 보인다. 마지막으로 부부 간 애정에는 결혼기간, 배우자 지지, 한국어 수준 등이 영향을 미치고 있었다. 특히 한국어 수준이 가장 영향력이 있는 변수로 나타나, 한국어 교육 지원의 중요성이 다시 한 번 확인되었다. 하지만 원만한 부부관계를 만들기 위해서는 한국어 수준을 높이는 데 그치는 것이 아니라, 부부가 상대방의 언어를 배우고 이해하는 과정이 또한 필요하다. 게다가 부부 간 의사소통이 원활하게 이루어지기 위해서는 서로 공통된 언어를 공유하고 있다는 것만으로 가능하지 않으며, 서로에게 호혜적인 언어를 사용할 수 있는 의사소통훈련이 반드시 함께 이루어져야 한다.

이상과 같이 결혼이주여성의 결혼적응은 하위영역에 따라 각 독립변인들이 미치는 영향력이 달랐다. 이것은 결혼적응이 하나의 차원으로 설명되지 않으며, 적응 영역에 따라 서로 다른 전략이 필요함을 의미한다. 본 연구에서 결혼이주여성의 결혼적응에 배우자 지지나 한국어 수준보다 가족생활스트레스가 더 중요한 요인으로 밝혀졌으며, 또한 문화적응스트레스와 가족생활스트레스를 함께 투입한 경우에도 가족생활스트레스가 더 영향력이 큰 것으로 나타났다. 이는 그동안 정부의 정책적 지원이 한국어 교육이나 가족관계 향상 프로그램, 문화적응프로그램 등을 중심으로 이루어져 왔음을 감안할 때, 향후 결혼이주여성의 결혼적응을 향상시키기 위해서 이들의 가족생활에서 발생하는 문제에 대한 관심이 필요함을 환기시킨다. 일반적으로 가족생활 과정에서 발생하는 크고 작은 사건들은 누구나 겪는 문제이기도 하지만, 결혼이주여성의 경우 가족생활스트레스는 문화가 달라 발생하는 어려움이 가중될 가능성이 크다. 따라서 향후 정부의 지원정책은 가족생활에 대한 관심과 스트레스를 낮추기 위한 정책적 지원이 필요하다고 여겨진다. 또한 이들의 가족생활스트레스가 문화적 차이에 의해서 가중된 결과일 수 있기 때문에 문화적 차이를 고려한 지원이 되어야 한다.

본 연구는 부산지역 결혼이주여성의 결혼적응을 살펴보았다. 본 연구에서 결혼이주여성의 결혼적응을 다각적으로 살펴보고자 하였지만, 연구를 하는 과정에서 몇 가지 한계점이 드러났다. 우선 정확한 표집틀에 기초한 연구대상의 표집이 불가능하였기 때문에 본 연구가 주로 복지관, 이주여성인권센터, 다문화가족지원센터 등 주로 서비스 이용자를 대상자로 한다는 점에서 서비스를 이용하지 못하는 결혼이주여성의 사례가 충분히 반영되지 못했다. 이러한 연구 표집의 한계는 본 연구가 전체 결혼이주여성의 결혼적응으로 일반화하여 해석하는 데 문제가 있음을 의미한다. 또한 국제결혼 부부의 결혼적응을 살펴보기 위해서는 부부를 대상으로 한 연구가 필요하나, 본 연구에서는 결혼이주여성의 배우자에 대한 접근이 어려워 배우자를 연구에 포함시키지 못했다. 그러나 기존 연구에서 주로 국제결혼 부부의 결혼적응의 문제가 몇몇 변수와 결혼적응간의 관계에 살펴보는 데 머물렀다면, 본 연구에서는 결혼적응의 문제를 보다 다차원적인 차원에서 접근하려고 했다는 점에서 의의가 있다.

참고문헌

강은령. 1989. “부부의 결혼적응에 관한 연구.” 이화여자대학교 대학원 석사학위청구논문.

권정란 · 이인수. 2006. “원가족의 정서적 건강성과 자기분화에 따른 부부적응.” 한국가족관계학회지 11(1), 35-56.

경기도가족여성개발원. 2007.「경기도내 국제결혼이민자 가족실태 조사 및 정책적 지원방안 연구」. 경기도가족여성개발원.

권복순 · 차보현. 2006. “농촌지역 코시안 가정주부의 의사소통능력, 문화적 정체성이 결혼만족도에 미치는 영향.” 한국사회복지학 58(3), 109-134.

김두섭 · 이명진. 2007. “국제결혼 부부의 사회 · 인구학적 상이성과 결혼안정성.” 한국인구학 30(3), 33-56.

김득성. 1986. “Spanier의 결혼적응척도에 관한 연구.” 부산대학교 가정대학 연구보고 13, 679-705.

김오남. 2006. “국제결혼 이주여성의 부부갈등 결정요인 연구.” 가족과 문화 18(3), 63-106.

김이선 · 김민정 · 한건수. 2006.「여성결혼이민자의 문화적 갈등 경험과 소통증진을 위한 정책과제」. 한국여성개발원.

김세아. 2009. “국제결혼 이주여성의 출신국가별 가족관계스트레스에 관한 연구.” 연세대학교 보건대학원 석사학위청구논문.

김태현 · 이성희. 1999.「결혼과 사회」. 서울: 성신여자대학교 출판부.

김현숙. 2007. “결혼이주여성의 사회통합 유형에 관한 연구.” 부산대학교 박사학위청구논문.

김혜경. 2005. “여성지체장애인의 결혼만족도.” 서울시립대학교 석사학위청구논문.

나임순. 2008. “외국인 결혼이주여성들의 스트레스에 영향을 미치는 요인.” 한국비영리연구 7(1), 97-136.

고정자. 1998. "맞벌이부부의 직업관련변수가 결혼만족도와 삶의 질에 미치는 영향." 대한가정학회. 36(4), 163-178.

고정자 · 김갑숙. 1999. "부부의 심리적 복지와 삶의 질에 대한 연구." 대한가정학회. 37(6), 59-76.

박유숙. 2001. "남편의 폭력이 아내의 정신병리에 미치는 영향." 부산대학교 석사학위 청구논문.

박재규. 2007. "농촌지역 국제결혼 이주여성의 농촌생활 적응 관련 요인 분석." 농촌 경제. 29(3), 67-84.

성혜영. "실직가장의 가족스트레스가 심리적 디스트레스에 미치는 영향." 성균관대학교 석사학위논문.

신은주. 1997. "자원에 따른 부부권력에 관한 연구." 원광대학교 석사학위청구논문.

양순미. 2006. "농촌 국제결혼 부부의 적응 및 생활실태에 대한 비교분석." 농촌사회 167(2), 151-179.

양옥경 · 송민경 · 임세와. 2007. "서울지역 결혼이주여성의 문화적응스트레스에 관한 연구." 한국가족관계학회지. 14(1), 137-168.

오경희. 1997. "의사소통양식, 의사소통도 및 결혼생활만족도." 한국가정관리학회지. 15(4), 210-220.

오성배. 2006. "한국사회의 소수 민족, 코시안 아동의 사례를 통한 다문화교육의 방향 탐색." 교육사회학연구 16(4), 137-157.

옥선화 · 정민자 · 고선주. 2006. 「결혼과 가족」. 도서출판: 하우.

윤형숙. 2004. "국제결혼 배우자의 갈등과 적응."「한국의 소수자, 실태와 전망」. 한울.

이규삼. 1999. "국제결혼 가정의 부부갈등 요인에 관한 연구." 순천향대학교 석사학위 청구논문.

이기숙 · 공미혜 · 김득성 · 김은경 · 손태홍 · 오경희 · 전영주. 2001. 「결혼의 기술」. 신정.

이경성. 2001. "이혼의도, 시도 및 계획에 영향을 미치는 요인들." 한국심리학회지: 여성 16(2), 97-119.

이경성 · 한덕웅. 2003. "결혼적응검사의 개발." 한국심리학회지: 건강 18(3), 679-705.

이소영. 2008. "가족 건강성이 결혼불안정성에 미치는 영향." 서강대학교 석사학위논문.

이숙현. 1988. “한국 근로자계층 부부의 결혼적응에 관한 연구.” 한국사회학 22, 161-181.

이승종. 1996. “문화이입과정 스트레스와 유학생의 신념체계 및 사회적 지지와의 관계.” 연세대학교 석사학위청구논문.

이은희. 2009. “생활스트레스에 대한 결혼이민자 여성의 적응 연구.” 한국가족복지학 14(1), 73-94.

이정은 · 이영호. 2000. “개인특성, 스트레스 및 부부간 의사소통과 결혼만족도의 관계.” 한국심리학회지 19(3), 531-548.

이현희. 2002. “스트레스, 통제감 및 대처방식이 결혼생활 적응과 정서에 미치는 영향.” 아주대학교 석사학위청구논문.

이혜경. 2005. “혼인이주와 혼인이주 가정의 문제와 대응.” 한국인구학 28(1), 91-100.

장온정. 2007. “국제결혼한 한국남성의 결혼적응에 관한 연구.” 중앙대학교 박사학위청구논문.

장춘미. 2009. “스트레스와 결혼만족간의 관계에 대한 부부의 지지행동 및 갈등해결행동의 매개효과.” 한국심리학회지: 여성 14(1), 153-171.

전만길. 2005. “외국인 주부 한국생활 실태 조사 연구.” 한국외국어대학교 석사학위청구논문.

전효정. 2000. “한국 부부의 갈등해소 방법 선택에 있어서 개인적 변인과 상황적 변인의 상대적 중요성.” 대한가정학회지 38(5), 91-106.

조은경 · 정혜정. 2009. “원가족 건강성이 심리적 안녕에 미치는 영향에 있어서 자아분화와 결혼만족도의 매개효과.” 한국가족관계학회지 13(4), 105-132.

최규련. 1984. “부부의 성역할태도와 결혼만족도.” 대한가정학회지 22(2), 91-102.

최송식 · 장익진 · 김현숙. 2008. “결혼이주여성의 이주전 정보활동이 정보유용성에 미치는 영향.” 한국지방행정연구원 22(4), 217-246.

프로마 월시. 양옥경. 김미옥. 최명민 역. 2002. 「가족과 레질리언스」. 나남출판.

홍달아기 · 채옥희. 2007. “국제결혼부부의 가치관 및 의사소통유형과 갈등과의 관계.” 한국생활과학회지 16(4), 733-744.

홍기혜. 2000. “중국 조선족 여성과 한국 남성간의 결혼을 통해 본 이주의 성별 정치학.” 이화여자대학교 석사학위청구논문.

Burgess, E. W. and Cottrell, L. S. 1939. *Predicting Success or Failure in Marriage*, pp. 317-322. New York: Prentice Hall.

Burr, W. R. 1970. Satisfaction with Various Aspects of Marriage Over the Life Cycle: A Random Middle Class Sample. *Journal of Marriage and the Family* 32(1), 29-37.

Berry, J. W. 2005. Conceptural Approches to Acculturation. pp. 17-38 in *Acculturation.* edited by Kevin M. Chun, Parmela Balls Organista and Gerardo Martin. Washington D.C.: Decade of Behavior.

Block, J. 1982. Assimilation, accommodation, and the dynamics of personality development. *Child Development* 53, 281-295.

Blood. R. O. 1960. Resolving family conflicts. *Journal of conflict resolution* 14, 209-219.

Hamilton, G. V. 1929. *A Research in marriage.* New York: Medical Research Press.

Locke, H. J. and Robert C. Williamson. 1958. Marital Adjustment: A Factor Analysis Study. *American Sociology Review* 23(5), 562-569.

Holman, T. B., Larson, J. H. And Harmer, S. L. 1994. The development and predictive validity of a new premarital assessment instrument: The Preparation for Marriage Questionnaire, *Family Relations* 43, 46-52.

Noller, P. 2005. What is this thing called love? Defining the love that supports marriage and family. *Personal Relationships 13*, 97-115.

McCubbin, M. A. & McCubbin, H. I. 1991. Family stress theory and assessment: the Resiliency Model of Family Stress, Adjustment and Adaptation. In: McCubbin H. I, Thompson A. I. eds. *Family Assessment Inventories for Research and Practice.* Madison, Wis: University of Wisconsin-Madison. pp: 3-32.

Spanier, G. B. 1976. Further evidence on methodological weaknesses in the Locke-Wallace Marital Adjustment Scale and other measures of adjustment. *Journal of Marriage and the Family* 34, 403-414.

Zimet, G. D., Dahlem, N. W., Zimet, S. G., & Farley, G. K. 1988. The Multidementional Scale of Perceived Social Support. *Jornal of Personality Assessement* 52, 30-41.

제 2 장

결혼이주여성의 문화적응스트레스와 부부적응:

자아탄력성의 매개효과 및 조절효과를 중심으로

김현숙 · 최송식 · 김희재

제 2 장

결혼이주여성의 문화적응스트레스와 부부 적응:

자아탄력성의 매개효과 및 조절효과를 중심으로*

Ⅰ. 서 론

결혼은 서로 다른 가치관을 가진 두 사람의 만남으로 결혼과정에는 수많은 갈등이 있기 마련이다. 특히 문화적 배경이 다른 국제결혼 부부의 경우 내국인 부부보다 부부 적응이 더 어려운 것으로 보인다. 실제로 통계청 자료에 의하면, 한국사회 총 이혼건수는 2004년 138,932건에서 2008년 116,535건으로 감소하는 반면, 국제결혼 부부의 경우 같은 기간 동안 3,300건에서 11,255건으로 무려 3배 이상 증가했다. 이것은 국제결혼 부부의 결혼생활에 일반 부부보다 더 심각한 긴장의 경험들이 있음을 의미한다.

국제결혼 부부에 관한 선행연구들은 국제결혼 부부가 내국인 부부보다 결혼의 안정성이 매우 낮음을 지적한다. 연령, 학력 등 사회 · 인구학적 상이성으로 결혼생활을 유지하는 데 어려움을 겪기도 하며(김두섭 · 이명진, 2007), 단기간 결혼성립으로 인한 상대 배우자에 대한 이해 부족(신경희, 2004; 김현숙, 2007) 및 언어장벽으로 인한 의사소통의 문제(홍달아기 · 채옥희, 2007) 등은 원만한 부부관계를 형성하는 것을 어렵게 한다. 또한 서로 다른 가족구조와 문화는 결혼생활에 혼란을 가중시킬 뿐만 아니라, 여성에게만 가중되는 가사 일은 부부관계를 불만스럽게 한다(이혜경, 2005; 김이선 · 김민정 · 한건수, 2006). 이상과 같이 국제결혼 부부는 내국인 부부와 다른 상황에서 결혼생활을 시작하며, 언어, 관습, 가치관 등

* 이 논문은 2007년 정부(교육인적자원부)의 재원으로 한국연구재단의 지원을 받아 수행된 연구임 (KRF-2007-411-J01101).

문화적 차이는 국제결혼 부부의 결혼생활에 부정적인 영향을 초래하고 있다.

국제결혼 부부의 문화적 차이로 인한 불안한 관계나 상황은 이들 부부가 많은 스트레스 위기에 직면하고 있으며, 그로 인한 가족 붕괴의 위험에 노출되어 있음을 의미한다(김석란, 2008; 김오남, 2006). 문화적응스트레스는 불안이나 우울, 막다른 골목에 다다른 느낌이나 소외감, 높은 신체적 증상, 정체감 혼란 등을 동반할 수 있으며, 이러한 심리적 어려움은 안정적인 결혼생활을 저해한다(고은주, 2009; 권구영 · 박근우, 2007). 또한 문화적응스트레스는 부부관계뿐만 아니라 자녀와의 관계에서도 부정적 영향을 미치는 것으로 보고된다(최명선 · 곽민정, 2008). 김오남(2006)은 국제결혼 부부의 갈등 요인 중 문화 요인이 가장 중요하며 결정적인 요인이라고 하였다.

이상과 같이 문화적응스트레스는 국제결혼 부부의 관계를 불안정하게 만들고 있으며, 따라서 이질적인 문화가 초래하는 충돌과 갈등을 최소화할 필요가 있다. 그런데 국제결혼 부부의 문화적응스트레스와 부부 적응에 관한 연구를 살펴보면, 문화적응스트레스의 영향요인을 탐구한 것(양옥경, 2009), 문화적응스트레스를 부부 갈등의 원인으로 탐구한 것(김오남, 2006) 등 주로 문화적응스트레스를 국제결혼 부부의 환경이나 조건으로 다룬 것이 많고, 이들 부부가 경험하는 문화적응스트레스가 부부 적응에 어떻게 영향을 미치는지, 그리고 이러한 스트레스를 완화시켜 줄 수 있는 요인들에 대한 연구는 부족한 실정이다. 이러한 의미에서 본 연구에서는 부부 적응의 각 차원을 구별하여, 문화적응스트레스와 부부 적응의 관계를 살펴보고자 한다.

그런데 많은 국제결혼 부부가 문화적응스트레스로 어려움을 겪고 있지만, 모든 국제결혼 부부가 가족붕괴를 경험하는 것은 아니다. 문제가 되는 것은 스트레스 그 자체가 아니라 그것을 조정해 가는 방법에 있다. 즉 국제결혼 부부의 불안정성은 그들이 스트레스에 직면했을 때, 그것을 어떻게 인지하고 대처하느냐와 관련이 있다. 최근 스트레스와 적응에 관한 연구들은 개인의 성격 특성인 자아탄력성이 이들의 관계를 조정하고 있음을 밝히고 있다(이은희, 2009). 일반적으로 자아탄력성이 높은 사람들은 긍정적인 정서를 보이며 자신감도 높아 심리적으로 잘 적응하는 반면, 자아탄력성이 낮은 사람들은 스트레스 상황에 직면했을 때 경직된 행동을 보일 수 있다(Block & Kremen, 1996)고 한다. 또한 자아 탄력적인 사람은 낯설거나 위험한 상황에서도 융통성을 발휘하고 충동성을 조절하여 효율적으로 문제를 해결하는 경향을 보이기도 한다(Klohnen, 1996). 즉, 어떤 사람은 스트레스 사건에 대해 효과적으로 적응하는 반면, 또 어떤 사람은 그렇지 못하다는 것이다. 이러한 의미에서 문화적응스트레스와 부부 적응의 관계는 자아탄력성에 의해 달라질 수 있다.

국제결혼 부부는 내국인 부부와 달리 언어, 관습 등 문화적 차이를 안고 출발한다. 또한 내국인 부부와 마찬가지로 가족생활주기에 따른 여러 가지 문제를 겪고 있다. 국제결혼 부부에게 놓여진 과중한 상황은 이들 부부에게 많은 스트레스를 주며, 이러한 상황에 대해 부부가 인지하는 스트레스 정도와 반응이 그들의 결혼생활에 영향을 미치게 된다고 할 수 있다. 결혼생활 시작에서부터 누적된 스트레스 사건에 대해 적극적으로 대처하지 못한다면 국제결혼 부부는 긴장과 위기를 초래하게 될 것이다.

이러한 의미에서 본 연구는 결혼이주여성을 대상으로 하여 이들이 경험하는 문화적응스트레스, 자아탄력성, 부부 적응의 관계를 파악하고자 한다. 그리고 결혼이주여성의 문화적응스트레스와 부부 적응의 관계에서 자아탄력성의 매개효과와 조절효과를 검증하는 데 주된 목적이 있다. 본 연구결과는 문화적응스트레스를 겪는 결혼이주여성의 부부 적응을 향상시키는 데 자아증진 프로그램 및 상담에 기초 자료로 활용될 수 있을 것으로 본다.

Ⅱ. 이론적 배경

1. 부부 적응

부부 적응은 결혼의 성공을 판단하는 하나의 기준으로서(Burgess & Locke, 1960), 결혼에 이른 부부의 적응 방식과 정도는 결혼생활의 성공과 개인의 행복에 매우 중요한 영향을 미친다. 특히 국제결혼과 같은 이문화간 결혼에서 부부 적응의 문제는 안정적인 결혼생활의 유지뿐만 아니라 나아가 이주사회에서의 통합의 정도를 가늠할 수 있는 중요한 기준이 될 수도 있다.

부부 적응에 대한 연구는 결혼과 가족의 연구에서 가장 활발하게 이루어진 영역이다. 일찍이 Locke와 Wallace(1959: 251)는 부부 적응을 "주어진 시간에 남편과 아내 각자의 만족과 일치"로, LeMasters(1957: 229)는 "적응을 위한 능력이나 문제를 해결하는 능력"으로, Hoult(1969: 192)는 "결혼의 행복 혹은 성공과 관련된 것으로 믿어지는, 갈등이나 공유된 행동의 양과 같은 복합적 요소들"로 정의하였다. 이와 같이 1970년대 이전까지 부부 적응은 주로 행복, 만족, 안정, 일치, 동료감, 조화 등과 유사한 개념이었으며, 결혼 상태에 대한 질적 평가가 대부분이었다. 그러나 1970년대 중반에 이르러 결혼적응에 대한 개념은 부부 양자 간의 관계와 질적 상태만이 아니라 끊임없이 유동하는 개념으로 확장되고 있다. Dyer(1983), Spanier(1976)는 부부 적응을 나쁜 적응에서 좋은 적응에 이르기까지 끊임없이 변화하는 과정으로 정의하며, Gurman(1975)은 부부 상호 간의 경험의 반영으로 측정하였다. 이와 같이 부부 적응에 대한 정의가 다양한 것은 부부 적응이 다양한 사회적, 심리적, 그리고 인구학적 요소들과 관련되어 있기 때문이다(Glenn, 1990). 이상과 같은 부부 적응의 논의들을 정리해 보면, 부부 적응은 어느 한쪽의 적응이 아니라 부부 양자 간의 끊임없는 상호작용의 결과이며, 결혼생활의 여러 환경적 요인에 영향을 받는 유동적 개념이라고 할 수 있으며, 본 연구에서도 이러한 의미로 부부 적응을 정의하였다.

한편, 부부 적응의 하위영역을 구성하는 일은 부부 적응을 평가하고 또한 부부 적응의 문제에 효과적으로 개입하기 위해 매우 중요하다(Haynes · Follingstad & Sullivan, 1979). 그동안 많은 학자들이 부부 적응의 개념화를 위해 노력하였으나 하위영역이나 구성요인에 대한 합의점에 도달하지 못했다. 가족과 결혼 연구에서 다루어진 부부 적응의 하위 영역을 살펴보면 다음과 같다. Burgess와 Locke(1960: 260)는 결혼생활에서 무엇보다 부부의 조화로운 관계, 공동의 관심 및 활동, 동의 등이 중요하다고 하였다. Bowerman(1964: 124)은 부부 적응을 특정한 결혼상황이나 상호작용과 관련된 배우자 사이의 차이를 줄이도록 하는 행위로 정의하고 적응해야 할 영역으로 가족 중심적 문제, 개인 중심적 문제, 그리고 가정 밖에서의 활동으로 분류한 바 있다. Spanier(1976)는 결혼생활에서 겪는 불일치로 인한 곤란, 부부 사이의 긴장과 개인적 불안, 결혼만족, 부부 간의 응집, 결혼생활에서 중요한 문제에 대한 의견일치 등으로 정의하였다. Wells(1984)는 결혼생활에서 드러나는 부부 간의 차이점에 대해 상호 조화시켜 나가는 과정, 개인의 인성을 결혼생활이나 성인생활에 적합하도록 조정해 나가는 사회화 과정의 한 부분, 결혼생활에서 요구되는 일상적 과업들을 학습해 가는 과정, 두 사람의 독자적 생활양식을 융합하는 과정 등으로 정의하였다.

이상과 같이 부부 적응의 영역은 학자의 관심에 따라 다양하지만, 현재 부부 적응을 측정하는 데 있어서 가장 널리 사용되고 있는 것은 Spanier의 Dyadic Adjustment Scale(DAS)이다. 이 척도는 미국뿐만 아니라, 중국, 일본, 이슬람, 유럽 등 다른 나라에서도 부부관계를 탐구하는 데 사용되고 있다(Ben & Ivey, 2000; Haque & Davenport, 2009). 그리고 우리나라의 결혼과 가족 연구에서도 가장 활발하게 사용되어 온 척도이다. 하지만 Spanier의 DAS는 부부 중심의 서구사회에 적합한 척도로, 우리나라처럼 결혼생활에 다른 가족 구성원의 개입이 많이 이루어지는 사회에서 부부 적응을 측정하는 척도로 사용하는 것은 적합하지 않다는 지적이 있어 왔다(이민식 · 김종술, 1996). 이후 이경성과 한덕웅(2003)은 Spanier의 부부 적응에 기반하여 부부 적응 검사를 개발하였고, 이 검사는 결혼만족과 배우자 만족, 이혼의도, 친밀감, 상호 소통, 성적 만족의 5가지 영역으로 구성되어 있다. 본 연구에서 부부 적응을 측정하기 위해 결혼만족과 이혼의도를 고려한 이경성과 한덕웅의 부부적응척도(2003)를 사용하였다. 부부 적응의 하위영역의 내용은 다음과 같다.

첫째, 결혼만족과 배우자 만족은 결혼 관계의 지속과 해체를 결정하는 중요한 요인으로 결혼 생활과 배우자에 대한 긍정적 태도로 정의된다(이경성 외, 2001: 684). 행복한 결혼에서 가장 빈번하게 나타나는 표현은 자신의 배우자에게 긍정적인 태도를 갖는 것이며, 가족 전체의 건강과 복지를 위한 중요한 전조가 된다는 점에서 가족 내의 결혼만족은 매우 중요하다(Nielsen, 2002). 둘째, 이혼의도는 이혼이나 별거를 원하고, 계획하고, 행동에 옮기려는 시도로 정의된다(이경성 외, 2001: 684). 즉, 사람들은 이익을 내는 관계에 만족하고 관계를 유지하며, 그렇지 않은 경우 관계를 해체한다는 것이다. 그러나 비용이 많이 들고 보상이 많지 않음에도 불구하고 관계가 지속되는 경우가 많은데, 현재 관계 이외의 대안이 없거나 혹은 관계를 해체하는 데 장애요인이 많기 때문이다(전혜성, 2007: 37). 셋째, 친밀성은 배우자에게 친밀감을 느끼고, 배우자의 행복을 기원하며, 소중히 여기는 수준으로(이경성 외, 2001: 684), 애정, 이타심, 즐거움, 만족, 개방성, 존중, 결속력, 헌신 등과 같은 요소들이 포함되어 있다(Walker & Thompson, 1983). 넷째, 상호소통은 배우자와 의사소통하고 마음이 통하는 수준으로(이경성 외, 2001: 684-685), 부부 간에 의사소통의 문제가 있는 경우 결혼생활이 불행하게 되고, 이것은 이혼에 이르게 하는 데 결정적인 역할을 한다(Scott · Howard · Michelle & Leber, 1995). 다섯째, 성적 만족은 부부 간의 성적 관심, 애정 표현 및 성관계에 대한 만족으로(이경성 외, 2001: 685), 부부의 결혼생활 만족에 긍정적인 영향을 미친다. 부부의 성생활을 활력 있게 유지하는 부부들은 그렇지 못한 부부들에 비하여 성에 대한 높은 욕구를 표현하고 성관계의 적응과 조화에 노력을 보인다(Nielsen, 2002).

2. 문화적응스트레스와 부부 적응

이민자들은 새로운 환경에서 접하면서 신체적, 생물학적, 사회적, 문화적 그리고 심리적 변화를 경험한다(Berry, 2005: 18). 이 과정에서 개인은 두 가지 행동의 변화를 기대해 볼 수 있다. 첫 번째는 문화적응에 영향을 주는 지역사회특성에 따른 모국문화유지수준에 관한 행동변화로, 이주한 사회가 타문화를 받아들이는 정도에 따라서 이주자가 자신의 고유문화를 유지하는 정도를 결정하는 것이다. Berry(2005)는 이 과정을 통합, 동화, 분리, 주변화 단계로 구분하였다. 두 번째는 사회변화에 따른 혼란과 관련이 있으며, 문제가 되는 이상한 행동적 반응을 포함하는 문화적응스트레스(acculturative stress)이다. 즉, 문화적응스트레스는 문화적응과정에서 다른 문화와 접촉할 때 개인과 집단이 경험하는 고통과 역기능으로, 우울, 분노, 소외감, 주변화된 느낌이나 정체성 혼란 등이 나타날 수 있다.

많은 연구결과에서 문화적응스트레스는 사회적 통합을 어렵게 하고, 개인에게 위기를 가져온다고 하였다(Karen & Louk, 1996: 131). 국제결혼 이민자의 적응과 정신건강을 다룬 정기선과 한지은의 연구(2009: 110)에서 결혼이민자들은 한국인 배우자보다 우울증후군을 더 자주 경험하는 경향이 있다고 하였다. 권구영 외(2007)는 이주자들이 만성적 긴장과 스트레스에 노출되어 있어도 고립된 환경 속에서 이를 적절히 해소할 기회를 갖기 어려워 정신건강의 문제를 경험할 가능성이 높다고 하였다. 임수진 · 오수성 · 한규석(2009)은 국제결혼 이주여성의 문화적응스트레스, 결혼만족, 우울과의 관계를 다루면서, 문화적응스트레스가 높을수록, 결혼만족이 낮을수록 결혼이주여성의 우울 수준이 높아진다고 하였다. 또한 문화적응스트레스는 가족 구성원과의 관계에 영향을 미치기도 한다. 최명선 외(2008)는 결혼이주여성의 문화적응스트레스와 양육스트레스가 관련이 있으며, 문화적응스트레스가 높을수록 자녀의 성격, 부모와 자녀 간의 관계에 부정적인 영향을 미친다고 하였다. 이상과 같이 기존 연구에서 문화적응스트레스는 정신건강의 취약성과 관련해서 다루어져 왔으며, 이러한 의미에서 결혼이주여성의 부부 적응에 부정적 요소로 작용할 가능성이 크다.

결혼이주여성에 대한 선행 연구들은 이들이 한국생활 적응과정에서 문화적 차이에 어려움을 겪고 있음을 지적한다. 홍기혜(2000)는 많은 결혼이주여성들이 생활 전반에 걸쳐 자신의 출신국가를 다른 사람들에게 숨기거나 속이도록 강요받거나 또는 스스로 출신국가를 부정함으로써 정체성이 위협당하고 있다고 하였다. 또한 김미령(2005)은 결혼이주여성들이 이주사회에 적응하는 과정에서 그들이 과거 모국에서 수행하였던 역할이 상실되고 새로운 역할들을 수행하게 되며, 이러한 역할전환과정에서 스트레스를 경험하게 된다고 한다. 결혼이주여성들이 겪는 대표적인 역할전환은 결혼으로 인한 아내나 며느리, 어머니 역할 획득이 대표적이라고 할 수 있겠다. 특히 한국사회는 여성의 가정역할이라는 성역할 고정관념이 유지되기 때문에 여성의 지위와 역할에 따른 스트레스 정도가 크다고 할 수 있다.

한편 문화적응스트레스와 부부 적응의 관계를 직접적으로 다룬 연구들에서도 문화적 차이가 부부 부적응에 주요한 요인이 되고 있음을 지적한다. 박종삼(1983)은 한미 부부 간의 가치관 차이를 언급하면서, 서로의 문화의 맥락을 알지 못하면 내면세계에서 소외감을 느끼며 결혼생활에서 갈등을 일으키게 된다고 하였다. 양선화(2004)는 기후, 음식, 관혼상제 등 풍습과 문화가 다른데서 오는 혼란으로 부부 갈등이 생활전반에서 나타난다고 하였다. 최근 홍미기(2009)는 문화적응스트레스가 높을수록 부부 적응에 문제가 있음을 밝히고 있다. 김오남(2006)은 문화적응스트레스는 부부 갈등의 원인이 되며, 부부 갈등의 여러 요인 중 문화적 요인이 가장 중요하고 결정적인 요인이라고 하였다. 이상과 같이 대부분의 연구는 문화적응스트레스를 부부 적응을 설명하는 예측변인으로 하여 부부 적응에 미치는 영향력을 살펴보고 있다. 그러나 이러한 연구들은 문화적응스트레스가 부부의 적응에 미치는 부정적인 영향에 집중함으로써 부부 적응의 다양한 측면을 고려하지 못하고 있다. 본 연구에서는 문화적응스트레스가 부부 적응에 미치는 다양한 측면들을 살펴보기 위해, 부부 적응의 각 차원을 구별하여 문화적응스트레스가 부부 적응에 미치는 영향력을 살펴보고자 한다.

3. 자아탄력성과 부부 적응

그동안 결혼이주여성에 대한 연구가 단순실태연구(강유진, 1999; 설동훈 · 김윤태 · 김현미 · 윤홍식 · 이혜경 · 임경택 · 정기선 · 주영수 · 한건수, 2005), 생활정착과정에서의 갈등과 관련된 연구(김민정 · 유명기 · 이혜경 · 정기선, 2006; 김이선 외, 2006; 한건수, 2006), 사회복지적 대책에 관한 연구(박재규, 2005; 정기선 · 김영혜 · 박경은 · 박지혜 · 이승애 · 이은아 · 이지혜, 2007) 등 결혼생활에서 갈등이나 부적응의 문제에 초점을 두어 왔었다. 이러한 연구는 결혼이주여성이나 그 가족이 상호적응 과정에서 발생하는 문제점을 밝혀준다는 점에서 의의가 있지만, 이 과정에서 결혼이주여성을 피해자화하는 경향이 있다. 국제결혼이 국가 간 불균형 발전이란 구조적 요인에서 발생하지만(설동훈 외, 2005), 그럼에도 국제결혼을 선택하는 것은 전적으로 그것을 결정한 행위자의 의지의 결과이다(Shaeffer-Grabiel, 2003). 따라서 결혼이주여성이나 그 가족은 생활 세계 속에서 '스스로 판단하고 선택하는 행위자'로 살고 있고 자신의 삶에 '주관적 의식과 비전'을 담고 있다. 그러므로 결혼이주여성이나 그 가족에 대한 문제를 이해하기 위해서는 개인의 긍정적, 적응적 능력에 초점을 맞추어 행동을 이해하고 개입하려는 강점관점적인 접근이 필요하며, 그러한 연구의 중심에 있는 개념 중의 하나가 탄력성(resilience)

개념이다.

탄력성(resilience)이란 탄성, 회복력 등을 뜻하는 말로서, 위기와 역경을 견디고 회복하는 능력(Froma Walsh, 1998)을 의미한다. Block & Block(1980)은 일시적이고 적응이 필요한 스트레스의 영향으로부터 다시 그 이전의 자아통제 수준으로 변화시킬 수 있고, 되돌아갈 수 있는 역동적인 능력을 탄력성과 구분하여 자아탄력성(ego-resilience)이라고 하였다. Block & Block(1980)에 의하면 자아 탄력적인 사람은 불안에 민감하지 않을 뿐 아니라 새로운 경험에 개방적이고 긍정적인 정서를 경험하며, 체계의 평형을 유지하거나 증진시키기 위해 환경 맥락의 요구에 따라 자아통제의 수준을 융통성 있게 조절할 수 있는 능력을 지니고 있다고 한다(Froma Walsh, 1998). 따라서 자아탄력적인 사람은 경험에 개방적인 태도를 가짐으로써 스트레스나 어려움을 쉽게 극복할 수 있다(Ann · Keith · Glenn · Jelena · Jeffrey & Auke, 2004; 유선자, 2009).

그동안 탄력성에 관한 연구는 정의하는 방식에 따라 두 가지 방향으로 진행되어 왔는데, 하나는 시간에 걸쳐 변화하는 개인의 능력이나 기능으로 정의하고 탄력성의 발현을 돕거나 저해하는 보호요인과 위험요인을 확인하는 요인-중심적 연구(factor-focused approach)와 다른 하나는 탄력성을 개인의 성격유형으로 정의하고 탄력성을 지닌 사람과 그렇지 않은 개인의 차이를 검토하는 인물-중심적 연구(person-focused approach)이다(Masten, 2001). 인물 중심의 연구는 적응유연한 사람들의 특성을 밝혀내고, 이들 특성의 공통점과 차이점을 비교함으로써 잠재적으로 보호요소의 역할을 하는 요소들을 추출해낼 수 있다는 장점을 갖는다(유성경 · 홍세희 · 최보윤, 2004: 394). 반면 요인 중심의 연구는 다변인들 간의 관계를 보여줄 수 있는 통계분석 방법을 적용하여 위험수준, 적응수준에 이르는 구체적이고 변별적인 경로를 밝힘으로써 위험요소의 부정요소들을 밝혀내고, 이를 통해 개입에 보다 구체적인 시사점을 줄 수 있다는 장점을 지니고 있다. 본 연구에서는 인물 중심 연구의 관점에서 그동안 잠재적인 보호요소로 밝혀진 자아탄력성을 매개요소로 하여 문화적응스트레스와 부부 적응의 관계를 밝혀보고자 한다.

그동안 자아탄력성과 관련된 연구들은 자아탄력성이 스트레스 상황과 적응의 관계를 매개하며, 조절하고 있음을 밝혀내고 있다. 유성경 외(2004)는 가정의 위험요소와 적응의 관계에서 자아탄력성, 애착, 실존적 영성 등 개인의 기질적인 부분과 인지적 역량이 어려움을 극복해 나가는 데 중요한 역할을 하고 있음을 밝혀냈다. 또한 박유숙(2001)은 남편의 폭력 상황에 처한 아내의 정신 병리에 관한 연구에서 자아탄력성이 완충역할을 하고 있음을 지적한다. 유은애(2008)는 아동의 심리적 적응 과정에서 자아탄력성이 보호요인으로 작용하여 우울이나 불안으로 나타나는 심리적 부적응을 감소시킨다고 한다. 최근 이은희(2009)는 탄력모델을 적용하여 결혼이주여성의 결혼 후 가족과의 생활과정에서 겪는 스트레스가 적응에 어떻게 영향을 미치고 있는지를 분석하였다. 이 연구에 의하면 생활스트레스와 적응과의 관계에서 자아탄력성이 이들의 관계를 조절하고 있음을 보고한다. 이와 같이 선행연구들은 스트레스 상황이 반복되고 장기화되어도 자아탄력성이 높은 사람은 스트레스를 적게 받으며, 상황에 맞고 융통성 있는 행동과 문제해결 전략을 동원하기 때문에, 내외적 위협에 훨씬 잘 대처할 수 있다고 한다.

탄력성은 일상생활에 발생하는 여러 가지 위험에 대처하는 것뿐만 아니라 삶을 적극적으로 개척해 나가는 요인이다. 결혼이주여성은 급격한 환경변화로 인하여 극심한 스트레스에 노출되어 있는 고위험집단에 속하지만, 그럼에도 불구하고 이들은 자신의 삶을 적극적으로 개척해 나간다. 결혼생활에 잘 적응한다는 것은 결혼생활 과정에서 발생하는 여러 가지 스트레스에 잘 대처해 나가는 것이라고 할 수 있으며, 따라서 결혼생활을 적극적으로 해 나가려고 하는 탄력적인 행동요인을 발견하는 것은 부부 적응 증진에 무엇보다 중요하다. 그러므로 본 연구에서는 탄력성을 활용하여 문화적응스트레스와 부부 적응의 관계를 규명해 보고자 한다.

Ⅲ. 연구방법

1. 연구모형 및 연구가설

이 연구는 결혼이주여성의 문화적응스트레스와 부부 적응의 관계에서 자아탄력성의 매개효과 및 조절효과를 분석하고자 한다. 이론적 논의를 통해 결혼이주

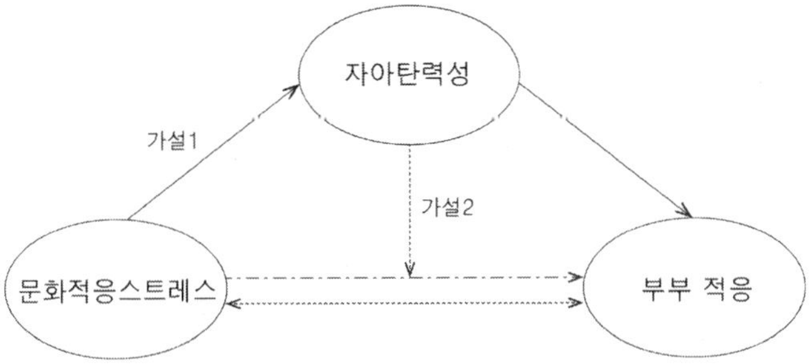

〈그림 2-1〉 문화적응스트레스와 부부 적응의 관계에서
자아탄력성의 매개효과 및 조절효과

여성의 문화적응스트레스와 부부 적응의 관계에서 자아탄력성의 매개효과 및 조절효과를 알아보기 위해 〈그림 2-1〉과 같은 분석모형을 설정하였다. 이 모형에서 〈가설 1〉은 문화적응스트레스가 자아탄력성을 매개하여 부부 적응에 간접적으로 영향을 미치는 경우이다. 〈가설 2〉는 문화적응스트레스와 부부 적응의 관계에서 자아탄력성이 이들 관계를 조절하는 경우이다.

가설 1. 결혼이주여성의 문화적응스트레스가 부부 적응에 미치는 영향은 자아탄력성에 의해 완전 매개될 것이다.

가설 2. 결혼이주여성의 문화적응스트레스와 부부 적응의 관계가 달라지는 자아탄력성의 조절효과가 나타날 것이다.

2. 측정도구

1) 문화적응스트레스

문화적응스트레스(acculturative stress)란 자신에게 이미 익숙해져 있는 문화가치 안에서 다른 문화를 접촉하게 되면서 겪게 되는 심리적 · 사회적 갈등이라고 할 수 있다(Berry, 2005). 문화적응스트레스는 나 자신으로부터 기인되는 요인과 외부 반응으로부터 기인되는 요인, 이 모두에게서 영향을 받게 되며, 지속적으로 노출이 된다면 정신건강에 심각한 결과를 초래할 수 있다(노하나, 2007).

본 연구에서 연구대상자의 문화적응스트레스 수준을 측정하기 위한 도구로 Sandhu와 Asrabadi(1994)가 개발한 Acculturative Stress Scale for International Student를 이승종(1995)이 한국어로 번안한 척도를 사용하였다. 이승종이 사용한 척도의 내적 신뢰도는 Cronbach's α= .93이고, 개인별 점수는 36점에서 최고 180점 사이에 분포한다. 이 척도는 ① 지각된 차별감, ② 향수병, ③ 지각된 적대감, ④ 두려움, ⑤ 문화충격, ⑥ 죄책감, ⑦ 기타 문화적응스트레스 등 일곱 가지 하위영역으로 구성되어 있다. 각 문항에 대한 측정방식은 '전혀 그렇지 않다(1점)'에서 '매우 그렇다(5점)'로 하여 리커트식 5점 척도로 구성하였고, 점수가 높을수록 스트레스가 높은 것으로 해석한다. 본 연구에서 문화적응스트레스의 신뢰도는 지각된 차별감 α=.82, 향수병 α=.62, 지각된 적대감 α=.80, 두려움 α=.67, 문화충격 α=.70, 죄책감 α=.62, 기타문화적응스트레스(사회적 고립, 열등감, 불신) α=.69이며, 전체 신뢰도는 α=.93이다.

2) 자아탄력성

자아탄력성(ego-resilience)은 일시적이고 적응이 필요한 스트레스의 영향으로부터 다시 그 이전의 자아통제 수준으로 변화시킬 수 있고 되돌아갈 수 있는 역동적인 능력으로, Block(1961, 1978)에 의해 CAQ(California Adult Q-Sort)의 방법으로 평정된 것인데, Kohnen(1996)에 의해 CPI(California Personality Inventory)로 새로이 보완 수정되었다. 본 연구에서는 박유숙(2001)이 번안한 척도를 사용하였다. 박유숙(2001)이 번안한 자아탄력성 척도는 총 26문항으로 긍정적 진술 15문항과 부정적 진술 11문항으로 구성되어 있으며 응답은 '전혀 그렇지 않다(1점)'와 '항상 그렇다(5점)'로 하여 리커트식 5점 척도로 구성하였고, 점수가 높을수록 자아탄력성이 높은 것으로 해석한다. 본 연구에서 CPI를 요인분석(주성분분석, 베리맥스회전)하여 3개의 하위요인(활력성, 낙관성, 감정통제)으로 나누었으며, 전체 신뢰도는 α=.86으로 나타났다.

3) 부부 적응

부부 적응이란 결혼이주여성 1인이 인지한 부부 적응으로, 이를 측정하기 위해 이경성과 한덕웅(2003)이 개발한 결혼적응검사 척도를 사용하였다. 이 척도는 결혼만족, 이혼의도, 부부 간 애정, 주변가족과의 관계, 자녀만족, 경제적 만족 등의 하위척도로 구성되어 있는데, 본 연구에서는 부부 서로간의 적응에 초점을 두어 결혼만족(3문항), 배우자만족(4문항), 이혼의도(4문항), 부부 간의 친밀성(8문항), 상호소통(5문항), 성적 만족(4문항) 등의 하위척도만 사용하였으며, 하위변인별 신뢰도는 결혼만족 α=.82, 이혼의도 α=.99, 배우자에 대한 친밀성 α=.88, 상호소통 α=.89, 성적 만족 α=.66으로 나타났으며, 전체 신뢰도는 α=.63으로 나타났다.

4) 통제변인

결혼이주여성의 문화적응스트레스가 부부 적응에 미치는 영향에 대해 보다 정밀한 검증을 위하여 선행연구에서 독립변인 및 종속변인에 영향을 미치는 것으로 나타난 결혼이주여성의 사회 · 인구학적 특성을 통제변인으로 사용하였다.

출신국	중국=1, 중국 조선족=2, 일본=3, 베트남=4, 필리핀=5, 몽골=6, 태국=7, 러시아=8
연령	20-29세=1, 30-39세=2, 40-49세=3, 50-59세=4
학력	초등학교 졸-1, 중학교 졸=2, 고등학교 졸=3, 전문대학 졸=4, 대학 이상=5
결혼기간	0-5년=1, 6-10년=2, 11-15년=3, 16년 이상=4
가족형태	부부=1, 부부+자녀=2, 부부+(자녀)+(시부모)+(남편형제)=3, 부부+(자녀)+(친정부모)+(친정형제)=4
가구수입	100만원 미만=1, 101-150만원=2, 151-200만원=3, 201-250만원=4, 250만원 이상=5, 모름=6

3. 연구대상 및 자료수집

결혼이주여성의 문화적응스트레스, 자아탄력성, 부부 적응의 관계를 알아보기 위해 부산대학교 사회과학연구소에서 실시한 「다민족국가에서 개인과 사회」

2차년도 조사 자료를 활용하였다. 이 자료는 2009년 7월 1일부터 8월 30일까지 약 2개월에 걸쳐 진행되었으며, 조사 대상은 부산지역에 거주하는 결혼이주여성이다. 이 자료는 행정안전부 자료(2008. 7)를 기초로 하여, 부산지역에 거주하고 있는 결혼이주여성의 출신국적 분포를 고려하여 표본규모를 확정하였다. 실제 표본은 부산지역 4개 다문화가족지원센터, 이주여성인권센터 부산지부, 부산여성사회교육원 사회적 기업 일자리 팀, 복지관 등에 참여하는 결혼이주여성을 발견하여 연쇄소개표집(chain referral sampling) 방식으로 조사대상자의 표본을 추출하였다. 이 조사는 각 국 언어로 번역된 설문지를 통한 면접조사로 진행되었으며, 중국 45명, 중국 조선족 26명, 일본 21명, 몽골 9명, 베트남 36명, 필리핀 10명, 태국 12명, 러시아 13명 등 총 172명의 결혼이주여성이 포함되어 있다.

4. 자료분석

본 연구의 자료 분석은 SPSS 15.0과 AMOS 7.0을 이용하여 통계 처리하였다. 각 연구도구의 신뢰도는 Chronbach's α를 이용하여 검증하였다. 먼저 표본의 사회 · 인구학적 특성은 빈도와 백분율을 통해 살펴보았다. 측정변수들 간의 관계와 사회 · 인구학적 특성이 측정변수에 영향을 미치는지를 알아보기 위해 상관관계분석과 회귀분석을 하였다. 문화적응스트레스와 부부 적응의 관계에서 자아탄력성의 매개효과는 구조방정식 모형을 이용하여 검증하였다. 매개효과 검증은 문화적응스트레스가 부부 적응에 직접적으로 영향을 미치는 모형과 문화적응스트레스가 자아탄력성을 매개하여 부부 적응에 간접적으로 영향을 미치는 모형을 설정하여 검증하였다. 모델 적합도 지수는 χ^2값, NFI(Normed Fit Index), TLI (Tucker-Lewis Index), RMSEA(Root Mean Square Error of Approximation), CFI (Comparative Fit Index)를 사용하였다. 여기서 χ^2값과 χ^2차이값은 표집크기의 영향을 받는다는 문제점을 가지고 있기 때문에, 표본의 크기에 덜 민감하고 모형의 간명성을 반영하는 적합도 지수인 TLI, RMSEA를 중심으로 모델 적합도를 고려하였다. NFI, CFI, TLI는 대략 .90 이상이면 모형의 적합도가 좋은 것으로 간주되고, RMSEA는 .05 이하면 적합도가 좋은 모형, .08 이하이면 적합도가 적절한 모형, .10

보다 작으면 보통 수준을 의미한다(이학식 · 임지훈, 2008). 마지막으로 자아탄력성의 조절효과는 다집단분석(multi group analysis)과 이원분산분석(two-way ANOVA)을 실시하여 검증하였다.

Ⅳ. 연구결과 및 해석

1. 조사대상자의 일반적 특성

〈표 2-1〉에서 나타나는 바와 같이 본 조사에서 결혼이주여성의 출신국은 중국이 26.16%(45명)로 가장 많고, 그 다음이 베트남 20.93%(36명), 중국 조선족 15.11%(26명), 일본 12.20%(21명), 러시아 7.55%(13명), 태국 6.97%(12명), 필리핀 5.81%(10명), 몽골 5.23%(9명) 순으로 나타났다. 연령은 20대와 30대에 각각 43.47%로 가장 많았고, 이들이 전체의 86.94%를 차지하고 있었다. 학력은 고졸이 36.94%로 가장 많았고, 그 다음이 전문대학 졸업 28.02%, 중학교 졸업 21.01%, 초등학교 졸업 8.28%, 대학 졸업 5.73%로 나타났다. 결혼 기간은 0-5년이 72.09%로 가장 많고, 그 다음이 6-10년 15.69%, 16년 이상이 6.97%, 11-15년 5.23% 순으로

〈표 2-1〉 응답자의 일반적 특성

변수		빈도(%)	변수		빈도(%)	변수		빈도(%)
출신국 (N=172)	중국	45(26.16)	학력 (N=157)	초등학교 졸	13(8.28)	연령 (N=161)	50-59세	6(3.72)
	조선족	26(15.11)		중학교 졸	33(21.01)		40-49세	15(9.31)
	일본	21(12.20)		고등학교 졸	58(36.94)		30-39세	70(43.47)
	베트남	36(20.93)		전문대학 졸	44(28.02)		20-29세	70(43.47)
	필리핀	10(5.81)		대학 이상	9(5.73)			
	몽골	9(5.23)						
	태국	12(6.97)						
	러시아	13(7.55)						
결혼기간 (N=172)	0-5년	124(72.09)	결혼 형태 (N=163)	연애결혼	35(21.47)	혼인력 (N=168)	초혼	146(86.90)
	6-10년	27(15.69)		중매결혼	128(78.52)		이혼후 재혼	21(12.50)
	11-15년	9(5.23)					기타	1(0.59)
	16년 이상	12(6.97)						

〈표 2-1〉 계속

변수		빈도(%)	변수		빈도(%)	변수		빈도(%)
결혼경로 (N=94)	친구소개	19(20.21)	가족형태 (N=171)					
	가족소개	8(8.51)		부부				32(18.71)
	교회소개	19(20.21)		부부+자녀				81(47.36)
	아는사람소개	22(23.40)		부부+(자녀)+(시부모)+(남편형제)				52(30.40)
	결혼중개업체	23(24.46)		부부+(자녀)+(친정부모)+(친정형제)				6(3.50)
	기타	3(3.19)						
본인 직업 N=163	무직,주부	113(69.32)	배우자 직업 (N=162)	무직	5(3.08)	가구 수입 (N=158)		
	자영업	4(2.45)		자영업	31(19.13)			
	기능원	-		기능원	48(29.44)		100만원 미만	21(13.29)
	단순 노무	7(4.29)		단순 노무	28(17.28)		101-150만원	29(18.35)
	사무직	12(7.36)		사무직	24(14.81)		151-200만원	35(22.15)
	서비스직	19(11.65)		서비스직	12(7.40)		201-250만원	19(12.02)
	판매직	3(1.84)		판매직	5(3.08)		250만원 이상	28(17.72)
	농업 등	1(0.61)		농업 등	3(1.18)		모름	26(16.45)
	과학기술자	3(1.84)		과학기술자	5(3.08)			
	기타	1(0.61)		기타	1(0.61)			

나타났다. 본 연구의 조사대상자의 78.52%는 중매결혼을 한 것으로 나타났고, 결혼경로는 결혼중개업체를 통한 결혼이 24.46%로 가장 많았고, 그 다음이 아는 사람 소개 23.40%, 교회소개 20.21%, 친구소개 20.21%, 가족소개 8.51%, 기타 3.19% 순이었다. 그리고 혼인력을 살펴보면 초혼인 경우가 86.90%로 나타나 초혼자의 비율이 높게 나타났다. 가구형태를 살펴보면 부부 혹은 부부와 자녀로 구성된 형태가 66.07%로 가장 많았고, 그 다음이 부부 혹은 부부와 자녀, 그리고 시부모 혹은 남편 형제들과 함께 사는 경우 30.40%, 부부 혹은 부부와 자녀, 그리고 친정부모 혹은 친정 형제들과 함께 사는 경우 3.50% 순이었다. 본 조사 연구에서 결혼이주여성의 69.32%가 전업주부였고, 취업을 한 경우에는 서비스직이 11.65%로 가장 많았고, 그 다음이 사무직 7.36%, 단순노무 4.29%, 자영업 2.45%, 과학기술자 1.84%, 농업 0.61% 순이었다. 배우자의 직업은 기능원이 29.44%로 가장 많았고, 자영업 19.13%, 단순 노무 17.28%, 사무직 14.81%, 서비스직 7.40%, 판매직 3.08%, 과학기술자 3.08%, 농업 등 1.18%, 기타 0.61% 순이었으며, 직업이 없는 경우도 3.08%나 되었다. 가구수입을 살펴보면, 151-200만원이 22.15%로 가장 많았고, 그 다음이 101-150만원 18.35%, 250만원 이상 17.72%, 100만원 미만 13.29%, 201-250

〈표 2-2〉 측정변수의 기술 통계치 및 상관관계(N=172)

	x1	x2	x3	x4	x5	x6	x7	x8	x9	x10	x11	x12	x13	x14	x15	x16	x17	x18
연령	1																	
결혼기간	.51**	1																
학력	.13	.05	1															
수입	−.09	−.07	−.05	1														
활력성	.01	.09	.12	.06	1													
낙관성	−.06	−.02	−.01	.12	.50**	1												
감정통제	−.12	−.10	−.10	−.03	.10	.25**	1											
향수병	.04	.04	−.05	.06	−.08	−.13	−.44**	1										
지각된 적대감	.05	.12	.01	.04	−.08	−.14	−.48**	.46**	1									
두려움	.05	.05	.06	.03	−.15	−.25**	−.43**	.51**	.65**	1								
문화충격	.02	.06	−.01	.11	−.09	−.19*	−.50**	.63**	.65**	.63**	1							
죄책감	−.00	.06	−.05	−.01	−.19*	−.29**	−.42**	.51**	.57**	.60**	.59**	1						
기타문화	.03	.09	.04	−.02	−.14	−.15*	−.44**	.61**	.73**	.66**	.76**	.66**	1					
결혼만족	−.13	−.13	−.06	.12	.04	.15	.55**	−.27**	−.48**	−.29**	−.46**	−.39**	−.44**	1				
친밀성	−.05	.02	.02	.20*	.20**	.19*	.35**	−.11	−.32**	−.15	−.23**	−.21**	−.22**	.61**	1			
상호소통	−.04	.02	.00	.15	.26**	.19*	.35**	−.09	−.23**	−.19*	−.23**	−.21**	−.22**	.60**	.78**	1		
이혼의도	−.04	−.06	−.03	.12	−.02	.08	.39**	−.19*	−.55**	−.34**	−.40**	−.36**	−.38**	.65**	.50**	.32**	1	
성적만족	.02	.03	.11	.07	.19*	.05	.26**	−.21**	−.17*	−.13	−.21**	−.14	−.22**	.43**	.63**	.75**	.21**	1
M.	3.26	2.49	4.02	3.52	3.22	3.63	3.84	2.96	2.30	2.27	2.46	2.04	2.51	4.02	3.80	3.42	4.04	3.23
S.D.	.78	.69	1.02	1.66	.67	.62	.63	.92	.90	1.09	.98	.99	.79	1.01	.93	1.05	.64	.95

* p<.05 **p<.01 ***p<.001.

만원 12.02% 순이었고, 가구 수입을 모른다고 응답한 경우도 16.45%나 되었다.

2. 주요 변인들 간의 상관관계

주요 변인들 간의 상관관계를 살펴보기 전에, 부부 적응에 영향을 미치는 독립변인들 간의 다중공선성을 파악하기 위해 분산팽창계수(VIF)를 분석하였다. 분산팽창계수를 살펴본 결과 분산팽창계수가 3을 넘는 변수가 나타나, 최종분석에서는 이 변수를 제외한 뒤에 상관관계 분석을 실시하였다. 결혼이주여성의 사회·인구학적 변수, 자아탄력성, 문화적응스트레스, 부부 적응의 하위요인별 각각의 평균과 표준편차, 변인간의 상관계수는 〈표 2-2〉와 같다. 〈표 2-2〉에서 자아탄력성의 하위변인 중에서는 감정통제가 가장 높은 것으로 나타났으며, 문화적응스트레스는 향수병으로 인한 스트레스를 가장 많이 경험하는 것으로 나타났다. 부부 적응의 하위변인 중에서는 이혼의도가 가장 높게 나타났다.

우선 부부 적응과 자아탄력성의 상관관계를 살펴보면 다음과 같다. 부부 적응의 하위변인 중 결혼만족과 이혼의도는 감정통제와 정적 상관을, 배우자 만족은 낙관성과 감정통제와 정적 상관이 있는 것으로 나타났다. 친밀성과 상호소통은 자아탄력성의 모든 하위변인과 정적인 상관관계가 있는 것으로 나타났으며, 성적 만족은 활력성, 감정통제와 정적 상관관계가 있는 것으로 나타났다. 둘째, 부부 적응의 각 하위변인과 문화적응스트레스 변인과의 관계를 살펴보면 다음과 같다. 결혼만족은 문화적응스트레스의 모든 하위변인과 부적 상관관계를, 배우자 만족은 향수병을 제외하고 문화적응스트레스의 모든 하위변인과 부적 상관을 가지고 있는 것으로 나타났다. 친밀성은 향수병과 두려움을 제외하고 문화적응스트레스의 모든 하위변인과 부적상관을, 상호소통은 향수병을 제외하고 모든 문화적응스트레스의 하위변인과 부적 상관을 가지고 있는 것으로 나타났다. 이혼의도는 문화적응스트레스의 모두 변인과 부적 상관을, 성적 만족은 두려움, 죄책감을 제외하고 문화적응스트레스의 모든 하위변인과 부적 상관을 가지고 있는 것으로 나타났다.

또한 결혼이주여성의 문화적응스트레스와 부부 적응의 관계에서 자아탄력성

〈표 2-3〉 사회 · 인구학적 변인과 자아탄력성, 문화적응스트레스 및 부부 적응의 관계

	비표준화계수(B)	표준화계수(β)	t값	유의확률
(Constant)	41.35		2.45	.02
연령	-.20	-.01	-.10	.92
결혼시기	2.12	.08	.94	.35
학력	.31	.02	.23	.82
가구수입	.82	.08	1.04	.30
활력성	2.53	.09	1.06	.29
낙관성	-.94	-.03	-.35	.72
감정통제	9.36	.35	3.80	.00
지각된 적대감	1.89	.10	1.00	.32
두려움	-4.97	-.24	-2.31	.02
문화충격	1.75	.11	.98	.33
죄책감	-1.53	-.09	-.71	.48
기타 문화적응스트레스	-4.26	-.24	-2.40	.02
R^2	.40			
수정된 R^2	.34			
F	6.36***			
Durbin-Watson	2.07			

*** p〈.001

의 매개효과 및 조절효과를 분석하기 전에 사회 · 인구학적 변수와 자아탄력성, 문화적응스트레스 및 부부 적응의 관계를 살펴보았다. 〈표 2-3〉에서 제시하는 것처럼 연령, 학력, 결혼기간, 가구수입 등 사회 · 인구학적 변수는 부부 적응에 유의미한 영향을 미치지 않는 것으로 나타났다. 그리고 자아탄력성 중에서는 감정통제가 높을수록 부부 적응이 높은 것으로 나타났으며(β=.35, p〈.001), 문화적응스트레스 중에서는 두려움이 낮을수록(β=-.24, p〈.05), 기타 문화적응스트레스가 낮을수록(β=-.24, p〈.05) 부부 적응이 높은 것으로 나타났다.

3. 문화적응스트레스와 부부 적응의 관계에서 자아탄력성의 매개효과

구조모형의 분석에 앞서 본 연구에서 잠재변수로 사용된 변수의 각 지표들이 이론적 개념틀을 잘 반영하고 있는지 확인하기 위해 측정모형을 분석하였다. 우

〈표 2-4〉 전체 잠재요인 대상 측정변수의 요인부하량

		비표준화 요인부하량	표준화 요인부하량	t값	p값
문화적응스트레스	향수병	.85	.67	8.40	***
	지각된 적대감	.96	.78	9.75	***
	두려움	1.18	.79	9.85	***
	문화충격	1.13	.84	10.45	***
	죄책감	1.00	.73		
자아탄력성	낙관성	.66	.52	5.10	***
	감정통제	1.00	.74		
부부 적응	결혼만족	1.94	.90	11.70	***
	배우자만족	1.92	.93	12.03	***
	친밀성	1.37	.68	11.70	***
	이혼의도	1.00	.73		***

*** p<.001

선 전체 측정모형을 확정하기에 앞서 개별 잠재변인의 측정도구를 평가하였다. 측정도구는 내적일관성 조사를 거친 후 확인요인분석(confirmatory factor analysis)을 통해 적합도 지수를 충족하는 항목만을 선정하고, 또한 측정도구의 수정을 위해 표준화 residuals의 절대값이 4보다 큰 항목을 제거하는 방식으로 측정모형을 수정하였다. 이러한 과정을 거친 결과, 문화적응스트레스에서는 지각된 차별감과 기타문화적응스트레스가 제외되어, 향수병, 지각된 적대감, 두려움, 문화충격, 죄책감만이 남게 되었다. 자아탄력성에서는 활력성이 제외되어 낙관성과 감정통제만이 남게 되었다. 부부 적응에서는 상호소통, 성적 만족이 제외되어 결혼만족, 배우자만족, 친밀성, 이혼의도만이 남게 되었다.

위와 같이 개별 잠재요인의 측정모형 타당성 평가를 거친 후 전체 잠재변인의 측정모형의 타당성 평가를 실시하였다. 측정모형의 검증결과, χ^2=98.30, d.f.=41, p=.000, NFI=.91, CFI=.94, RMSEA=.09로 적절한 모델 적합도를 보이는 것으로 나타났다. 확인적 요인분석방법을 통하여 관찰변인과 잠재변인 간의 요인 부하량(factor loading, λ〉.30)을 확인한 결과, 모두 통계적으로 유의미했다.

다음은 이러한 측정모형을 근간으로 하여, 자아탄력성의 매개효과를 검증하

〈표 2-5〉 매개모형에서 변수간 관계 검증(N=172)

			비표준화 계수	S.E.	표준화 계수	t값	p값
자아탄력성	←	문화적응스트레스	−.33	.07	−.71	−4.66	***
부부 적응	←	문화적응스트레스	−.28	.24	−.19	−1.18	.24
부부 적응	←	자아탄력성	1.55	.61	.49	2.54	.01

기 위해 이론적 구조모형을 구성하였다. 본 연구 목적에 부합하는 매개효과를 검증하기 위해, 문화적응스트레스가 자아탄력성에 유의미한 영향을 미치고, 자아탄력성은 부부 적응에 유의미한 영향을 미치며, 이러한 매개적 경로의 추가로 인해 문화적응스트레스로부터 부부 적응에 이르는 직접 경로가 통계적 의미를 상실하는지를 살펴보았다. 먼저 문화적응스트레스→자아탄력성, 자아탄력성→부부 적응으로 구성된 모형에서 문화적응스트레스→부부 적응 간의 직접관계를 추가로 설정하는 경우를 살펴보았다. 〈표 2-5〉에서 나타나는 것처럼 문화적응스트레스→부부 적응의 직접관계를 추가로 설정한 모형의 적합도 지수를 살펴보면, χ^2=98.30 NFI=.91, TLI=.91, CFI=.94, RMSEA=.09로 모형 적합도는 잘 부합되는 것으로 나타났다. 그런데 모형에서 문화적응스트레스→자아탄력성(β=-.71, $p<.001$) 경로와, 자아탄력성→부부 적응(β=.49, $p<.05$) 경로는 유의미한 것으로 나타났지만, 문화적응스트레스→부부 적응(β=−.19) 경로는 통계적으로 유의미하지 않았다.

그 다음으로 문화적응스트레스→자아탄력성→부부 적응에 미치는 경로를 구성하였다(그림 2-2). 이 모형의 적합도 지수를 살펴보면, χ^2=99.26, NFI=.94, TLI=.91, CFI=.94로 상대적 적합도 지수가 높으며, 절대적 적합도 지수에서도 RMSEA=.09로 양호한 것으로 나타났다. 또한 문화적응스트레스→자아탄력성(β=−.76, $p<.001$), 자아탄력성→부부 적응(β=.68, $p<.001$)의 경로도 각각 유의미한 것으로 나타났다. 즉, 문화적응스트레스가 높을수록 자아탄력성은 낮아지며, 자아탄력성이 높을수록 부부 적응은 높은 것으로 나타났다. 따라서 자아탄력성은 문화적응스트레스→부부 적응 관계를 완전 매개한다고 할 수 있으며, 문화적응스트레스는 부부 적응에 직접적인 영향을 미친다고 할 수 없다.

〈표 2-6〉 결혼이주여성의 부부 적응에 대한 효과 분석

	총효과	직접효과	간접효과
자아탄력성 ← 문화적응스트레스	−.76	−.76	−
부부 적응 ← 문화적응스트레스	−.52	−	−.52
부부 적응 ← 자아탄력성	.68	.68	−

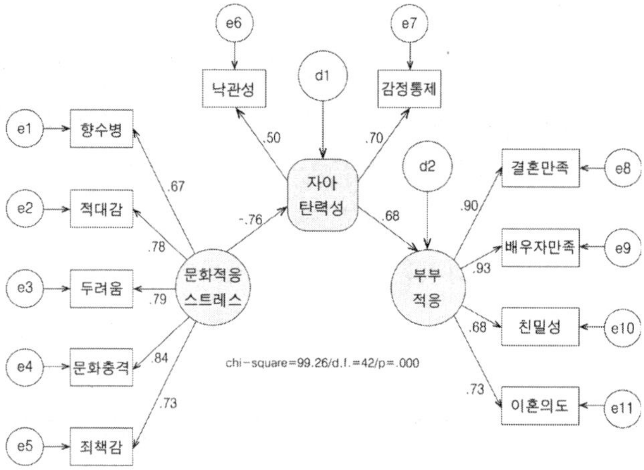

〈그림 2-2〉 매개모형의 표준화 계수

〈표 2-6〉은 문화적응스트레스가 자아탄력성을 매개하여 부부 적응에 미치는 효과를 보여주고 있다. 〈표 2-6〉에서 나타나는 것처럼 문화적응스트레스는 부부 적응에 직접적으로 영향을 미치지 못하고 자아탄력성을 매개하여 부부 적응에 간접적으로 영향을 미친다(간접효과=-.52). 문화적응스트레스가 자아탄력성에 미치는 직접효과는 -.76이고, 문화적응스트레스에 영향을 받은 자아탄력성이 부부 적응에 미치는 직접효과는 .68로 나타났다.

4. 문화적응스트레스와 부부 적응의 관계에서 자아탄력성의 조절효과

결혼이주여성의 자아탄력성이 문화적응스트레스와 부부 적응의 관계를 조절하는지를 살펴보았다. 집단 간 비교를 통해 잠재요인 간 관계에서 조절효과를 검증하기 위해서 자아탄력성의 중앙값을 기준으로 상, 하 집단으로 분류하였다. 또

〈표 2-7〉 자아탄력성의 조절효과 검증을 위한 다집단 분석결과(N=172)

	변수	비표준화 계수	표준오차	표준화 계수	C.R.	label
프리모델	자아탄력성 상	−.77	.17	−.51	−4.50***	
	자아탄력성 하	−.27	.12	−.27	−2.33*	
제약모델	자아탄력성 상	−.39	.09	−.46	−4.18***	a
	자아탄력성 하	−.39	.09	−.36	−4.18***	a

* p〈.05 *** p〈.001

〈표 2-8〉 프리모형과 제약모형의 χ^2 값의 차이

Model	NPAR	CMIN	D.F.	P	CMIN/D.F.
프리모형	62	143.72	68	.000	2.11
제약모형	61	149.59	69	.000	2.17
차이		5.87	1		

한 잠재요인 간의 관계를 free로 한 프리모형과 잠재요인 간 관계의 크기가 동일하다는 제약을 한 제약모형을 설정하여 두 번의 구조모형 분석을 실시하였다. 우선 프리모형의 분석 결과 〈표 2-7〉과 같이 자아탄력성이 높은 집단에서의 경로계수 값(β=−.51, C.R.=−4.50, p〈.001)이 자아탄력성이 낮은 집단의 경로계수 값(β= −.27 C.R=-.2.33, p〈.05)보다 크게 나타났다. 따라서 자아탄력성이 높은 집단이 낮은 집단보다 해당 경로계수가 크게 나타나, 문화적응스트레스→부부 적응의 관계는 자아탄력성에 따라 조절효과를 보인다고 할 수 있다.

본 연구의 가설지지 여부를 살펴보기 위해서 프리모형과 제약모형에 대해 χ^2 값의 차이검증을 실시하였다(표 2-8). χ^2값의 차이 검증 결과, 프리모형은 χ^2 =143.72, d.f.=68, p=.000으로 나타났으며, 제약모형은 χ^2=149.59, d.f.=69, p=.000으로 나타나, χ^2값의 차이가 5.87로 자유도가 1 삼소할 때 χ^2값이 충분히 감소했기 때문에($\Delta\chi^2$=5.87〉χ^2.05(1)=3.84), 제약모형보다 프리모형이 더 우수하다고 할 수 있다. 따라서 문화적응스트레스→부부 적응의 관계에서 자아탄력성의 조절효과를 확인한 결과, (1) 조절효과의 방향성은 가설과 일치하였으며, (2) 제약모형보다 프리모형이 더 우수한 것으로 나타나, 문화적응스트레스와 부부 적응의 관계는 자아탄력성에 따라 조절효과를 보인다고 할 수 있다.

〈표 2-9〉 부부 적응에 대한 문화적응스트레스와 자아탄력성 상, 하 집단의 평균과 표준편차

	자아탄력성 하		자아탄력성 상	
문화적응스트레스	M(S.D.)	N	M(S.D.)	N
하	72.66(11.46)	24	77.56(8.75)	41
상	60.88(16.53)	78	75.75(11.15)	29

여기에서 구체적인 상호작용의 형태를 파악하기 위해 결혼이주여성이 지각한 문화적응스트레스와 자아탄력성 수준을 살펴보았다(표 2-9). 문화적응스트레스와 자아탄력성은 중앙값을 기준으로 상, 하 두 집단으로 나누어 부부 적응 수준을 살펴보았다.

〈표 2-9〉에서 자아탄력성 '하' 집단의 경우 문화적응스트레스 '하' 집단과 '상' 집단 간의 평균 차이가 11.78이었고, 자아탄력성 '상' 집단의 경우 문화적응스트레스 '하' 집단과 '상' 집단 간의 평균 차이가 1.81로 나타나, 자아탄력성 '하' 집단에서 문화적응스트레스 상황에 따른 부부 적응의 차이가 크게 나타났다. 문화적응스트레스 '하' 집단의 경우 자아탄력성이 높은 집단과 낮은 집단의 평균 차이는 4.90이었고, 문화적응스트레스 '상' 집단의 경우 자아탄력성이 높은 집단과 낮은 집단 간의 평균 차이는 14.87로 매우 높게 나타나, 문화적응스트레스가 높은 상황에서 자아탄력성 집단 간의 부부 적응의 차이가 크게 나타났다. 따라서 자아탄력성은 문화적응스트레스가 높은 경우에 부부 적응에 미치는 영향이 더 크다고 할 수 있다.

〈표 2-10〉 문화적응스트레스와 자아탄력성에 따른 부부 적응에 대한 이원변량분석

소스	제Ⅲ모형 제곱합	자유도	평균제곱	F	유의확률
수정모형	9789.27(a)	3	3263.09	17.92	.000
절편	725959.50	1	725959.50	3985.57	.000
문화적응스트레스	1627.87	1	1627.87	8.94	.003
자아탄력성	3447.30	1	3447.30	18.93	.000
문화적응스트레스*자아탄력성	878.57	1	878.57	4.82	.029
오차	30600.70	168	182.15		
합계	859558.00	172			
수정된 합계	40389.98	171			

a R^2= .24 (수정된 R^2 = .23)

〈표 2-10〉은 부부 적응에 대한 문화적응스트레스와 자아탄력성 상, 하 집단의 상호작용효과를 검증한 결과이다. 〈표 2-10〉에서 나타나듯이, 문화적응스트레스는 부부 적응에 유의미한 영향을 미치는 것으로 나타났으며(F=8.94, p〈.01), 자아탄력성 역시 부부 적응에 유의미한 영향을 미치는 것으로 나타났다(F=18.93, p〈.001). 그리고 문화적응스트레스와 자아탄력성의 상호작용이 부부 적응에 유의미한 영향을 미치는 것으로 나타났다(F=.4.82, p〈.05). 따라서 결혼이주여성의 문화적응스트레스와 자아탄력성이 상호작용하여 부부 적응에 영향을 미친다고 할 수 있다.

Ⅴ. 결론 및 제언

본 연구는 부산지역에 거주하는 결혼이주여성을 대상으로 문화적응스트레스와 부부 적응의 관계에서 자아탄력성의 매개효과, 조절효과를 살펴보고자 하였다.

본 연구에서 결혼이주여성의 문화적응스트레스와 부부 적응의 관계에서 자아탄력성의 매개효과를 검증하기 위하여 결혼이주여성의 문화적응스트레스가 부부 적응에 자아탄력성을 통해 간접적으로 영향을 미치는 매개모형을 연구모형으로 설정하였다. 또한 문화적응스트레스와 부부 적응의 관계에서 자아탄력성의 조절효과를 살펴보기 위해 둘 간의 관계를 조절하는 모형을 연구모형으로 설정하였다.

연구모형의 검증결과 첫째, 문화적응스트레스가 부부 적응에 직접적으로 영향을 미치는 경로가 유의미하지 않으며, 문화적응스트레스가 자아탄력성을 매개할 때 부부 적응에 영향을 미치는 경로가 유의미하였기 때문에, 문화적응스트레스가 부부 적응에 미치는 영향은 자아탄력성에 의해 완전 매개된다고 할 수 있다. 둘째, 문화적응스트레스 상황에서 자아탄력성 수준에 따라 부부 적응이 다른 것으로 나타나, 문화적응스트레스와 부부 적응의 관계는 자아탄력성에 의해 조절된다고 할 수 있다. 이상과 같은 연구결과로 문화적응스트레스와 부부 적응의 관계에서 자아탄력성은 이들의 관계를 설명하는 유의미한 변수임을 확인하였다. 즉,

결혼이주여성들은 문화적응상황에서 스트레스를 경험하지만, 개인의 성격 즉 자아탄력성에 따라 스트레스를 경험하고 대처하는 정도가 다르기 때문에 부부 적응의 수준도 다르다고 할 수 있다.

이상과 같은 연구결과를 토대로 제언을 하면 다음과 같다.

첫째, 결혼이주여성의 문화적응스트레스는 부부 적응에 부정적 영향을 미치는 것으로 알려지면서(김오남, 2006; 양옥경 외, 2007). 그동안 문화적응스트레스를 감소시키기 위한 많은 대책이 논의되어 왔었다. 대부분의 연구자들은 결혼이주여성의 문화적응스트레스를 감소시키기 위해서는 외적인 지원의 중요성을 강조해 왔으며, 실제로 가족, 사회 등 외적인 지원이 결혼이주여성의 문화적응스트레스를 감소시키는 데 중요한 역할을 하는 것으로 나타났다. 그러나 다른 한편으로 이러한 외적 지원 이외에도 결혼이주여성 개인이 스트레스를 감소시킬 수 있는 방안에 대한 논의도 필요하다. 본 연구에서도 논의되었듯이, 문화적응스트레스와 부부 적응의 관계가 자아탄력성에 의해 완충되는 등 심리적인 영역에서 매우 중요한 역할을 하는 것으로 나타나고 있기 때문에, 향후 결혼이주여성의 부부 적응을 향상시키기 위해서 자아탄력성에 대한 깊이 있는 탐색과 조력이 필요하다.

둘째, 본 연구에서 자아탄력성의 하위 요소 중 낙관성과 감정통제의 매개효과를 확인하여, 문화적응스트레스와 부부 적응의 관련성을 이해하는 데 보다 타당하고 정교화된 설명을 제공할 수 있을 것으로 여겨진다. 즉, 부부 적응이 낮은 결혼이주여성의 경우 문화적응스트레스가 높더라도, 이를 보완하기 위하여 낙관적으로 사고하고 감정통제를 하는 등 긍정적인 성향을 가질 수 있도록 프로그램을 통하여 유도한다면, 부부 적응을 높이는 데 주목할 만한 결과를 얻을 수 있을 것이다.

셋째, 본 연구의 결과는 부부의 갈등, 정서적 어려움 등의 문제에 직면하고 있는 국제결혼 부부의 실제적인 상담에 적용할 수 있을 것으로 여겨진다. 또한 문제해결에 대한 자신감을 향상시키고, 낙관적인 성향을 갖고, 감정 통제를 할 수 있도록 재교육한다면, 안정적이고 긍정적인 기대감을 증진시켜 부부 적응에 도움이 될 것이라고 생각한다.

마지막으로 본 연구의 제한점을 살펴보면 다음과 같다. 우선 본 연구는 특정

지역의 결혼이주여성만을 대상으로 하였기 때문에 이러한 연구결과를 다른 집단에게 일반화하기에는 무리가 있다. 또한 연구대상이 20-30대 연령집단에 치중되었고, 결혼기간이 5년 이하의 집단이 많은 것도 본 연구의 제한점이다. 둘째, 본 연구방법에서 자기보고식 질문지 조사방법을 사용하였기 때문에 질문지 연구에서 나타날 수 있는 신뢰성 문제가 해결되지 않았다는 점 등이 있다. 셋째, 문화적응스트레스와 부부 적응 간의 관계에는 여러 가지 변인이 있는데, 본 연구에서는 자아탄력성만을 살펴보는 데 그쳤다는 점이다.

그럼에도 불구하고 본 연구의 이론적, 실천적 함의를 살펴보면 다음과 같다. 우선 이론적으로는 첫째, 기존의 자아탄력성 개념이 주로 아동을 대상으로 이루어지고 성인 여성을 대상으로 한 연구는 매우 드물다. 이에 본 연구에서 성인 여성을 대상으로 문화적응스트레스와 부부 적응의 관계에서 자아탄력성의 효과를 시도했다는 점에서 의의가 있다. 둘째, 현재 이슈가 되고 있는 문화적응스트레스와 부부 적응 영역에서 다양한 개인적 특성을 고려한 후속 연구가 이루어질 가능성을 보여주었다. 실천적으로는 높은 자아탄력성을 지닌 결혼이주여성들이 문화적응스트레스 상황에 훨씬 더 잘 대처하고 부부 적응이 높은 것으로 나타나, 향후 결혼이주여성의 문화적응스트레스 상황으로부터 회복 가능성을 살펴볼 수 있는 지표로 볼 수 있고, 또한 결혼이주여성의 부부 적응을 향상시키기 위한 프로그램이나 상담에 활용될 수 있을 것으로 여겨진다.

참고문헌

강유진. 1999. 한국남성과 결혼한 중국 조선족 여성의 결혼생활실태에 관한 연구. 한국가족관계학회지 4(2), 68-81

고은주. 2009. 결혼이주여성의 문화적응스트레스, 가정폭력, 사회적 지지, 자아 존중감, 외상후 스트레스와 심리건강의 관계. 전남대학교 석사학위청구논문.

구자은. 2000. 자아탄력성, 긍정적 정서 및 사회적 지지와 청소년의 가정생활적응 및 학교생활적응과의 관계. 부산대학교 석사학위청구논문.

권구영 · 박근우. 2007. 국제결혼 이주여성의 정신건강에 영향을 미치는 요인-전라남도 거주 국제결혼 이주여성을 중심으로. 사회연구 14, 187-219.

김두섭 · 이명진. 2007. 국제결혼 부부의 사회 · 인구학적 상이성과 결혼안정성. 한국인구학 30(3), 33-56.

김미령. 2005. 북한이탈 주민들이 인지한 적응의 어려움과 극복자원이 우울성향에 미치는 영향. 정신보건과 사회사업 20, 95-123.

김민정 · 유명기 · 이혜경 · 정기선. 2006. 국제결혼 이주여성의 딜레마와 선택. 한국문화인류학 39(1), 15-93.

김석란. 2008. 한 · 일 국제결혼을 통해 본 문화적 갈등에 관한 연구. 일어일문학 35, 287-299.

김오남. 2006. 국제결혼 이주여성의 부부갈등 결정요인 연구. 가족과 문화 18(3), 63-106.

김이선 · 김민정 · 한건수. 2006. 「여성결혼이민자의 문화적 갈등 경험과 소통증진을 위한 정책과제」. 한국여성개발원: 한학문화.

김현숙. 2007. 결혼이주여성의 사회통합 유형에 관한 연구. 부산대학교 박사학위청구논문.

노하나. 2007. 중국 국제결혼 이주여성의 문화적응스트레스에 관한 연구. 이화여자대학교 석사학위청구논문.

박명혜. 2009. 부부폭력 피해여성의 심리사회적 요인이 자립의지에 미치는 영향 연구: 쉼터 입소 여성을 중심으로. 상명대학교 박사학위청구논문.

박유숙. 2001. 남편의 폭력이 아내의 정신병리에 미치는 영향. 부산대학교 석사학위청구논문.

박재규. 2005. 국제결혼 이주여성의 농촌생활 적응 관련 요인 분석. 농촌경제 29(3), 67-84.

박종삼. 1983. 한 · 미 국제결혼에서 나타나는 의사전달 갈등의 임상적 고찰. 한국사회복지학 4, 1-15.

박현진. 1996. 자아탄력성에 따른 지각된 스트레스, 대처 및 우울. 고려대학교 석사학위논문.

설동훈 · 김윤태 · 김현미 · 윤홍식 · 이혜경 · 임경택 · 정기선 · 주영수 · 한건수. 2005. 「국제결혼이주여성 실태조사」. 보건복지부.

신경희. 2004. 국제결혼가족의 부부갈등요인에 관한 연구. 조선대학교 정책대학원 석사학위논문.

양선화. 2004. 「상담사례에서 본 국제결혼 이주여성의 삶」. 광주전남지역 국제결혼 한 이주여성실태보고 토론회. (사)광주여성의 전화 부설 가정폭력상담실 자료집.

유선자. 2009. 중년여성의 자아탄력성에 따른 스트레스와 대처전략에 관한 연구. 아주대학교 석사학위청구논문.

유성경 · 홍세희 · 최보윤. 2004. 가정의 위험요소와 적응의 관계에서 자아탄력성, 애착, 실존적 영성의 매개효과 검증. 교육심리연구 18(1), 393-408.

유은애. 2008. 초등학교 아동의 스트레스가 자아탄력성을 통해 정서적 적응에 미치는 영향. 서울대학교 석사학위청구논문.

이민식 · 김종술. 1996. 부부 적응 척도의 표준화 예비연구. 한국심리학회지: 임상 15(1), 129-140.

이승종. 1995. 문화이입과정 스트레스와 유학생의 신념체계 및 사회적 지지와의 관계. 연세대학교 석사학위청구논문.

이은희. 2009. 생활스트레스에 대한 결혼이민자 여성의 적응 연구. 한국가족복지학 14(1), 73-94.

이혜경. 2005. 혼인이주와 혼인이주 가정의 문제와 대응. 한국인구학 28(1), 91-100.

임수진 · 오수성 · 한규석. 2009. 국제결혼 이주여성의 우울과 불안에 미치는 영향요인－광주, 전남지역을 중심으로. 한국심리학회지: 여성 14(4), 515-528.

장경문. 2003. 자아탄력성과 스트레스대처방식 및 심리적 성장환경의 관계. 청소년학연구 10(4), 143-161.

전혜성. 2007. 정신장애인 배우자 스트레스가 부부 적응에 미치는 영향. 이화여자대학교 박사학위청구논문.

정기선 · 김영혜 · 박경은 · 박지혜 · 이승애 · 이은아 · 이지혜. 2007. 「경기도내 국제결혼이민자 가족실태 조사 및 정책적 지원방안 연구」. 경기도 가족여성개발원.

정기선 · 한지은. 2009. 국제결혼이민자의 적응과 정신건강. 한국인구학 32(2), 87-114.

최명선 · 곽민정. 2008. 한국의 국제결혼 이주여성의 문화적응스트레스가 양육스트레스에 미치는 영향. 한국아동학회 학술대회발표논문.

추현화 · 박옥임 · 김진희 · 박준섭. 2008. 결혼이주여성 남편의 가족스트레스, 사회적 지지가 결혼적응에 미치는 영향. 한국가족복지학 13(4), 85-101.

한건수. 2006. 농촌지역 결혼이민자 여성의 가족생활과 갈등 및 적응. 한국문화인류학 39(1), 195-243.

홍기혜. 2000. 중국 조선족 여성과 한국 남성간의 결혼을 통해 본 이주의 성별 정치학. 이화여자대학교 석사학위청구논문.

홍달아기 · 채옥희. 2007. 국제결혼 부부의 가치관 및 의사소통유형과 갈등과의 관계. 한국생활과학회지 16(4), 733-744.

홍미기. 2009. 결혼이주여성이 인지한 문화적응스트레스와 부부 적응에 관한 연구. 이화여자대학교 대학원 박사학위청구논문.

Ann, S. M., Keith, B. B., Glenn I. R., Jelena O., Jeffrey, D. L., & Auke T. 2004. Resources and resilience in the transition to adulthood: Continuity and change, *Development and Psychopathology* 16(4), 1071-1094.

Ben, K. L., & David I. 2000. The assessment of marital adjustment with Chinese population: a study of the psychometric properties of the dyadic Adjustment Scales. *Contemporary Family Therapy* 22(4), 453-465.

Berry, J. W. 2005. Conceptual approaches to acculturation. 17-38 in Acculturation. edited by Kevin, M. C., Parmela, B. O., & Gerardo, M. Washington, D. C.: Decade of Behavior.

Block, J. H. & Block, H. 1980. The role of ego-control and ego-resilience in the organization of behavior. *Minnesota Symposia on Child Psychology* 13, 39-101.

Block, J. H., & Kremen, A. M. 1996. IQ and ego-resiliency: Conceptual and empirical connections and separateness. *Journal of Personality and Social Psychology* 70(2), 349-361.

Bowerman, C. E. 1964. Prediction studies. In H. T. Christensen(ed.). *Handbook of marriage and the family*. Chicago: Rand McNally.

Burgess, E. W. & Cottrell, L. S. 1939. *Predicting success or failure in marriage*. New York: Prentice Hall. 317-322.

Burgess, E. W. & Locke, H. J. 1960. *The family: From institution to companionship*. 2d edition. New York: American Book.

Bursby, D. M., Christensen, C., Crene, D. R. & Larson, J. H. 2007. A revision of the dyadic adjustment scale for use with distressed and nondistressed couples: Construct hierarchy and multidimensional scales. *Journal of Marital and Family Therapy* 21(3), 289-308.

Dyer, D. E. 1983. *Courtship, marriage, and family: American style*. Homewood, IL: Dorsey Press.

Kohnen, E. C. 1996. Conceptual analysis and measurement of the construct of ego-resilience. *Journal of Personality and Social Psychology* 70(5), 1067-1079.

Froma, W. 1998. *Strengthening family resilience*. New York: Guilford Press. 양옥경 · 김미옥 · 최명민(역)(2006). 「가족과 레질리언스」. 서울: 나남출판.

Glenn, N. D. 1990. Quantitative research in marital quality in the 1980s: A critical review. *Journal of Marriage and the Family* 52, 818-31.

Gurman, A, S. 1975. Evaluating the outcomes of couples groups. In A. S. Gurman and D. G. Rice(Eds.). *Couples in conflict* pp. 192-206. New York: Jason Aronson.

Haynes, S. N., Follingstad, D. R. & Sullivan, J. C. 1979. Assessment of marital satisfaction and interaction. *Journal of Consulting and Clinical Psychology* 47(4), 789-791.

Haque, A. & Becky, D. 2009. The assessment of marital adjustment with muslim population: A reliability study of the Locke-Wallace marital adjustment test.

Contemporary Family Therapy 31, 160-168.

Hoult, T. F. 1969. *The dictionary of modern society*. Totowa, NJ: Littlefield, Adams.

Karen, P. & Louk, H. 1996. Personal adjustment to acculturative Transitions: The Turkish experience. *International Journal of Psychology* 31(2), 131-144.

Karney, B. R. & Brabury, T. N. 1997. Neuroticism, marital interaction, and the trajectory of marital satisfaction. *Journal of Personality and Social Psychology* 72, 1075-1092.

Kirkpatrick, C. & John, C. 1951. Physical attractiveness, age, and marital adjustment. *American sociology Review* 16(1), 81-86.

Klonen, E. C. 1996. Conceptual analysis and measurement of the construct of ego resiliency. *Journal of Personality and Social Psychology* 170(5), 1067-1079.

LeMasters, E. E. 1957. *Modern courtship and marriage*. New York: Macmillan.

Locke, H. J. & Wallace, K. M. 1959. Short marital adjustment and prediction tests: Their reliability and validity. *Marriage and Family Living* 21, 251-255.

Nielsen, M. R. 2002. Are all marriage the same? Marital satisfaction of middle-class couples. University of Chicago. The degree of doctor of philosophy.

Masten, A. S. 2001. Ordinary magic: Resilience process in development. *American Psychologist* 56, 227-238.

Scott, M. S., Howard, J. M., Michelle, st. P. & Leber, B. D. 1995. Strengthening marriages and preventing divorce: new directions in prevention research. *Family Relations* 44(4), 392-401.

Shaeffer, G. F. 2003. Cyber-brides between the United States and Mexico: Transnational imaginaries, migration, and the intimate economy of marriage. Ph.D. Dissertation, American Studies, the Graduate School, University of Minnesota.

Spanier, G. B. 1976. Measuring dyadic adjustment: New scales for assessing the quality of marriage and similar dyadic. *Journal of Marriage and Family* 38, 15- 28.

Walker, A. J. & Thompson, L. 1983. Intimacy and intergenerational aid and contact among mothers and daughters. *Journal of Marriage and the Family* 45, 841-849.

Wells, J. 1984. *Choices in Marriage & Family*. Jackson: Piedmont Press, Inc.

제 3 장

결혼이주여성의 사회적 지지와 결혼의 질의 관계

김현숙 · 김희재 · 오중환

제3장

결혼이주여성의 사회적 지지와 결혼의 질의 관계*

Ⅰ. 서 론

급속하게 변화하는 현대사회에서 결혼은 매우 역동적인 과정이 되고 있다. 결혼을 당연시하던 태도가 변화하여 독신, 미혼으로 삶을 보내는 사람들이 있는가 하면, 결혼하고 이혼하고 다시 재혼하는 사람들도 크게 증가하였다. 특히 세계화로 서로 다른 인종간, 민족간 만남이 증가하면서 결혼의 방식도 예전과 매우 다른 양상을 보이고 있다. 이렇듯 기존에 당연시하고 비교적 단일한 형태로 인식해 왔던 결혼이 복잡한 양상을 띠게 되면서, 결혼생활에서 발생하는 문제도 매우 다양해졌다. 가사 일을 둘러싼 갈등, 육아와 양육 방식의 차이와 어려움, 부모 부양을 둘러싼 갈등, 경제적 문제 등 결혼 생활 과정에서 발생하는 수많은 문제들은 부부의 관계를 긴장시키는 요인들이다. 특히 국제결혼의 경우 이러한 문제 이외에도 언어장벽, 문화적 차이 등이 더해지면서 결혼생활의 갈등의 지형은 훨씬 더 복잡하며, 이로 인해 국제 부부는 내국인 부부보다 더 심각한 위기에 처해 있다.

그동안 결혼과 가족 연구는 어떤 결혼이 성공하고, 어떤 결혼이 실패하는지, 그리고 결혼생활을 건강하게 유지하기 위해서 무엇이 필요한지를 탐구해 왔다. 개인적 특성에 따라 결혼의 질이 다를 수 있으며, 배우자 간의 상호작용에 따라 결혼에 미치는 영향이 다를 수 있다. 그러나 결혼은 정적인 상태가 아니라 끊임없이 변화하는 매우 유동적인 과정이며(Spanier, 1976), 또한 결혼은 다양한 맥락 속에 존재한다(Fincham & Bradbury, 1998). 양육, 가사 등 미시적 어려움에서 사회적

* 이 연구는 한국연구재단의 지원을 받아 수행된 과제입니다(KRF-2007-411-J01101).

상황과 같은 거시적 결혼을 규정짓는 조건에 이르기까지 결혼을 둘러싼 상황은 다양한 사회적 관계를 요구하며, 사람들은 이 관계를 통해 결혼생활과정에서 발생하는 다양한 긴장에 대처해 나간다. 따라서 결혼의 질을 규명하기 위해서는 개인적 특성이나 부부의 상호작용뿐만 아니라 결혼에 배태된 다양한 사회적 관계를 다루어야 한다.

결혼과 가족을 연구한 학자들에 의하면, 결혼생활과정에서 발생하는 복합적 위기상황에서 다양한 지지적 관계가 결혼의 질을 향상시킬 수 있음을 지적하였다(Dehle et al., 2001; Luke & Carrington, 2000; Leslie & Letiecq, 2004). 배우자 지지가 결혼만족을 높이고 결혼 갈등을 감소시키며(Mickelso et al., 2006), 또한 가족 구성원의 지지가 부부관계를 증진시키는 방향으로 행동을 고무시키기 때문에 긍정적인 부부 실천에 기여한다고 한다(Erdwins et al., 2001; Bellavia & Frone, 2005)고 한다. 그렇지만 결혼은 지지의 원천이기도 하지만, 스트레스의 원인이기도 하기 때문에 배우자나 가족의 지지 효과는 행복한 결혼으로 제한될(Fincham & Bradbury, 1998) 가능성도 있다.

한편 국제결혼처럼 서로 다른 문화적 배경을 가진 부부의 경우 결혼 출발부터 가족의 지지를 받지 못하는 경우가 많다고 한다. 서구의 경우에도 인종적, 문화적 배경이 다른 결혼의 경우 가족, 친척, 친구들의 불승인으로 지지를 받지 못한다고 한다(Killian, 2001). 우리나라의 경우에도 국제결혼에 대한 불신, 언어장벽, 문화적 차이 등이 가족이나 친척관계에서 나타나고 있다(윤형숙, 2004)고 한다. 이민과 같이 모국을 떠나 새로운 환경에서 놓여 있는 사람들의 사회적 지지는 훨씬 더 제한적이다. 이민자들은 이주과정에서 자신이 원래 가지고 있던 관계망들과 유대관계를 완전히 상실함으로써 과거와 같은 지지를 얻지 못할 가능성이 크다(Luke & Carrington, 2000; Okun, 1996). 언어장벽 등으로 유입국에서 새롭게 사회적 관계를 형성하는 것이 쉽지 않기 때문이다. 많은 학자들은 이주가 사회적 유대를 붕괴시키고, 목적지에서 긴장된 거주 기간을 보낸 후 오직 재건설될 수 있다(Portes, 1998)고 하였다. 이주민의 적응 문제를 다룬 연구들은 이주민들은 오직 제한된 관계 즉, 모국 친구 등을 통해 이주 사회에서 발생하는 여러 가지 문제에 대처하고 있으며, 이것은 유입국 사회의 적응뿐만 아니라 결혼생활에 긍정적으로 작용하고 있음을 보고한다(Portes, 1998; Thoits, 1995). 모국 친구는 자신과 비슷한 위치에서 자신의 문제를 이해하기 때문에 이주사회에서의 적응과 이주의 어려움을 극복할 수 있도록 한다. 하지만 몇몇 연구들은 친구나 이웃 등의 사회적 관계가 결혼의 질에 미치는 영향은 그리 크지 않다고 한다. 사회적 지지는 문제를 해결하거나 대처하는 것을 가능하게 하는 수단이므로(Beach & Gupta, 2006), 기회나 관여의 수준 때문에 결혼 밖에서 지지를 제공하는 것은 결혼 관계 내 지지의 결핍을 보상하는 데 충분하지 않을 수 있다(Davila et al., 1997).

한편 현대사회로 오면서 공식적 지원체계는 가족, 친구 등 비공식적 지원을 차츰 대처하고 있다(Logan & Spitze, 1994). 특히 한국의 경우 최근 이주민의 적응을 위해 다양한 지원체계를 마련하고 있으며, 특히 다문화가족의 안정적 정착을 위해 부부 및 가족 관계 향상을 위한 다양한 프로그램을 도입, 시도하고 있다. 최근 결혼이주여성 부부집단을 대상으로 한 프로그램의 효과에 대해서도 검증이 이루어지고 있는데, 이은주(2007)는 이 프로그램이 결혼만족이나 부부 간 애정을 향상시키는 데 기여하고 있음을 보고한다. 게다가 많은 결혼이주여성들이 다문화가족지원센터 등을 통해 알게 된 직원, 상담원 등을 친정언니 등으로 여기는 태도가 많이 나타나고 있어서(김현숙, 2007), 이들 기관이나 기관에 종사하는 사람들로부터 필요한 지지를 제공받았을 가능성이 크며, 이들의 결혼의 질에 영향을 미쳤을 가능성이 크다. 그럼에도 불구하고 공식적 기관을 통한 지원이나 그곳에서 알게 된 사람들의 지원은 위에서 지적한 바와 같이 직접적으로 결혼생활에 관여하기 어려운 부분이 있기 때문에 한계가 있을 수 있다. 또한 사람들은 여전히 비공식적 집단에 1차적으로 의존하고, 가족, 친구, 이웃으로부터의 지원이 제약될 때 비로소 공식적 서비스를 요청한다는 것이다(Litwak, 1985).

이러한 배경에서 본 연구에서는 결혼이주여성의 사회적 지지와 결혼의 질의 관계를 살펴보고자 한다. 최근 결혼이주여성을 대상으로 사회적 지지와 결혼의 질의 관계를 다룬 연구들이 몇몇 발표되고 있다. 최경숙(2006)은 결혼이주여성들이 지각하는 사회적 지지를 지지의 구조적 측면과 기능적 측면으로 나누어 결혼만족과의 관계를 고찰하였다. 이 연구에 의하면, 사회적 지지 구조에 따라 결혼만족이 차이가 있으며, 지지의 기능들이 결혼만족에 서로 다르게 영향을 미치고 있음을 밝히고 있다. 오세자(2010)는 사회적 지지의 기능을 4개 영역(정서적, 정보적, 물질적, 평가적 지지)으로 나누어 결혼만족과의 관계를 추적하고 있는데, 정서적 지지, 정보적 지지, 물질적 지지의 영역에서 사회적 지지가 낮은 집단보다 높은 집단에서 결혼만족이 높은 것으로 나타나고 있음을 보여준다. 이상과 같이 결혼이주여성의 사회적 지지와 결혼의 질 연구는 사회적 지지 구조를 구분하고 있으나, 지지의 범위를 살펴보는 정도에 그쳤고, 주로 사회적 지지의 기능을 중심으로 결혼만족의 관계를 다루고 있다. 결혼이주여성이 지각한 사회적 지지가 무엇이고, 그것이 결혼만족에 미치는 영향을 밝힌다는 점에서 의미가 있으나, 실제로 결혼이주여성의 사회적 관계가 어떠하고, 이 사회적 관계가 결혼의 질에 어떻게 영향을 미치고 있는지를 밝혀내기는 부족하다. 특히 최근 공식적 기관을 통한 지지가 확대되고 있기 때문에 이것의 역할을 밝혀내는 것도 필요하다. 즉, 결혼이주여성의 사회적 지지와 결혼의 질과의 관계를 규명하기 위해서는 결혼이주여성의 사회적 지지 구조별로 사회적 지지를 세분화하여 결혼의 질에 미치는 영향을 파악해 내는 시도가 필요하다. 또한 결혼의 질을 다차원적으로 구분하여 사회적 지지의 예측효과를 파악해 내는 것이 필요하다. 이에 본 연구에서는 결혼이주여성들이 배우자, 시부모, 친정부모, 모국 친구, 한국 친구, 공식지원기관 등 친밀하게 관계 맺고 있는 집단으로 예상되는 사회적 지지가 결혼의 질에 어떤 영향을 미치는지를 살펴보고자 한다.

Ⅱ. 이론적 배경

1. 국제결혼 부부의 결혼의 질

결혼의 질은 결혼생활에 대한 전반적인 평가로, 그동안 성공적인 결혼과 실패한 결혼을 구분하는 기본적인 방식으로 사용되어 왔었다. 하지만 결혼의 질은 여러 가지 요인이 복합적으로 작용하는 동시에 시시때때로 변할 수 있고 주로 남편과 아내의 개인적 평가에 의존하고 있다는 특성 때문에 정확한 규명이 어려운 연구 영역이다.

결혼의 질 개념과 측정에 관해서 크게 두 가지 입장이 있다(Glenn, 1998). 첫 번째 입장은 부부관계에 대한 개인의 주관적 느낌이나 감정적 평가를 결혼의 질로 삼는 입장으로 종종 결혼만족이나 행복감 등을 결혼의 질 지표로 삼는 것을 선호한다(Caspi & Herbener, 1990). 남편과 부인 간의 상호작용에는 개인적 지각만이 존재하므로 결혼의 질은 결혼한 사람이 자신의 결혼 생활에 대해 어떻게 느끼는가의 문제라고 본다.

두 번째 입장은 부부의 상호작용과 같은 부부관계 그 자체를 결혼의 질로 삼는 입장으로, 의사소통, 동반적 활동, 갈등 등 부부 상호관계 특징을 다루는 결혼적응을 결혼의 질로 평가하는 것을 선호한다(Amoto et al., 2003). 결혼의 질은 자신의 결혼생활의 여러 측면과 준거관계와의 비교에 의해 결정될 수 있고 다른 사람이 자신에게 해주기를 원하는 것과 그 다른 사람이 실제 행하는 바의 일치는 대인적인 현상이기 때문에 결혼의 질 개념은 부부의 상호관계를 나타내는 다양한 지표가 포함되어야 한다는 것이다.

그동안 결혼과 가족 연구에서 결혼 질 개념을 둘러싼 다양한 논쟁이 있어 왔지만, 무엇을 결혼의 질 개념으로 둘 것인가에 대한 결론은 아직까지 내려지지 않고 있다. 다만 학자의 관심에 따라 결혼의 질 개념이 다양하게 사용되고 있으며, 최근 전통적인 부부관계에서 평등적인 부부관계로의 변화에 따라 결혼의 질 측정은 부부의 상호관계의 특성이 나타나는 지표를 더 많이 사용하는 것 같다(Hohmann-Marriott & Amoto, 2008; Mickelso et al., 2006; Kamp et al., 2003). 본 연구에서도 결혼의 질 개념을 부부 양자 간의 상호관계로 보는 두 번째 입장을 따르기로 한다. 결혼의 질은 결혼을 통해 이루어진 부부라는 인간관계에서 경험되기 때문에, 결혼만족과 같은 어느 단일한 요소로 판단될 수 없으며, 부부관계의 다양한 측면들을 담을 때 비로소 관계의 질을 다양하게 평가할 수 있기 때문이다.

부부 상호 간의 관계를 결혼의 질로 보는 학자들은 결혼의 질을 측정하는 데 다양한 요소들을 포함시켜 왔다. Amoto 외(2003)는 결혼의 질에 만족, 긍정적 상호작용, 갈등, 인식된 문제들과 헌신과 같은 차원들을 포함시켰으며, Hohmann-Marriott과 Amoto(2008)는 관계에 대한 만족, 관계 내의 갈등, 해체기회, Mickelson

외(2006)는 결혼만족과 결혼 갈등을, Kamp 외(2003)는 결혼 행복감과 결혼 갈등으로 결혼의 질을 측정하였다. 이상과 같이 결혼의 질을 부부 상호관계의 결과로 보는 입장에서는 결혼의 질을 측정하는 데 다차원적인 변수를 사용하고 측정하고 있으며, 본 연구에서는 결혼의 질을 결혼만족, 이혼의도, 부부 간 애정으로 측정하고자 한다. 결혼만족은 부부관계에 대한 전반적 평가로 이것만으로 부부 두 사람 간의 깊이 있는 관계성을 포착하기에 적합하지 않다. 부부 두 사람의 실질적인 관계를 포착해 내기 위해서는 부부의 갈등 관계를 파악해 내야 하고, 본 연구에서는 결혼만족과 더불어 이혼의도나 부부 간 애정으로 결혼의 질을 측정하고자 한다. 이혼의도는 이혼이나 별거를 원하고, 계획하고 행동에 옮기려는 시도로 부부의 갈등관계를 파악해 내는 데 많이 사용되어 왔다. 부부 간 애정은 부부의 상호공유적인 활동을 통해 생산되는 느낌으로(이경성 · 한덕웅, 2003), 본 연구에서 부부 간 애정의 하위항목으로 친밀성, 의사소통, 성적만족으로 부부 간 애정을 측정하였다.

한편 결혼의 질을 예측하고 결정하는 요인으로 크게 사회 · 인구학적 요인, 개인적 요인, 관계적 요인(Fincham & Bradbury, 1998)을 중심으로 결혼의 질과의 관련성을 탐색해 왔다. 인구사회학적 요인으로는 연령, 교육, 수입, 사회경제적 지위, 가족생활주기, 직업, 경제적 환경, 원가족의 영향 등을, 개인적 요인으로는 자존감, 성역할 태도, 우울, 불안 등을, 관계적 요인으로는 의사소통, 갈등해결행동, 부부갈등, 부정적 갈등대처행동 등을 다루어 왔다(김영희, 1999; 이병일, 2007). 최근 국제결혼 부부의 결혼의 질을 연구에서 서해정(2007)은 개인적 요인(배우자와의 연령차, 한국어 수준, 국제결혼 경로, 자아존중감, 가족가치관), 관계적 요인(부부 간의 권력, 배우자 역할수행 평가, 의사소통 기술, 아내학대) 등으로 구분하여 결혼의 질과의 관계를 탐구하였다. 이 연구에서 배우자 역할수행이 결혼의 질에 가장 큰 영향을 미치고 있으며, 그 밖에 아내학대, 한국어 수준 등이 결혼의 질에 영향을 미치고 있음을 확인하였다. 하지만 여러 예측변수들이 결혼의 질에 미치는 효과가 그다지 크지 않은 것으로 나타났다.

결혼의 질은 개인적, 관계적 특성 이외에도 다양한 요인에 의해 영향을 받을 수 있다. 최근 Bradbury 외(2000)는 맥락 안에 있는 상호관계의 과정으로 결혼의 질 개념을 개념화하면서, 결혼의 질에 영향을 미치는 맥락으로 미시적 맥락(자녀,

생활스트레스, 이사 등)과 거시적 맥락(사회적 상황과 제도 등)으로 구분하였다. 이와 같은 환경적 맥락들은 국제결혼 부부의 결혼의 질에 많은 영향을 미치는 것으로 확인되고 있다(나임순, 2008; 이은희, 2009; 추현화 · 박옥임 · 김진희 · 박준섭, 2008). 또한 결혼의 질을 설명하는 데 자원의 중요성이 언급되어 왔다. 특히 경제적 자원은 결혼을 결정하고 유지하는 데 중요한 자원으로 자주 활용되어 왔다(Woelz-Stirling, 2000). 최근 들어 사회적 지지는 결혼을 유지시키는 중요한 변인으로 인식되고 있다. 가족, 친구들의 지지는 결혼의 긴장을 해소시키고, 부부갈등을 감소시키는 중요한 변인으로 다루어지고 있다(Cottrell, 1990; Killian, 2001).

이상과 같이 국제결혼의 결혼의 질에는 다양한 요인이 영향을 미치고 있다. 국제결혼 부부의 결혼의 질은 다양한 요인을 다룰 때 정확한 규명이 가능할 것으로 여겨진다. 하지만 본 연구에서는 사회적 지지와 결혼의 질과의 관계가 비교적 조명되지 않았다는 점에서 사회적 지지가 결혼의 질에 미치는 주요한 효과를 분석하고자 한다.

2. 사회적 지지

인간은 사회적 존재이기 때문에 사회적 환경 속에서 타인과의 상호작용을 통해서만 충족될 수 있는 욕구를 가지고 있다. 사회적 지지는 인간의 이러한 욕구와 밀접한 관계가 있으며, 이러한 사회적 상호작용을 통한 얻게 되는 모든 긍정적 자원을 의미한다(Cohen & Hoberman, 2006). 이러한 긍정적 자원은 객관적 지지와 주관적 지지로 나눌 수 있으며, Cohen 외(2000)는 외부에서 지지가 주어진다 하더라도 그것을 지지로 지각하지 않는 경우에는 그것이 진정한 지지로서의 가치가 없다고 하여 주관적 지지의 중요성을 강조하였다.

사회적 지지는 크게 구조적, 기능적 두 차원으로 나누어질 수 있다. 사회적 지지의 구조적 측면은 사회적 지지망을 의미하며, 개인의 가족, 친구, 이웃 등 주로 가까운 타인을 의미하며, 최근 공식적 지원체계가 발달함에 따라 사회적 지지망을 비공식적 지지망과 공식적 지지망으로 구분하여 사용하기도 한다. 사회적 지지의 기능적 측면 역시 학자마다 지지의 기능을 다양하게 범주화하는데

Burleson(2003)은 정서적 지지, 실재적 지지, 정보적 지지, 도구적 지지로 구분하였다. 첫째, 정서적 지지(emotional support)는 자신이 보살핌을 받고 사랑받고 있다고 느끼는 것으로 애정, 충고, 관심을 포함한다. 둘째, 실재적 지지(tangible support)는 물질적 지지(상품, 서비스 혹은 유사한 자원)의 제공으로 언급된다. 셋째, 정보적 지지는 관심사에 대한 사실들, 충고, 평가를 제공하는 표현들로 언급된다. 넷째, 도구적 지지는 집안일과 양육에서 파트너로부터 받는 실제적인 도움이다.

사회적 지지에 관한 많은 연구들은 사회적 지지망이 제공하는 지지의 내용이 다름을 지적한다. 결혼관계에서 가장 많이 언급되는 사회적 지지망은 배우자이다. 대부분의 배우자 지지에 관한 연구들은 배우자가 제공하는 지지는 다른 어디에서도 얻을 수 없는 것이기 때문에(Fincham & Bradbury, 1998), 배우자 지지는 결혼의 최고의 결과라고 한다. 특히 배우자의 정서적 지지는 결혼에서 가장 중요한 사회적 지지의 형태로 배우자로부터 의미 있는 정서적 지지의 주고받음은 다양한 신체적, 관계적 건강과 연결되어 있다(Cunningham & Barbee, 2000; Gurung et al., 2005). 즉, 배우자 지지는 부부관계를 통해 개인의 복지를 증진시키고 정신건강과 안정을 가질 수 있도록 하는 것으로, 정서적 지원을 통해 정신건강, 신뢰, 소속감, 애착 등을 형성하고 결혼만족도를 높여준다(Thoits, 1995). 그럼에도 불구하고 모든 결혼 관계에서 배우자가 반드시 긍정적인 지지를 하는 것은 아니다. Fincham과 Bradbury(1998)는 결혼은 지지뿐만 아니라 스트레스의 원천이기도 하기 때문에, 배우자 지지의 효과는 행복한 결혼으로 제한된다고 하였다. 또한 사회적 지지는 사회적으로 가장 비슷하며, 가장 비슷한 스트레스를 경험할 때 가장 효과적으로 발휘하기 때문에(Brown & Harris, 1986), 국제결혼의 경우 같은 경험을 하더라도 서로 다르게 해석할 가능성이 크기 때문에 지지가 이루어지지 않을 수도 있다. 결혼에서 사회적 지지의 기대는 인종이나 하위문화적 맥락에 따라 다르다(Greene, 1994). 가족 응집력, 친족 공동체, 단일성에 대한 강조는 사회적 지지뿐만 아니라 그것의 효과에 영향을 미칠지도 모른다(Marcus & Kityama, 2003). 따라서 배우자의 지지가 일어나는 맥락이 다를 수 있다(Broman, 2005).

국제결혼 부부들은 다른 결혼 부부에 비해 적어도 결혼 초기에는 친족관계로부터 사회적 지지를 덜 받는 것으로 보인다(Luke & Cararington, 2000; Okun,

1996). 가장 극단적인 사례들은 국제결혼으로 인해 몇몇 가족 구성원과의 관계가 상실되며(Killian, 2001), 이러한 친밀한 관계에서의 지지의 상실은 부부의 질에 부정적 결과를 줄지 모르는 스트레스원이다(Ren, 1997). 우리나라의 경우 결혼이주여성들이 시부모와 갈등을 많이 겪기도 하지만, 실제 삶에서는 이들이 결혼생활을 유지해 나가는 데 있어서 시부모의 도움을 많이 얻는 것으로 나타나고 있다(김오남, 2006; 김현숙, 2007). 결혼이주여성들은 한국 음식과 한국말 등을 주로 시부모나 시댁 식구들을 통해 배우는 경우가 많고, 자녀양육에 대한 지원도 남편보다는 시부모의 도움을 얻는 경우가 많다(하 밍 타잉, 2005; 김현숙, 2007). 즉, 서로 다른 가족구조와 문화의 차이 때문에 지지의 방식, 내용 그리고 효과가 다르게 해석될 수 있다. 결혼이주여성들은 한편으로 시부모로부터 생활에 필요한 여러 가지 지원을 제공받지만, 또한 이것이 결혼이라는 사적 영역에 대한 지나친 간섭으로 여기면서 이것을 지지로 받아들이지 않을 수 있다.

그리고 친정 부모의 경우에도 결혼으로 관계가 단절되는 것처럼 보이지만, 실제로 결혼이주여성들은 이들과 관계를 주고받는 것으로 보인다. 보건복지부(2005) 조사연구에서 이러한 사실을 확인할 수 있는데, 친정 부모와 일주일 또는 한 두 달에 걸쳐 한두 차례 전화하는 경우가 76%로 높았으며, 거의 매일 전화한다는 경우도 6.5%나 되었다. 하지만 친정 부모와의 잦은 접촉은 결혼의 질에 부정적 영향을 미칠지도 모른다. 한국의 가부장적 결혼구조와 문화에서 여성을 출가외인이라 여기는 태도가 팽배하기 때문에(김이선 · 김민정 · 한건수, 2006), 친정부모와의 관계를 배우자나 시부모는 불편하게 여기며, 결혼생활에도 부정적으로 영향을 미칠 가능성이 크다.

비록 결혼이주여성들이 이주사회에서 새롭게 사회적 관계를 형성하는 것이 매우 제한되지만, 그럼에도 불구하고 부분적이기는 하지만 모국 친구나 한국 친구들과의 관계가 이루어지고, 이들에게서 결혼이주여성들은 실질적인 도움을 받는 것으로 나타나고 있다(보건복지부, 2005; 김민정 외, 2006). 걱정이나 고민이 없는 부부가 서로의 배우자를 지지원으로 이용한다면(Gottman et al., 1998), 결혼생활이나 부부관계에 문제가 있는 경우에는 주로 자신의 친구들을 찾는 경우가 많다(Allgood et al., 1997). 배우자와 관계에서 문제가 있을 때, 친구를 찾는 경향은 비슷한 연령층에 놓여 자신이 처한 환경과 비슷한 경험을 공유하기 때문에 자신의 문제에 관해 의논하기에 적절하기 때문이다(한상미, 1997). 특히 모국 친구의 경우 같은 언어를 사용하기 때문에 심리적 안정감과 소속감을 제공하여 불안과 무기력감을 감소시킨다(Church, 1982). 또한 비슷한 상황을 겪었기 때문에 문제와 어려움을 더 잘 이해할 수 있고 따라서 서로에게 감정을 표출할 수 있는 기회를 제공한다(Albrecht & Adelman, 2006). Sykes와 Eden(1985)은 모국 친구는 가장 중요한 정서적 지지를 제공하는 지지원이라고 했으며, Proulx 외(2004)는 친구로부터 지지는 부부갈등 및 결혼만족에 긍정적인 영향을 미친다고 보고한다.

한편 현대사회로 오면서 비공식적 체계보다는 공식적 지원체계의 중요성이 증가하고 있다. 가족체계가 과거에 비해 많이 붕괴되면서 가족의 영향력이 과거에 비해 많이 약화되었기 때문이다(Logan & Spitze, 1994). Cantor(1979)는 사회적 지지를 공식적, 매개적, 비공식적 지지체계를 나타내는 일련의 동심원으로 개념화하고, 이 모델에서 개인은 원의 중심에 위치해 있으며, 1차적으로는 비공식체계에 둘러싸여 있으며, 2차적으로 공식적 지원체계에 둘러싸여 있다고 하였다. 비공식체계는 개인에게 가장 가까이 위치해 있으며 개인의 일상에 깊이 관여되어 있고, 비공식적 지지체계의 보호제공자는 무엇보다 개인적 친밀감에 의해 선택된다는 점이 공식적 지지체계와 성격을 달리하고 있다. 공식적 지지체계의 역할과 관련하여 Cantor(1979)는 사람들은 여전히 비공식적으로 1차적으로 의존하고, 가족, 친구, 이웃으로부터의 지원이 제약될 때, 비로소 공식적 지원에 의존한다고 하였다(Cantor, 1979). 현재 우리나라에서 결혼이주여성의 사회 및 가족생활 적응지원을 위한 다문화가족지원센터 등 공식적 지원체계가 예전에 비해 많이 발달하였다. 그러나 경기가족여성개발원(2007)의 조사연구에 의하면, 이들이 사회적 지원기관을 이용하는 비율은 그다지 높지 않다고 한다. 그러나 낮은 이용률이 가족의 지원이 충분히 이루어지기 때문이라기보다는 접근성의 어려움 때문일 가능성이 크다. 또한 실제 프로그램의 효과성을 탐색한 연구에서(이은주, 2007) 프로그램 이용 후 적응이나 부부관계 개선에 기여하는 것으로 나타나고 있다. 이러한 맥락에서 본다면 향후 공식적 지원기관이 좀 더 확대된다면 이곳에 의존할 가능성이 크며, 현재보다 이들의 결혼생활에 훨씬 더 많은 영향을 미칠 것으로 예상된다.

3. 사회적 지지와 결혼의 질과의 관계

그동안 사회적 지지와 결혼의 질 연구는 주로 배우자 지지를 중심으로 결혼의 질에 미치는 영향을 탐색해 왔다. Frone 외(1992)는 배우자 지지가 높을수록 더 나은 수준의 부부 적응을 보인다고 하였고, 특히 배우자로부터의 정서적 지지가 결혼만족을 높이고(Acitelli & Antonucci, 1994), 결혼 갈등을 감소시키는(McGonagle et al., 1992; Schuster et al., 1990) 의미 있는 예측변수가 되고 있음을 지적한다. 결혼이주여성을 대상으로 배우자 지지와 결혼만족을 탐색한 연구에서도 배우자 지지가 높을수록 결혼만족이 높음을 보여준다(장지혜, 2007; 강순정, 2008). 특히 배우자의 정서적 지지는 결혼만족과 더 관련이 있는 것으로 보고하는데, 배우자 지지의 기능과 결혼만족과의 관계는 남녀에게 서로 다르게 작용할 수 있다. 일반적으로 부부관계에서 여성이 친밀성을 강조하기 때문에 정서적 지지가 여성의 결혼만족과 관련되며(Kristin et al., 2006), 반면, 남성은 결혼과 결혼역할 기대 때문에 도구적 지지와 정서적 지지가 더 강하게 연관된다(Gettya & Thompson, 1995).

한편 사회적 지지의 구조를 다룬 연구들은 지지의 구조에 따라 결혼에 미치는 영향이 다르고 한다. Procidano와 Heller(1983)는 사회적 지지 구조를 가족과 친구로 나누어 우울과 결혼만족에 미치는 영향을 탐색하였다. 이 연구에 의하면 친구의 지지는 우울과 관련이 있으나, 부부관계는 가족으로부터의 지지만이 관련이 있다고 하였다. 앞에서도 지적했다시피 결혼관계에서 발생하는 문제에 결혼 밖의 사회적 관계의 지지는 매우 제한적일 수 있다. 하지만 국제결혼처럼 인종간, 문화간 결혼은 사회적 지지의 구조가 매우 취약하며, 게다가 가족 구성원의 지지가 매우 낮기 때문에(Cox et al., 1997; Shibazaki & Brennan, 1998), 문제가 발생했을 때 배우자, 가족, 친구 등 비공식적 지지보다는 공식적 지원 기관을 찾을 가능성이 크다. 국제결혼의 경우 단기간에 서로에 대해 잘 알지 못한 상태에서 결혼이 이루어지며, 또한 결혼을 해서도 언어장벽, 문화적 차이 등으로 가족으로부터 지지가 제대로 제공받지 못하는 경우가 많다. 김오남(2006)은 결혼이주여성들이 자신의 문제를 해결하기 위해 가족이 아닌 공식기관의 도움을 요청하며, 또한 김순재와 이주재(2010)의 연구에서는 결혼이주여성들이 한국생활 적응과정에서 발생하는 여러 문제에 대처하기 위해 공식적 자원(주변 사람들에 대한 감정, 긍정, 원조 등)과 비공식적 자원(서비스 이용 정도)을 모두 이용하고 있으며, 모두 심리적, 사회적, 문화적 적응에 모두 유의미한 영향을 미친다고 하였다.

이상과 같이 결혼이주여성의 사회적 지지와 결혼의 질 연구들은 결혼의 질에 있어서 사회적 지지의 중요성을 강조한다. 하지만 현재 결혼이주여성의 결혼의 질 연구에서 사회적 지지의 역할은 매우 제한적으로 탐색되어 왔다. 게다가 현재 결혼이주여성에 대한 지원체계가 마련되고 확장되는 추세에서 공식적 지원기관이 제공하는 지지의 효과에 대해서는 많이 연구되지 않은 편이다. 이러한 배경에서 본 연구에서는 결혼이주여성의 사회적 지지 구조를 배우자, 시부모, 친정부모, 한국 친구, 모국 친구, 공식적 기관 등으로 나누어 이것이 결혼의 질에 미치는 영향을 탐색하고자 한다.

Ⅲ. 연구방법

1. 연구문제

이 연구에서는 앞서 논의한 이론적 배경을 토대로 다음과 같은 연구문제를 설정하였다.

연구문제 1. 결혼이주여성의 출신국에 따라 결혼의 질은 어떠한가?

1-1. 결혼이주여성의 출신국에 따라 결혼만족은 어떠한가?

1-2. 결혼이주여성의 출신국에 따라 이혼의도는 어떠한가?

1-3. 결혼이주여성의 출신국에 따라 부부 간 애정은 어떠한가?

연구문제 2. 결혼이주여성의 사회적 지지는 결혼의 질에 어떠한 영향을 미치는가?

2-1. 결혼이주여성의 사회적 지지는 결혼만족에 어떠한 영향을 미치는가?
2-2. 결혼이주여성의 사회적 지지는 이혼의도에 어떠한 영향을 미치는가?
2-3. 결혼이주여성의 사회적 지지는 부부 간 애정에 어떠한 영향을 미치는가?

2. 자료수집

본 연구에서 결혼이주여성의 사회적 지지와 결혼의 질 관계를 연구하기 위하여 부산대학교 사회과학연구소가 2009년 7-8월에 부산지역 결혼이주여성을 대상으로 실시한 「결혼이주여성의 자아탄력성과 부부 적응」 자료를 이용하였다.

이 자료는 행정안전부에서 발간한 지자체별 외국이주민 현황(2008년)을 기초로 부산지역 결혼이주여성의 현황을 파악하고, 국적별로 할당하여 표집되었다. 설문지는 부산이주여성인권센터 통·번역팀에 의뢰하여 국적별로 설문지를 번역하여 사용하였다. 자료 수집이 각 지역별, 연령별로 할당하여 이루어지는 것이 가장 바람직하지만, 결혼이주여성의 소재지가 정확하게 파악되지 않아 결혼이주여성들이 자주 이용하는 센터나 복지관 등의 도움을 받았다. 결혼이주여성에 대한 자료는 센터나 복지관 등에 등록된 결혼이주여성이었으며, 1차적으로 센터나 복지관 직원이 결혼이주여성의 동의를 얻은 사람에 한해서 이루어졌다. 그리고 설문조사는 동의를 얻은 결혼이주여성들에게 직접 전화 등을 통해 연락을 취한 후 설문조사가 이루어질 수 있는 장소를 정하였다. 설문조사는 대부분 센터나 복지관 등에서 하거나, 가정으로 직접 방문하여 실시하였다. 또한 설문조사는 약 30분 동안 일대일 인터뷰를 진행하면서 이루어졌고, 언어적 어려움으로 센터에서 활동하는 한국어를 잘 하는 모국 친구의 도움을 받아서 진행되었다. 이번 설문조사에 참여한 기관은 부산지역 4개 다문화가족지원센터, 이주여성인권센터 부산지부, 부산여성사회교육원 사회적 기업 일자리팀, 복지관 등이다.

수집된 자료에는 결혼이주여성의 자아탄력성, 문화적응스트레스, 가족생활스트레스, 사회적 지지, 대처방안, 결혼의 질 등이 포함되어 있으며, 본 연구에서는 사회적 지지와 결혼의 질 부분만을 사용하였다.

3. 측정도구의 정의와 측정

1) 사회적 지지

사회적 지지는 Zimet 외(1988: 34)의 사회적 지지 척도(Multidimensional Scale of Perceived Social Support, MSPSS)를 사용하였다. MSPSS는 총 12개 문항으로 구

〈표 3-1〉 사회적 지지의 요인분석

	성분					
	1	2	3	4	5	6
기타지지23	.904	.145	.141	.082	.170	.006
기타지지22	.882	.100	.070	.140	.159	.044
기타지지21	.849	.126	.052	.104	.190	.129
기타지지24	.765	.052	.240	.154	.234	−.023
친정부모18	.057	.847	.170	.090	.109	.073
친정부모8	.012	.784	.198	.224	−.028	.118
친정부모13	.050	.665	.244	−.020	.272	.216
모국친구20	.419	.627	.231	.021	.172	−.106
모국친구10	.333	.602	.184	.076	.201	.112
배우자지지2	.124	.109	.824	.185	−.097	.279
배우자지지7	.035	.312	.813	.217	.029	.033
배우자지지12	.167	.180	.790	.121	.178	.051
배우자지지17	.184	.240	.781	.166	.077	−.102
시부모지지16	.113	.161	.206	.831	.254	−.016
시부모지지6	.095	.298	.199	.816	.051	.051
시부모지지11	.238	.062	.210	.760	.251	.089
시부모지지1	.089	−.171	.116	.671	.028	.466
한국친구14	.238	−.002	.029	.100	.801	.101
한국친구9	.193	.259	.081	.165	.748	−.030
한국친구19	.245	.294	.054	.201	.746	−.077
한국친구5	.141	−.029	.057	.345	.511	.510
모국친구15	.361	.402	.011	−.006	.435	.241
모국친구4	.108	.180	.054	−.004	−.028	.886
친정부모3	−.104	.400	.117	.308	.108	.636
아이겐 값	8.40	2.76	2.22	1.89	1.44	1.02
설명변량	35.0	11.5	9.3	7.9	6.0	4.2
누적변량	35.0	46.5	55.8	63.7	69.7	73.9
요인추출방법	주성분분석					
회전방법	베리맥스					
요인추출근거	이이겐 값(1.0)					

성되었으며, 세 가지 지지원(가족, 친구, 의미 있는 타자)으로부터 지각된 사회적 지지를 측정하기 위해 설계된 도구이다. 본 연구에서는 MSPSS에서 사회적 지지원을 결혼이주여성의 실정에 맞게 조정하여, 배우자, 시부모, 친정부모, 모국 친구, 한국 친구, 기타 의미 있는 타자(예시, 다문화가족지원센터, 복지관 등)로 구분하여 사용하였고, 모든 사회적 지지의 하위 척도에는 정서적, 도구적, 실질적, 정보적 지지 각 1 문항씩을 포함하였다.

배우자 지지는 배우자로부터 제공받아 인식한 지지로, Chronbach's α =.87이었다. 시부모 지지는 시부모로부터 제공받아 인식한 지지로, Chronbach's α =.86이었다. 친정부모 지지는 친정부모로부터 제공받아 인식한 지지로 Chronbach's α =.81이었다. 모국 친구 지지는 모국 친구로부터 제공받아 인식한 지지로 Chronbach's α =.65이었다. 한국 친구 지지는 한국에 와서 알게 된 한국 친구로부터 제공받아 인식한 지지로 Chronbach's α =.81이었다. 기타 의미 있는 타자의 지지는 다문화가족지원센터, 복지관 등으로 예시하였고, 이곳으로부터 제공받아 인식한 지지로 Chronbach's α =.92이었다.

그리고 사회적 지지의 관측대상을 보다 엄밀히 분류하고 자료를 축소하기 위해 요인분석을 하였다. 요인추출을 위해 주성분 분석(principle component analysis)을 하였으며, 배리맥스 회전을 실시하였다. 주성분 분석 결과는 아이겐 값 1.0으로 하였으며, 주성분의 모델의 전체 설명량은 73.0%이다. 주성분별로 주성분 1(기타 의미 있는 타자의 지지)이 35.0%, 주성분 2(친정 부모 및 모국 친구의 지지)는 11.5%, 주성분 3(배우자의 지지)은 9.3%, 주성분 4(시부모의 지지)는 7.9%, 주성분 5(한국 친구의 지지)는 6.0%, 주성분 6은 4.2%의 설명력을 갖는 것으로 나타났다. 본 연구에서는 주성분 부하량이 .7 이상인 것만을 사용하여 분석에 사용하였다. 분석에 사용한 사회적 지지는 기타 의미 있는 타자의 지지(21, 22, 23, 24), 친정부모의 지지(8, 18), 배우자의 지지(2, 7, 12, 17), 시부모 지지(6, 11, 16), 한국 친구의 지지(9, 14, 19), 모국 친구(4) 등이다.

2) 결혼의 질

결혼의 질은 결혼만족, 이혼의도, 애정으로 측정하였다. 결혼만족은 7문항으로 구성되어 있고, 결혼생활 전반에 대해 얼마나 만족/불만족 하는지, 배우자에 대해 얼마나 만족/불만족 하는지에 대한 주관적 태도를 측정하였다. 응답자의 반응은 전혀 그렇지 않다=1, 대체로 그렇다=2, 그저 그렇다=3, 그렇다=4, 정말 그렇다=5로 구성하였다. 결혼만족 척도 신뢰도 α =.82였다.

이혼의도는 7문항으로 구성되어 있고, 이혼이나 별거를 원하고 계획하고 행동에 옮기려는 시도를 측정하였다. 응답자의 반응은 전혀 그렇지 않다=1, 대체로 그렇다=2, 그저 그렇다=3, 그렇다=4, 정말 그렇다=5로 구성하였다. 이혼의도 척도 신뢰도 α =.99였다.

부부 간 애정은 12문항으로 구성되어 있고, 배우자와 가깝다고 느끼고 있는지, 배우자를 소중히 여기는지, 배우자와 마음이 통하는지, 배우자에게 성적 관심이 있는지, 배우자의 애정 표현 및 성관계에 만족하는지 등을 측정하였다. 응답자의 반응은 전혀 그렇지 않다=1, 대체로 그렇다=2, 그저 그렇다=3, 그렇다=4, 정말 그렇다=5로 구성하였다. 부부 간 애정 척도 신뢰도 α =.92였다.

3) 사회·인구학적 변수

사회적 지지와 결혼의 질 관계를 탐색하기 위해 선행연구에서 종속변인에 영향을 미치는 것으로 예견되는 사회·인구학적 변수로 출신국, 연령, 교육수준, 결혼기간, 가족유형, 자녀유무, 가구수입 등을 측정하였다(표 3-2). 출신국은 몽골, 우즈벡(=1), 필리핀, 태국, 베트남(=2), 일본(=3), 중국(=4) 등 4개 지역으로 구분하여 회귀식에서 더미변수로 처리하여 사용하였다. 출신국 4개 지역으로 재분류한 것은 아시아 지역 내에서 비교적 문화적 특성이 비슷한 집단별로 결혼의 질 양상을 파악하기 위해서이다. 교육수준은 초등학교 이하(=1), 중학교 이하(=2), 고등학교 졸업 이하(=3), 전문대학(=4), 대학교 이상(=5)으로 구분하여, 회귀식에서는 더미변수(고등학교 이하=0, 고등학교 이상=1)로 처리하여 측정하였다. 연령과 결혼기간은 년(year) 단위로 측정하였다. 가족유형은 부부 단독가구(=1), 부부와 자녀가 함께 사는 가구(=2), 부부 또는 자녀 또는 시부모 또는 남편 형제가 함께 사는 가구(=3), 부부 또는 자녀 또는 친정부모 또는 친정형제가 함께 사는 가구(=4)로 구분하여, 회귀식에서는 더미변수(부부 또는 부부+자녀=0, 부부+자녀+시댁식구

(또는 친정식구)=2)로 처리하여 사용하였다. 자녀는 자녀유무를 기준으로 없다(=0), 있다(=1)로 구분하여 측정하였고, 가구수입은 100만원 미만(=1), 151-150만원(=2), 151-200만원(=3), 201-250만원(=4), 250만원 이상(=5), 모른다(=0)로 구분하여 사용하였다.

〈표 3-2〉 사회·인구학적 변수

변수	조작적 정의	빈도	비율(%)	변수	조작적 정의	빈도	비율(%)
출신국(N=182)	몽골, 우즈벡=1	22	12.1	연령(N=182)	20-29세	75	41.2
	베트남, 필리핀, 태국=2	63	34.6		30-39세	73	40.1
	일본=3	21	11.5		40-49세	17	9.3
	중국, 중국 조선족=4	76	41.8		50-59세	17	9.3
학력(N=167)	초등학교 졸업 이하=1	13	7.7	결혼기간(N=182)	0-5년	129	70.9
	중학교 졸업 이하=2	38	22.8		6-10년	28	15.4
	고등학교 졸업 이하=3	59	35.3		11-15년	13	7.1
	전문대학 졸업 이하=4	45	26.9		16년 이상	12	6.6
	대학 졸업 이상=5	12	7.2	가족형태(N=182)	부부=1	33	18.1
가구수입(N=168)	100만원 미만=1	21	12.5		부부,자녀=2	87	47.8
	101-150만원=2	29	17.2		부부,자녀,시부모,남편 형제=3	56	30.8
	151-200만원=3	39	23.2		부부,자녀,친정부모,친정형제=4	6	3.3
	201-250만원=4	22	13.0	자녀(N=182)	없다=0	55	30.2
	250만원 이상=5	31	18.4		있다=1	127	69.8
	모름=6	26	15.5				

4. 분석방법

본 연구의 자료 분석은 SPSS 15.0을 이용하여 통계 처리하였다. 각 연구도구의 신뢰도는 Chronbach's α 를 이용하여 검증하였다. 먼저 연구에 사용된 사회·인구학적 변수와 선택변수의 특성은 최소값, 최대값, 평균, 표준편차로 나누어 살펴보았다. 출신국별 결혼의 질은 변량분석(ANOVA) 후 그래프로 제시하였다. 사회적 지지와 결혼의 질과의 관계는 상관관계, 중다회귀분석(Multiple Regression)을 통해 결혼이주여성의 사회적 지지가 결혼의 질에 미치는 영향을 살펴보았다.

Ⅳ. 연구결과

1. 관련변인의 경향성

〈표 3-3〉은 출신국, 학력, 가족형태를 제외한 모든 사회 · 인구학적 변수와 선택변수의 최소값, 최대값, 평균, 표준편차를 보여준다. 〈표 3-3〉에서 나타나듯이, 결혼이주여성의 평균 연령은 약 32세, 결혼기간은 약 4년 정도인 것으로 나타났다. 자녀는 평균이 0.7로 나타나, 자녀가 있는 경우가 더 많았다. 가구수입은 3.5로 약 200만원 정도인 것으로 나타났다.

본 연구에서 독립변수로 사용한 사회적 지지는 〈표 3-3〉에서 나타나듯이 배우자 지지가 14.6으로 평균보다 높게 나타났다. 시부모의 지지는 8.1로 평균 정도의 수준이었다. 한국 친구의 지지는 8.9로 평균 정도의 수준이었다. 친정 부모의 지지는 7.3으로 평균보다 높게 나타났다. 모국 친구의 지지는 3.1로 평균보다 높게 나타났다. 기타 의미 있는 타자의 지지(다문화가족지원센터, 복지관 등)는 12.3으로 평균 정도의 수준이었다. 이상과 같은 결과로 볼 때, 결혼이주여성은 여러

〈표 3-3〉 주요 측정변수의 최소값, 최대값, 평균, 표준편차

	N	최소값	최대값	평균	표준편차
연령	172	9	59	31.7	7.96
자녀	182	.00	1.00	0.7	.46
연령차	174	-9.00	32.00	9.9	6.59
결혼기간	168	.00	21.00	4.4	4.57
가구수입	168	1	6	3.5	1.63
남편지지	180	4.00	20.00	14.6	3.81
시부모지지	175	1.00	15.00	8.1	3.42
한국친구지지	179	2.00	15.00	8.9	3.15
친정부모의 지지	180	2.00	10.00	7.3	2.08
모국친구의 지지	177	1.00	5.00	3.1	1.12
기타 의미 있는 타자의 지지 (다문화가족지원센터 등)	179	4.00	20.00	12.3	4.61
결혼만족	182	11.00	35.00	26.2	5.93
이혼의도	182	3.00	40.00	14.3	6.15
애정도	182	11.00	76.00	51.2	12.50

사회적 지지원 중 배우자의 지지를 가장 높게 지각하는 것으로 나타났다. 또한 기타 의미 있는 타자의 지지(다문화가족지원센터 등)가 높은 것으로 나타났다. 종속변수로 사용한 결혼의 질은 결혼만족, 이혼의도, 애정으로 구분하였는데, 결혼만족은 26.2로 평균보다 높았다. 이혼의도는 14.3으로 평균보다 매우 낮았다. 애정은 51.2로 평균보다 매우 높은 것으로 나타났다.

이상과 같은 결과로 볼 때, 본 연구에서 결혼이주여성의 사회적 지지와 결혼의 질은 비교적 높은 편인 것으로 나타났다. 이는 본 조사가 대부분 다문화가족지원센터 등 기관 프로그램에 참여하거나 기관에 참여하지 않더라도 이 기관에 참여하는 사람들과 직간접적으로 연결된 사람들을 대상으로 조사가 이루어졌기 때문이다.

〈그림 3-1〉, 〈그림 3-2〉, 〈그림 3-3〉은 결혼이주여성의 출신국을 중국, 중국 조선족=1, 일본=2, 베트남, 필리핀, 태국=3, 몽골, 우즈벡=4로 구분하여, 이들의 결혼의 질을 그래프로 나타낸 것이다. 〈그림 3-1〉에서 일본 출신 여성의 결혼만족이 가장 높고, 그 다음이 베트남, 필리핀, 태국 출신 여성이며, 결혼만족이 가장 낮은 집단은 몽골, 우즈벡 출신 여성인 것으로 나타나고 있다. 〈그림 3-2〉는 출신국별 이혼의도인데, 몽골, 우즈벡 출신 여성이 가장 높은 것으로 나타나고, 그 다음이 중국, 중국 조선족이며, 이혼의도가 가장 낮은 집단은 일본 출신 여성인 것으로 나타나고 있다. 〈그림 3-3〉에서 부부 간 애정은 결혼만족과 마찬가지로 일본 출신 여성이 가장 높은 것으로 나타나고, 그 다음이 중국, 중국 조선족이며, 부부 간 애정이 가장 낮은 집단은 몽골, 우즈벡 출신 여성 것으로 나타나고 있다.

이상과 같이 〈그림 3-1〉, 〈그림 3-2〉, 〈그림 3-3〉에서 나타나듯이 결혼이주여성의 결혼의 질은 일본 출신 여성들이 높고, 몽골, 우즈벡 출신 여성이 낮은 것으로 나타나고 있다. 앞에서 논의하듯이 출신국별 결혼의 질 자이는 결혼과정에서의 배우자 정보의 부족 및 잘못된 이해, 사회·인구학적 상이성, 문화적 차이 등이 작용한 결과인 것으로 사료된다. 특히 일본 출신의 결혼이주여성들이 결혼의 질이 높게 나타나는 것은 출신국의 특성이라기보다는 오히려 이들의 대부분이 특정 종교를 통해 결혼한 비중이 높기 때문에 결혼생활에 불만이 있더라도 잘 표현하지 않는 특성이 작용했던 것으로 여겨진다. 또한 몽골이나 우즈벡의 경우 같

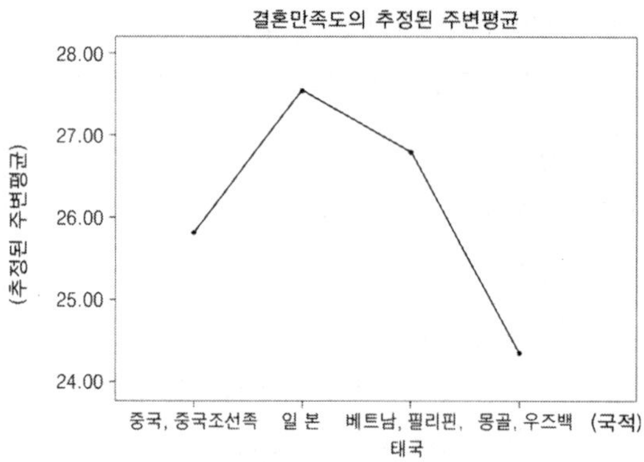

〈그림 3-1〉 출신국적별 결혼만족

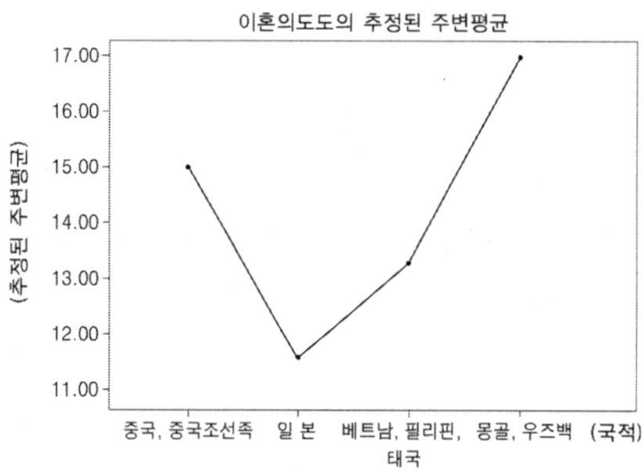

〈그림 3-2〉 출신국적별 이혼의도

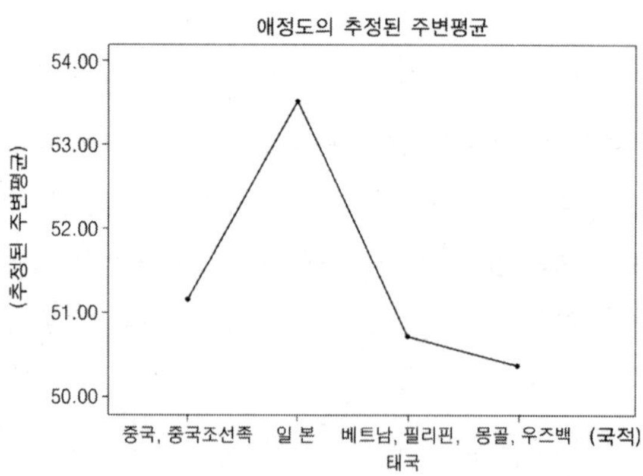

〈그림 3-3〉 출신국적별 부부간 애정

은 아시아권이라 하더라도 사회주의의 영향 속에서 성장해 왔기 때문에 한국과 같은 가부장적 가족구조와 문화와 더 많이 갈등함으로써 이들의 결혼의 질을 낮추었을 가능성이 컸던 것으로 판단된다.

2. 결혼이주여성의 사회적 지지와 결혼의 질과의 관계

〈표 3-4〉는 결혼이주여성의 사회적 지지와 결혼의 질과의 상관관계를 보여준다. 〈표 3-4〉에 나타나듯이 결혼이주여성의 결혼만족은 한국 친구와 모국 친구의 지지를 제외한 배우자 지지(γ =.53, p〈.01), 시부모 지지(γ =.19, p〈.05), 친정부모 지지(γ =.20, p〈.01), 기타 의미 있는 타자의 지지(γ =.26, p〈.05)와 정적으로 유의미한 상관관계가 있는 것으로 나타났다. 즉, 결혼이주여성의 결혼만족은 배우자지지, 시부모 지지, 친정부모 지지, 공식적 기관 지지와 관련이 있으며, 특히 배우자 지지와 가장 관련이 크다고 할 수 있다.

결혼이주여성의 이혼의도는 배우자의 지지(γ =-.26, p〈.01), 친정부모의 지지(γ =-.16, p〈.05)와 부적으로 유의미한 상관관계가 있는 것으로 나타났다. 그러나 배우자 지지와 친정부모 지지가 낮을수록 이혼의도가 높다고 할 수 있으나, 변수들의 상관관계가 낮아 배우자 지지가 낮을수록 친정부모 지지가 낮을수록 이혼할

〈표 3-4〉 사회적 지지와 결혼의 질의 상관관계

	1	2	3	4	5	6	7	8	9
1. 배우자 지지	1								
2. 시부모 지지	.461**	1							
3. 한국 친구 지지	.229**	.405**	1						
4. 모국 친구 지지	.229**	.142	.052	1					
5. 친정부모 지지	.475**	.341**	.243**	.302**	1				
6. 기타 의미 있는 타자의 지지	.318**	.311**	.357**	.097	.239**	1			
7. 결혼만족	.529**	.186*	.090	−.029	.196**	.263**	1		
8. 이혼의도	−.258*	−.023	.050	.043	−.159*	−.099	−.512*	1	
9. 부부 간 애정	.579**	.264**	.182*	.090	.290**	.301**	.600**	−.249*	1

주: *p〈.05, **p〈.01

가능성이 높다고 해석하는 것은 무리가 있다.

결혼이주여성의 부부 간 애정은 모국 친구의 지지를 제외한 배우자 지지(γ =.58, p<.01), 시부모 지지(γ =.26, p<.01), 한국 친구 지지(γ =.18, p<.05), 친정부모 지지(γ =.29, p<.01), 기타 의미 있는 타자의 지지(γ =.30, p<.01)와 정적으로 유의미한 상관관계가 있는 것으로 나타났다. 특히 결혼이주여성의 부부 간 애정은 배우자의 지지와 높은 상관관계가 있는 것으로 나타나, 배우자의 지지가 높을수록 결혼이주여성의 부부 간 애정이 높아진다고 해석할 수 있다.

3. 사회적 지지가 결혼의 질에 미치는 영향

다음으로 사회·인구학적 변수와 독립변수가 결혼의 질에 미치는 상대적 영향력을 파악하기 위해 위계적 중다회귀분석(multiple regression)을 실시하였다. 중다회귀분석에 앞서 회귀분석의 기본 가정들에 문제가 없는지 검토하였다. 종속변수에 대한 히스토그램을 점검한 결과 극단치 없이 개략적인 정상분포를 보였으며, 예측된 값과 잔차의 산포도에서도 극단치는 발견되지 않았다. 공차한계의 값은 모든 변수가 .436~.820으로 나타났으며, VIF값이 1.499~2.295의 값을 보여 다중공선성의 위험이 없는 것으로 판단되었다. 잔차의 독립성은 Dubin-Watson D 통계량을 통해 검증하였는데, 종속변수별로 각각 1.916, 1.962, 1.931로 1.9~2.0 사이에 위치해 심각한 자기상관은 없다고 할 수 있다. 따라서 거론된 전제조건을 고려하여 본 회귀식은 적합한 모형으로 채택되었다.

〈표 3-5〉에서 결혼이주여성의 결혼만족에 대한 독립변수의 상대적 영향력을 분석하였다. 모델 1에서 출신국, 연령, 교육수준, 자녀여부, 결혼기간, 가구수입, 가족유형은 결혼만족에 대해 12%의 설명력을 가지며, 상수(출신국2=베트남, 필리핀, 태국), 출신국4(=중국), 결혼기간 등이 결혼만족에 유의미한 영향을 미치는 것으로 나타났다. 출신국과 관련하여 중국 출신 여성들이 베트남, 필리핀, 태국 출신 여성들보다 상대적으로 결혼만족이 높은 것으로 나타났다(β =.254, p<05). 또한 결혼기간과 관련하여 결혼기간이 짧을수록 결혼만족이 높은 것으로 나타났다(β =-2.129, p<05).

〈표 3-5〉 결혼만족에 대한 위계적 다중회귀분석

	모델 1			모델 2		
	B	β	t	B	β	t
(상수)	27.184***		12.336	18.724***		6.022
출신국1	−1.798	−.095	−1.058	−3.488*	−.185	−2.078
출신국3	1.708	.135	1.448	.484	.038	.437
출신국4	4.679*	.254	2.451	2.094	.114	1.256
연령	.026	.063	.683	.045	.107	1.352
교육수준	−.760	−.058	−.650	−1.459	−.111	−1.403
자녀여부	−1.272	−.095	−.993	−1.678	−.125	−1.521
결혼기간	−.327*	−.254	−2.129	−.238	−.185	−1.793
가구수입	.154	.041	.487	.036	.010	.133
가족유형	−1.335	−.107	−1.224	−1.506	−.120	−1.637
배우자 지지				.893***	.564	6.272
시부모 지지				−.194	−.112	−1.308
한국 친구 지지				−.003	−.002	−.019
모국 친구 지지				−.634	−.117	−1.507
친정부모 지지				−.454	−.156	−1.650
기타(다문화가족지원센터 등)				.279*	.204	2.339
R^2	.119			.416		
수정된 R^2	.059			.347		
F 변화량	1.988*			10.690***		
Durbin−Watson				1.916		

주: *=p<.05, **=p<.01, ***=p<.001

더미변수: 출신국(1=몽골, 우즈벡, 2=베트남, 필리핀, 태국, 3=일본, 4=중국) 교육수준(고등학교 이하=0, 고등학교 이상=1), 가족유형(부부 또는 부부+자녀=0, 부부+자녀+시댁식구 또는 친정식구=1)

사회적 지지가 추가로 투입된 모델 2에서 결혼만족에 미치는 설명력은 42.3%로 모델 1에 비해 29.7%의 유의미한 설명력의 증가를 보였던 반면, 모델 1에서 유의미하였던 출신국 4와 결혼기간은 유의성을 상실하였고, 상수(출신국 2=베트남, 필리핀, 태국), 배우자 지지, 기타 의미 있는 타자 지지(다문화가족지원센터, 복지관 등)가 결혼만족에 유의미한 영향을 미치는 변수로 나타났다. 즉, 베트남, 필리핀, 태국 출신 여성들이 배우자 지지를 많이 받을수록 그리고 공식적 기관의 지원을 많이 받을수록 결혼만족이 높다고 할 수 있다. 이와 같은 결과는 선행연구에서 배우자 지지가 높을수록 결혼만족이 높다는 연구결과(최지명, 2007)와, 또한 다문화가족지원센터 등 공식적 기관으로부터 지원을 많이 받을수록 적응이 높다는 연구결과(김순재 · 이주재, 2010)와도 일치한다. 따라서 결혼이주여성의 결혼만족을 향상시키기 위한 배우자 지지를 증진시키기 위한 방안과 공식적 기관의 지원의 확대가 매우 중요하다고 할 수 있다.

〈표 3-6〉은 결혼이주여성의 이혼의도에 대한 독립변수들의 상대적 영향력을 보여준다. 모델 1에서 출신국, 연령, 교육수준, 자녀여부, 결혼기간, 가구수입, 가족유형은 이혼의도에 대해 11%의 설명력을 가지며, 상수(출신국 2=베트남, 필리핀, 태국), 출신국 4(=중국)만이 이혼의도에 유의미한 영향을 미치는 것으로 나타났다. 즉, 중국 출신 여성들이 베트남, 필리핀, 태국 출신 여성들보다 상대적으로 이혼의도가 낮은 것으로 나타났다(β =-.228, p〈05).

사회적 지지가 추가로 투입된 모델 2에서 이혼의도에 대한 설명력은 24%였으며, 모델 1에 비해 13.2%의 유의미한 설명력의 증가를 보였다. 그리고 모델 1에서

〈표 3-6〉 이혼의도에 대한 위계적 다중회귀분석

	모델 1			모델 2		
	B	β	t	B	β	t
(상수)	14.619***		6.372	18.939***		5.156
출신국1	2.275	.116	1.286	2.205	.113	1.112
출신국3	−2.050	−.157	−1.669	−1.680	−.129	−1.285
출신국4	−4.343*	−.228	−2.185	−3.429	−.180	−1.741
연령	−.024	−.055	−.595	−.015	−.035	−.387
교육수준	1.144	.084	.939	1.286	.094	1.047
자녀여부	1.284	.093	.962	.815	.059	.625
결혼기간	.100	.075	.627	.059	.044	.377
가구수입	−.205	−.052	−.620	−.130	−.033	−.404
가족유형	1.393	.108	1.227	1.709	.132	1.572
배우자 지지				−.519**	−.317	−3.085
시부모 지지				.267	.149	1.528
한국 친구 지지				.294	.144	1.457
모국 친구 지지				.749	.133	1.508
본국가족 지지				−.363	−.121	−1.117
기타 (다문화가족지원센터 등)				−.137	−.096	−.968
R^2	.107			.239		
수정된 R^2	.047			.148		
F 변화량	1.764			3.620**		
Durbin−Watson				1.962		

주: *=p〈.05, **=p〈.01, ***=p〈.001

더미변수: 출신국(1=몽골, 우즈벡, 2=베트남, 필리핀, 태국, 3=일본, 4=중국) 교육수준(고등학교 이하=0, 고등학교 이상=1), 가족유형(부부 또는 부부+자녀=0, 부부+자녀+시댁식구 또는 친정식구=1)

유의미하였던 출신국 4(=중국)의 유의성은 상실하였고, 상수(출신국 2=베트남, 필리핀, 태국), 배우자 지지가 이혼의도에 유의미한 영향을 미치는 변수로 나타났다. 즉, 베트남, 필리핀, 태국 출신 여성일수록 배우자 지지가 낮을수록 이혼의도가 높다고 할 수 있다. 선행연구에서 출신국과 이혼의도의 관계를 다룬 연구가 많지 않으며, 출신국과 이혼의사는 연구결과가 일관적이지 않다(이정숙, 2010; 박재규, 2007). 본 연구결과로 볼 때 필리핀, 베트남, 태국 출신 여성들이 상대적으로 배우자에 더 많이 의존하는 것으로 판단된다.

〈표 3-7〉은 결혼이주여성의 부부 간 애정에 대한 독립변인의 상대적 영향력을 분석하였다. 모델 1에서 출신국, 연령, 교육수준, 자녀여부, 결혼기간, 가구수입, 가족유형은 부부 간 애정에 대해 14%의 설명력을 가지며, 상수(출신국 2=베트

〈표 3-7〉 애정에 대한 위계적 다중회귀분석

	모델 1			모델 2		
	B	β	t	B	β	t
(상수)	49.460***		12.504	23.347***		4.507
출신국1	−2.633	−.077	−.863	−5.006	−.146	−1.790
출신국3	2.240	.098	1.058	.429	.019	.232
출신국4	8.776*	.263	2.561	4.491	.135	1.617
연령	.079	.104	1.141	.127*	.168	2.314
교육수준	1.087	.045	.518	.139	.006	.080
자녀여부	−.417	−.017	−.181	−1.364	−.056	−.742
결혼기간	−.916**	−.391	−3.318	−.619**	−.265	−2.799
가구수입	.673	.098	1.181	.514	.075	1.131
가족유형	.188	.008	.096	.295	.013	.192
배우자 지지				1.698***	.592	7.163
시부모 지지				−.124	−.040	−.504
한국 친구 지지				.445	.124	1.563
모국 친구 지지				−.141	−.014	−.202
본국가속 지지				−.721	−.137	−1.575
기타(다문화가족지원센터 등)				.353	.142	1.773
R^2	.138			.508		
수정된 R^2	.079			.449		
F 변화량	2.341*			15.791***		
Durbin−Watson				1.931		

주: *=p<.05, **=p<.01, ***=p<.001

더미변수: 출신국(1=몽골, 우즈벡, 2=베트남, 필리핀, 태국, 3=일본, 4=중국) 교육수준(고등학교 이하=0, 고등학교 이상=1), 가족유형(부부 또는 부부+자녀=0, 부부+자녀+시댁식구 또는 친정식구=1)

남, 필리핀, 태국), 출신국 4(=중국), 결혼기간이 부부 간 애정에 유의미한 영향을 미치는 것으로 나타났다. 즉, 중국 출신 여성들이 베트남, 필리핀, 태국 출신 여성들보다 부부 간 애정이 높은 것으로 나타났으며(β =.263, p<.05), 결혼기간이 짧을수록 부부 간 애정이 높은 것으로 나타났다(β =-.391, p<.05).

사회적 지지가 추가로 투입된 모델 2에서 부부 간 애정에 대한 설명력은 51%였으며, 모델 1에 비해 37%의 유의미한 설명력의 증가를 보였다. 그리고 모델 1에서 유의미하였던 출신국 4(=중국)의 유의성은 상실하였고, 상수(출신국 2=베트남, 필리핀, 태국), 연령, 결혼기간, 배우자 지지가 부부 간 애정에 유의미한 영향을 미치는 변수로 나타났다. 즉, 베트남, 필리핀, 태국 출신 여성들에서 연령이 높을수록(β =.168, p<.05), 결혼기간이 짧을수록(β =-.265, p<.01) 배우자 지지가 많을수록(β =.592, p<.001) 부부 간 애정이 높다고 할 수 있다.

V. 결 론

이 연구는 결혼이주여성의 사회적 지지의 수준이 어떠한지를 밝히고, 그 사회적 지지가 결혼의 질에 어떤 영향을 미치고 있는지 살펴보고자 하였다. 사회적 지지의 기능에 초점을 맞추는 기존 연구의 몇 가지 제한점에 주목하면서 본 연구에서는 결혼이주여성의 사회적 지지 구조(배우자, 시부모, 친정부모, 모국 친구, 한국 친구, 기타 의미 있는 타자)를 중심으로 사회적 지지와 결혼의 질과의 관계를 밝히고자 하였다.

우선 사회적 지지와 결혼의 질 분석에 앞서 출신국별 결혼의 질을 살펴보았는데, 결혼만족에서는 일본 출신 여성이 가장 높으며, 몽골, 우즈벡 지역 출신 여성들의 결혼만족이 가장 낮은 것으로 나타났다. 반대로 이혼의도에서는 반대의 결과가 나타났으며, 부부 간 애정에서는 결혼만족과 비슷한 형태를 보이지만, 중국 출신 여성에 비해 베트남, 필리핀, 태국 출신 여성들의 부부 간 애정이 더 낮은 것으로 나타났다. 결혼의 질에는 다양한 요인이 영향을 미치지만, 일본 여성의 결혼만족, 부부 간 애정이 높고, 이혼의도가 낮은 것은 상대적으로 일본 여성들이 특정 종교에 의한 결혼이 많았던 점이 영향을 미쳤을 것으로 여겨진다.

둘째, 결혼이주여성의 사회적 지지는 각 하위척도별로 평균보다 높은 편으로 나타났으며, 특히 배우자의 지지가 높은 것으로 나타났다. 이는 결혼이주여성들이 배우자로부터 지지를 많이 받고 있음을 의미한다. 또한 기타 의미 있는 타자의 지지(다문화가족지원센터 등)도 매우 높은 것으로 나타나고 있다. 이러한 결과는 본 조사가 다문화가족지원센터, 복지관 등의 프로그램에 참여하는 여성들의 표집이 많이 이루어졌기 때문에 이와 같은 결과가 나타나는 것으로 판단된다.

셋째, 사회적 지지와 결혼의 질과의 관계는 결혼만족의 경우 베트남, 필리핀, 태국 여성일수록, 배우자 지지를 많이 받을수록, 기타 의미 있는 타자의 지지를 많이 받을수록 결혼만족이 높은 것으로 나타났다. 또한 이혼의도의 경우에도 베트남, 필리핀, 태국 여성일수록, 배우자 지지가 낮을수록 이혼의도가 높은 것으로 나타났다. 그리고 부부 간 애정 역시 베트남, 필리핀, 태국 여성일수록, 연령이 높을수록, 결혼기간이 짧을수록, 배우자 지지가 높을수록 부부 간 애정이 높은 것으로 나타났다. 이와 같은 결과는 베트남, 필리핀, 태국 출신 여성들의 결혼의 질이 배우자 지지, 연령, 결혼기간, 기타 의미 있는 타자의 지지와 관련이 있음을 의미하며, 특히 배우자 지지에 가장 많이 의존하고 있음을 의미한다. 반대로 베트남, 필리핀, 태국 출신 여성들은 배우자 지지가 낮을 경우 이혼할 가능성이 매우 크다는 것을 보여주는 결과이다.

이상과 같은 연구 결과에 미루어 볼 때, 결혼이주여성의 사회적 지지 특히 배우자 지지와 기타 의미 있는 타자의 지지(다문화가족지원센터 등)구조는 결혼이주여성들의 결혼의 질에 중요한 영향을 미치고 있다. 배우자 지지의 중요성은 여러 선행연구에서 빈번하게 확인되어 왔다(Frone · Russell & Cooper, 1992; Gottman · Coan · Carrere & Swanson, 1998). 본 연구에서는 결혼의 질을 다차원적으로 나누어 단지 결혼만족뿐만 아니라 이혼의도, 부부 간 애정에도 중요하게 영향을 미치고 있음을 확인하였다. 또한 본 연구에서 특히 결혼만족의 경우 기타 의미 있는 타자의 지지(다문화가족지원센터 등)가 결혼만족에 유의미한 영향을 미치고 있음을 확인하였는데, 향후 결혼이주여성의 결혼만족을 향상시키기 위해 공식적 지지 체계의 필요성을 다시 한번 확인하였다.

마지막으로 본 연구 결과와 관련하여 몇 가지 제한점을 살펴보면 다음과 같다. 이 연구는 결혼이주여성의 가까운 사회적 지지 구조로부터 제공된 지지가 결혼의 질에 어떻게 영향을 미치고 있는지를 분석하였다. 그러나 실제 연구에서 사회적 지지 구조에 한정하고, 지지의 내용을 분석에 포함시키지 못함으로써 지지의 기능을 다루지 못하였다. 이것은 본 연구를 설계하는 과정에서 지지의 구조와 기능을 나누어 다루지 못한 본 연구의 한계이다. 또한 결혼이주여성의 사회적 지지 구조가 훨씬 더 복잡할 것으로 예상되는데, 연구를 진행하면서 이들의 모국 커뮤니티 그리고 종교 등과 같은 가까운 타자와 공식적 기관을 매개하는 것이 필요함을 느끼게 되었다. 차후 연구에서는 이들의 사회적 지지의 구조를 보다 세밀하게 다룰 것을 제안한다. 그리고 본 연구는 다문화가족지원센터 등 주로 공식적 지원 기관의 프로그램에 참여하는 여성들과 그들과 밀접한 관련이 있는 여성들을 연구대상으로 했기 때문에 이 연구의 결과를 일반화하기에는 무리가 따른다.

참 고 문 헌

경기가족여성개발원. 2007.「경기도내 국제결혼 이민자가족 실태조사 및 정책적 지원 방안 연구」. (재)경기도가족여성개발원.

강순정. 2008. "여성결혼이민자의 사회적 지지와 결혼만족에 관한 연구." 상지대학교 석사학위청구논문.

김석란. 2008. "한일국제결혼을 통해 본 문화적 갈등에 관한 연구." 일본어문학 37, 287-299.

김순재 · 이주재. 2010. "국제결혼 이주여성의 한국어능력과 사회적 지지가 한국생활 적응에 미치는 영향." 한국가족복지학회 15(1), 5-20.

김영희. 1999. "결혼생활의 질과 안정성: 이론적 모델 검증." 대한가정학회지 37, 77-95.

김오남. 2006. "국제결혼 이주여성의 부부갈등 결정요인 연구." 가족과 문화 18(3), 63-106.

김이선 · 김민정 · 한건수. 2006.「여성결혼이민자의 문화적 갈등 경험과 소통증진을 위한 정책과제」. 한국여성개발원.

김현숙. 2007. "결혼이주여성의 사회통합 유형에 관한 연구." 부산대학교 박사학위청구논문.

나임순. 2008. "외국인 결혼이주여성들의 스트레스에 영향을 미치는 요인." 한국비영리연구 7(1), 97-135.

박재규. 2007. "농촌지역 국제결혼 이주여성의 농촌생활 적응 관련 요인 분석." 농촌경제 29(3), 67-84.

방신영. 2006. "결혼이민자 가족의 문제와 지원방안." 원광대학교 석사학위청구논문.

보건복지부. 2005.「국제결혼이주여성 실태조사 및 보건 · 복지지원정책방안」. 보건복지부.

윤형숙. 2004. 국제결혼 배우자의 갈등과 적응.「한국의 소수자, 실태와 전망」. 한울.

이병일. 2007. “결혼불안정성과 관련변인들의 구조적 관계.” 단국대학교 박사학위논문.

이은주. 2007. “결혼이민여성 부부집단 프로그램의 개발과 평가에 관한 시론적 연구.” 가족과 문화 19(1)

이은희. 2009. “생활스트레스에 대한 결혼이민자 여성의 적응 연구.” 한국가족복지학 14(1), 73-94.

이정숙. 2010. “결혼이주여성의 결혼만족도 영향요인 분석.” 원광대학교 박사학위청구논문.

장지혜. 2007. “여성결혼이민자의 사회적 자본과 생활만족도.” 전북대학교 석사학위청구논문.

최경숙. 2006. “여성결혼이민자의 사회적 지지와 결혼만족도에 관한 연구: 대구, 경북지역을 중심으로.” 계명대학교 석사학위청구논문.

최지명. 2007. “국제결혼 부부의 의사소통방식, 정서적 의사소통, 사회적 지지가 결혼만족도에 미치는 영향.” 경상대학교 석사학위청구논문.

추현화 · 박옥임 · 김진희 · 박준섭. 2008. “결혼이주여성 남편의 가족스트레스, 사회적 지지가 결혼적응에 미치는 영향.” 한국가족복지학 13(4), 85-101.

하 밍 타잉. 2005. “1992년 이후 한국과 베트남 사이의 국제결혼에 대한 연구.” 서울대학교 석사학위청구논문.

한상미. 1997. “장애인의 사회적 관계망과 생활만족도.” 카톨릭대학교 석사학위청구논문.

Acitelli, L. K. & Antonucci, T. C. 1994. Gender differences in the link between marital support and satisfaction in older couples. *Journal of Personality and Social Psychology* 67(4), 688-698.

Albrecht, Terrance L., Adelman, Mara B. 2006. Social support and life stress. *Human Communication Research* 11(1), 3-32.

Alejandro Portes. 1998. Social Capital: Its Origins and Applications in Modern Sociology. *Annual Review of Sociology* 24, 1-24.

Allgooda, Scot M., Craneb, D. Russell & Ageec, Laurel. 1997. Social Support: Distinguishing Clinical and Volunteer Couples. *The American Journal of Family Therapy* 25(Issue 2), 111-119.

Amoto, P. R., Johnson, D. R., Booth, A., & Rogers, S. J. 2003. Continuity and change in marital quality between 1980 and 2000. *Journal of Marriage and Family* 65, 1-22.

Beach & Gupta. 2006. Couples treatment for major depression: critique of the literature and suggestions for some different directions. *Journal of Family Therapy* 25(4), 317-346.

Bellavia, G. & Frone, M. R. 2005. Work-family conflict. In J. Barling, E. K. Kelloway, & M. R. Frone(Eds.). Handbook of stress 113-147. Thousand Oaks, CA: Sage.

Bradbury, Thomas N., Fincham, Frank D., Beach, Steven R. H. 2000. Research on the nature and determinants of marital satisfaction: a decade in review, *Journal of Marriage and the Family* 62(4), 964-980.

Broman, C. L. 2005. Marital Quality in Black and White Marriages. Journal of Family Issues 26, 431-44.

Brown, G. W., Andrews, B., Harris, T., Adler, Z. & Bridge, L. 1986. *Social support, self-esteem and depression, Psychological Medicine* 16(4), 813-831.

Burleson, Brant R. 2003. The experience and effects of emotional support. *Personal Relationships* 10(1), 1-23.

Cantor, Marjorie. 1979. Neighbors and friends: an overlooked resource in the informal support system. *Research on Aging* 1, 435-463.

Carmen Luke & Vicki Carrington. 2000. Race Matters. *Journal of intercultural Studies* 21(1), 5-24.

Caspi Avshalom & Herbener, Ellen S., 1990. Continuity and change: assortative marriage and the consistency of personality in adulthood. *Journal of Personality and Social Psychology* 58(2), 250-258.

Church, Austin T. 1982. Sojourner adjustment. *Psychological Bulletin* 91(3): 540-572.

Cottrell, A. B. 1990. Cross-national marriages: A review of the literature. *Journal of Contemporary Family Studies* 21, 151-169.

Cox, Chante L., Wexler, Michael O., Rusbult, Caryl E. and Gaines, Stanley O. Jr., 1997. Prescriptive Support and Commitment Processes in Close Relationships. *Social Psychology Quarterly* 60(1), 79-90.

Cunningham, M. R., & Barbee, A. P. 2000. Social support. Inc. Hendrick & S.S.

Hendrick(Eds.). *Close relationships: A source book*. pp.272-285. Thousand Oakn, CA: Sage.

Davila, J., Bradbury, T. N., Cohen, C. L. & Tochluk, S. 1997. Marital functioning and depressive symptoms: Evidence for a stress generation model. *Journal of Personality and social Psychology* 73, 849-861.

Dehle, C., Larsen, D. & Landers, J. E. 2001. Social support in marriage. *The American Journal of Family Therapy* 29(4), 307-324.

Erdwins, Carol J., Buffardi, Louis C., Casper, Wendy J. & O'Brien, Alison S. 2001. The relationship of women's role strain to social support, role satisfaction, and self-efficacy, *Family Relations* 50, 230-238.

Fincham, Frank D. & Bradbury, Thomas N. 1998. *Social support in marriage: the role of social cognition*.

Frone, M. R., Russell, M., Cooper, M. L. 1992. Antecedents and outcomes of work-family conflict: Testing a model of the work-family interface, *Journal Applied Psychology* 77(1), 65-78.

Gettya, Juliet M., Thompsonb, Kenneth N. 1995. The Relationship Between Quality, Satisfaction, and Recommending Behavior in Lodging Decisions. *Journal of Hospitality Marketing & Management* 2(Issue 3), 3-22.

Glenn, Norval D. 1998. The course of marital success and failure in five American 10-year marriage cohorts. *Journal of Marriage and the Family* 60, 569-576.

Gottman, J. M., Coan, J., Carrere, S., Swanson, C. 1998. Predicting marital happiness and stability from newlywed interactions. *Journal of Marriage and the Family* 60, 5-22.

Greene, B. 1994. Ethnic-minority lesbians and gay men: Mental health and treatment issues. *Journal of Consulting and Clinical Psychology* 62(2), 243-251.

Gurung, Regan A. R., Sarason, Barbara R. & Sarason, Irwing G. 2005. Personal characteristics, relationship quality, and social support perceptions and behavior in young adult romantic relationships. *Personal Relationships* 4(Issue 4), 319-339.

Hohmann-Marriott, Bryndl E. & Amoto, Paul. 2008. Relationship quality in inter-ethnic marriages and cohabitations. *Social Forces* 87(2), 825-855.

Kamp Dush, Claire M., Cohen, Catherine L. & Amoto, Paul R. 2003. The relationship between cohabitation and marital quality and stability: Change across cohorts? *Journal of Marriage and Family* 65, 539-549.

Killian, Kyle D. 2001. Reconstituting racial histories and identities: the narratives of interracial couples. *Journal of Marital and Family Therapy* 27(Issue 1), 27-42.

Leslie, L. A. & Letiecq, B. L. 2004. Marital quality of African American and White partners in interracial couple. *Personal Relationships* 11(Issue 4), 559-574.

Litwak, Eugene. 1985. *Helping the elderly: the complementary roles of informal networks and family systems*. New York: Guilford Press.

Logan, John R. & Spitze, Glenna. 1994. Informal Support and the Use of Formal Services by Older Americans. *The Journal of Gerontology* 49(Issue 1), 25-34.

Marcus, H. R. & Kityama, S. 2003. Culture, self, and the reality of the social. *Psychological Inquiry* 14, 277-283.

McGonagle, Katherine A., Klessler, Ronald C. & Schiling, Elizabeth A. 1992. The Frequency and Determinants of Marital Disagreements in a Community Sample. *Journal of Social and Personal Relationships* 9(4), 507-524.

Mickelson, K. D., Claffey, S. T. & Williams, S. L. 2006. The moderating role of gender and gender role attitudes on the link between spousal support and marital quality. *Sex Roles* 55(1-2), 73-82.

Mickelson, Kristin D., Claffey, Sharon T. & Williams, Stacey L. 2006. The Moderating Role of Gender and Gender Role Attitudes on the Link Between Spousal Support and Marital Quality. *Sex Roles* 55(1-2), 73-82.

Okun, Barbara S. 1996. Sex preferences, Family planning, and fertility: An Israeli subpopulation in transition. *Journal of Marriage and family* 58, 469-475.

Procidano, M. E. & Heller, K. 1983. Measures of perceived social support from friends and from family: Three validation studies, *American Journal of Community Psychology* 11(1), 1-24.

Proulx, M. C., Helms, H. & Payne, C. C. 2004. Wives domain-specific marriage work with friends and spouse: Links to marital quality. *Family Relations* 53, 393-404.

Schuster, T. L., Klessler, R. C. & Aseltine, R. H. 1990. Supportive interactions, negative interactions, and depressed mood. *American Journal of Community* 18(3), 423-438.

Sheldon Cohen, Harry M. Hoberman,. 2006. Positive events and social supports as buffers of life change stress. *Journal of Applied Social Psychology* 13(Issue 2), 99-125.

Sheldon Cohen, Lynn Underwood, Benjamin H. Gottlieb,. 2000. *Social support measurement and intervention: a guide for health and social scientists*. Oxford unversity Press: New York.

Shibazaki, Kozue & Brennan, Kelly A. 1998. When Birds of Different Feathers Flock Together: A Preliminary Comparison of Intra-Ethnic and Inter-Ethnic Dating Relationships. *Journal of Social and Personal Relationships* 15(2), 48-256.

Spanier, G. B. 1976. Further evidence on methodological weaknesses in the Locke-Wallace Marital Adjustment Scale and other measures of adjustment. *Journal of Marriage and the Family* 34, 403-414.

Sykes, Israel J. & Eden, Dov. 1985. Transitional Stress, Social Support, and Psychological Strain. *Journal of Occupational Behaviour* 6(4), 293-298.

Thoits, Peggy A. 1995. Stress, Coping, and Social Support Processes: Where Are We? What Next? *Journal of Health and Social Behavior* 35, 53-79.

Woelz-Stirling, N., Manderson, L., Kelaher, M. & Gordon, S. 2000. Marital conflict and finances among Filipinas in Australia. *International Journal of Intercultural Relations* 24, 791-805.

Xinhua Steve Ren. 1997. Marital status and quality of relationships: The impact on health perception, *Social Science & Medicine* 44 (Issue 22), 41-249.

Zimet, G. D., Dahlem, N. W., Zimet, S. G. & Farley, G. K. 1988. The Multidementional Scale of Perceived Social Support. *Journal of Personality Assessment* 52, 30-41.

제 4 장

결혼이주여성의 결혼의 질의 결정요인

-생활스트레스와 사회적 지지의 중요성을 중심으로-

김현숙 · 김희재 · 오중환

제 4 장

결혼이주여성의 결혼의 질의 결정요인*

– 생활스트레스와 사회적 지지의 중요성을 중심으로

Ⅰ. 서 론

최근 한국에서 인종적, 민족적 배경이 다른 국제결혼이 크게 증가하고 있다. 2009년 현재 한국의 국제결혼 건수는 33,300건으로 전체 결혼 건수의 10%를 넘어서고 있으며, 이는 1990년에 비해 무려 10배 이상 증가한 수치이다(통계청, 2009). 한국의 국제결혼 부부의 이혼 역시 2002년 1,744건에서 2009년 11,692건으로 7년 동안 약 6.7배나 증가했다. 2009년엔 결혼한 3쌍 중 1쌍이 이혼을 했으며, 외국인 아내와의 이혼이 외국인 남편과의 이혼보다 약 3배 더 많았다. 또한 외국인 아내의 이혼은 50대를 제외하고 전 연령층에서 골고루 나타나고 있어, 이들의 이혼이 결혼지속기간과는 상관관계가 없으며, 오히려 갈등이 내재된 상태가 지속되고 있음을 알 수 있다.

그동안 국제결혼 부부에 관한 선행연구들은 부부의 갈등이나 낮은 결혼안정성에 초점을 두고 결혼의 질을 탐색해 왔다. 김두섭 · 이명진(2007)은 국제결혼 부부가 내국인 부부에 비해 연령과 교육수준 등의 차이가 커서 결혼 안정성이 낮다고 하였다. 윤형숙(2005)은 국제결혼 부부가 언어 문제로 의사소통이 원활하지 않아 부부 간 친밀성이 형성되기 어려워 결혼적응이 쉽지 않다고 한다. 이혜경(2005)은 상업화된 국제결혼의 문제가 부부관계를 계급화하며 부부관계에 부정적 영향을 미치고 있다고 하였다. 김오남(2006)은 부부갈등의 원인을 국제결혼 부부의 문화적 차이로 보고 있다. 이처럼 국제결혼 부부에 대한 선행연구들은 종종 인

* 이 논문은 부산대학교 자유 과제 학술연구비(2년)에 의하여 연구되었음.

종, 문화, 언어 등과 같은 사회·인구학적 특성과 결혼의 질의 관련성을 찾아 왔다. 그러나 부부의 결혼생활에는 사회·인구학적 특성 이외에도 결혼생활에서 배태된 환경이 중요한 영향을 미치기도 한다. 즉, 가사일, 자녀양육, 부모부양, 가족의 질병 등과 같이 일상생활에서 반복되는 스트레스가 결혼관계에 더 영향을 미칠 수도 있다.

국제결혼 부부는 같은 인종적, 민족적 배경을 가진 부부보다 일상생활에서 발생하는 스트레스의 충격으로부터 더 취약하다(김오남, 2006). 적어도 배우자 중 한쪽은 그들을 둘러싼 환경이 낯설고, 익숙하지 않기 때문에 같은 인종적, 민족적 배경을 가진 사람들보다 더 많은 어려움을 겪을 가능성이 크다. 게다가 사회·경제적 자원의 차이와 부족 때문에 결혼 생활에서 발생하는 다양한 스트레스에 쉽게 대처하지 못하는 경우가 많다. 스트레스와 결혼의 질의 관계를 탐색한 연구들에 의하면(Okun, 1996; Bradbury·Fincham and Beach, 2000; Luke and Carrington, 2000), 스트레스 환경에 놓여 있는 사람일수록 그렇지 않은 사람에 비해 결혼적응이 낮다고 한다. 결혼관계에서 스트레스가 발생하면 더 많은 시간과 에너지를 소모함으로써 부부의 상호작용을 억제하게 된다. 또한 스트레스로 인해 평상시보다 공격적인 행위를 할 가능성도 커지기 때문에 낮은 결혼적응도를 보여줄 수밖에 없다.

그러나 국제결혼 부부가 스트레스 사건에 취약하다고 해서 반드시 결혼의 해체로 이어지는 것은 아니다. 왜냐하면 결혼한 부부들은 스트레스 사건에 대응할 수 있는 다양한 자원을 갖고 있기 때문이다. 이러한 의미에서 스트레스와 적응에 대한 연구들은(McCubbin·Thompson·Thompson·Elver and McCubbin, 1998; Story and Bradbury, 2004), 사회적 지지가 스트레스가 적응에 미치는 부정적 영향을 감소시키는 환경적 요인이 될 수 있음을 지적하였다. 일반적으로 사람들은 일상생활에서 발생하는 다양한 스트레스에 주요 타인과의 정서적 상호작용을 통해 긴장과 스트레스를 해소하게 되고, 사회적 적응을 높이기도 한다. 특히 배우자의 지지는 결혼생활을 긍정적으로 이끄는 중요한 요인이라 할 수 있다(Fincham and Bradbury, 1990; Beach and Gupta, 2006). 상대 배우자로부터 받는 공감, 배려, 사랑, 수용 등 정서적 지지는 높은 결혼만족으로 이어지고(Dehle·Larsen and Landers,

2001) 스트레스가 결혼생활에 미치는 부정적인 효과를 완화시킬 수 있다.

물론 모든 사회적 지지가 스트레스에 효과적으로 대응하는 것은 아니다. 사회적 지지의 효과는 사회적 관계의 질과 내용이 충분히 이루어질 때 발생한다(House, 1989). 국제결혼의 경우 언어장벽으로 인해 부부 및 가족 간 상호작용이 충분히 이루어지지 않기 때문에 관계의 질이 낮을 가능성이 크며, 사회적 지지의 효과도 크게 나타나지 않을 것이다. 사회적 지지 방식의 문화적 차이, 성 차이 등으로(Beach and Gupta, 2006), 배우자나 가족의 지지를 오히려 간섭으로 여기기도 한다(김현숙, 2007). 또한 본국의 가족이나 친구들은 가까이 살지 않거나, 직접적인 지원을 하지 때문에, 이들의 지지가 결혼의 질에 미치는 효과는 제한적이다. 결국 생활스트레스를 경험하고 있는 결혼이주여성들은 자신이 바라는 사회적 지지를 제대로 제공받지 못해 결혼생활에 어려움을 겪게 되고, 이때 스트레스에 취약한 배우자는 이혼을 선택하게 되는 것이다.

Ⅱ. 이론적 배경

1. 결혼의 질(marital quality)

결혼의 질은 결혼생활에 대한 전반적 평가로서(Harper · Schaalje and Sandberg, 2000) 결혼만족, 결혼적응, 행복 등과 같은 다양한 개념으로 사용되어 왔으나, 최근엔 부부의 상호작용을 나타내는 결혼적응 지표를 더 많이 사용하고 있다(Hohmann-Marriott and Amoto, 2008; Kamp Dush · Cohen · Amato, 2003). 전통적인 부부관계에서 평등한 부부관계로 변화함에 따라 어느 한쪽의 만족보다는 부부의 상호적응이 중요하며, 따라서 결혼의 질은 두 배우자의 관계의 특성이 반영되어야 한다는 것이다.

결혼적응을 결혼의 질로 보는 입장에서는 부부의 관계를 측정하기 위해 다양한 지표들을 사용해 왔다. 스패니어(Spanier, 1976)는 부부 간의 일치, 만족도, 응집도, 애정표현도를 결혼의 질의 하위영역으로 제시하였는데, 결혼생활의 다양한 영역을 포함할 뿐만 아니라 심층적 이해가 가능하다는 점에서 여러 나라의 많은 학자들의 연구에서 자주 사용되고 있다. 그 외 결혼 행복감, 부부의 상호작용(Amoto · Booth · Johnson and Rogers, 2003), 긍정적 결혼경험, 부정적 결혼경험(Umberson · Williams · Powers · Liu and Needham, 2006) 등이 결혼의 질의 하위영역으로 사용되고 있다. 한국에서 결혼의 질 측정은 결혼만족이나 결혼 행복감 등과 같은 단일한 변수를 사용하는 것을 선호하나, 최근에는 부부관계의 다양한 측면을 다루는 연구들도 많이 나타나고 있다. 이경성과 한덕웅(2003)은 스패니어(Spanier)의 결혼의 질 개념을 따르면서도, 한국 부부의 현실을 고려한 한국판 결혼적응척도를 개발하였다. 결혼의 질의 하위영역으로 결혼만족, 이혼의도, 부부간 애정, 주변가족과의 관계, 자녀만족, 경제적 만족 등을 고려하였다. 본 연구에서는 이경성 외(2003)의 결혼적응을 결혼의 질 척도로 사용하면서도, 국제결혼 부부의 결혼현실을 고려하여 결혼만족, 이혼의도, 부부 간 애정으로 한정하여 결혼의 질을 측정하였다.

한편 결혼의 질에 대한 선행연구들은 부부의 사회 · 인구학적, 개인적, 원가족적(family of origin) 및 두 파트너의 상호작용적 요인들에 의해 영향을 받는 것으로 보았다. 하지만 선행연구에서 나타난 연령, 교육수준 등과 같은 사회 · 인구학적 요인이나 성격과 같은 개인적 요인들은 결혼의 결과(결혼만족, 행복, 이혼 등)들을 설명해 주지 못한다. 이러한 선행연구의 한계를 해결하고자 최근 사회적 관계망을 포함한 사회적 맥락들(Holman, 2001)과 스트레스(Karney and Bradbury, 1995) 요인에 대한 관심들이 증가하고 있다. 예를 들어 결혼생활의 곤란은 가사, 자녀교육, 부양과 같은 일상생활 속에 존재하며(Bradbury 외, 2000), 이러한 문제는 부부뿐만 아니라 가족 구성원의 신체적, 정신적 건강에 영향을 미치게 된다는 것이다. 결혼의 질 연구는 초기에는 주로 사회 · 인구학적 요인들과 관계를 분석한 연구들이 주를 이루었으나, 차츰 개인적 특성, 상호작용, 그리고 결혼환경으로 확장되고 있다. 본 연구에서는 결혼의 질을 부부의 상호간의 적응과정으로 두고, 결혼의 질에 영향을 미치는 사회적 지지와 일상생활 스트레스의 관계를 살펴볼 것이다.

2. 결혼의 질에 대한 생활스트레스의 효과

"스트레스(stress)"는 개인이 가진 자원을 초과하여 개인의 안녕상태를 위협하는 물리적, 화학적, 감정적 상태로, 주로 부정적 생활사건에 의해 유발되는 것으로 알려져 왔다.

최근 스트레스 연구는 중요한 생활사건에서 오는 스트레스보다 일상적인 생활스트레스에 더 많은 관심을 기울이고 있다(DeLongis · Folkman and Lazarus, 1988; Almeida and Kessler, 1998). 일상생활 스트레스는 일반적인 스트레스와 달리 누적되기 때문에 파급력이 크고, 표출 여부에 따라 신체적, 심리적 장애나 손상까지 초래할 수 있어 훨씬 위험하다(Stone · Kennedy · Moore and Neale, 1995).

물론 결혼과 가족 연구에서도 결혼의 안정도나 만족도에 영향을 미치는 주요한 요인으로 일상생활 스트레스 요인에 주목해 왔다. 보덴만과 시나(Bodenmann and Cina, 2006)는 부부 간 갈등이 위태로운 사건보다 일상생활의 사소한 사건과 더 관계가 있다고 보았고, 코헨과 브레드버리(Cohan and Bradbury, 1997)는 일상생활에서 스트레스를 많이 받을수록 부부갈등이 더 높게 나타난다고 했다. 또한 일상생활 스트레스는 신체적 친밀성과 같은 부부의 애정에 영향을 미치기도 한다(Hendrick and Hendrick, 2002; Bodenmann · Ledermann and Bradbury, 2007). 하지만 스트레스가 부부 간 애정에 미치는 영향은 남녀에 따라 다르게 나타났다. 보덴만과 그의 동료들(Bodenmann, Ledermann and Bradbury, 2007)은 높은 수준의 일상생활 스트레스가 부부관계에 불만족스러운 여성에게는 성적 관계를 덜 하도록 하고, 부부관계에 불만족스러운 남성은 성적 관계를 더 하도록 하고 있음을 확인하였다.

결론적으로 일상생활에서 발생하는 스트레스 사건들은 부부관계에서 긍정적 행동은 감소시키고, 부정적 행동을 증가시킴으로써 결혼의 질과 안정성에 영향을 미칠 가능성이 있다.

3. 결혼의 질에 대한 사회적 지지의 효과

사회적 지지(social support)는 보통 가족 구성원, 친구, 직장동료 등 의미 있는 타자로부터 제공된 지지를 말하는 것으로(Cohen and Hoberman, 2006), 정서적, 신체적, 도구적 그리고 물질적 도움 등이 포함된다(Burleson, 2003). 이러한 사회적 지지의 이용가능성과 질은 개인적 적응과 웰빙에 매우 중요한 자산으로 평가받아 왔다(Cohen, 1988; House · Landis and Umberson, 1988).

결혼생활의 사회적 지지 중 가장 빈번하게 다루어진 것은 배우자 지지이다. 배우자의 지지는 쉽게 어디에서나 얻을 수 있는 것이 아니기 때문이다(Mickelson · Claffey and Williams, 2006). 배우자는 사회적으로 유사한 가치와 특성을 지녔을 뿐만 아니라(Thoits, 1995), 같은 스트레스를 공유하고 경험하기 때문에(Dehle · Larsen and Landers, 2001) 결혼생활에 있어 배우자의 지지는 매우 효과적이다. 특히 배우자 지지 중 정서적 지지와 도구적 지지는 가족 내 갈등을 감소시키는 긍정적 효과가 있다(Adams · King · King, 1996). 정서적 지지는 가정에서의 자기 효능감을 향상시키는 데 기여하고, 도구적 지지는 가족 부양 부담을 경감시키고, 개인이 가사 외 다른 일에 투자할 시간적 여유를 갖게 함으로써 결혼의 질을 향상시킨다고 한다(Parasuraman · Purohit and Gosshalk, 1996). 그러나 배우자의 지지가 결혼생활에서 반드시 긍정적인 효과를 보이는 것은 아니다. 핀참과 브레드버리(Fincham and Bradbury, 1990)에 의하면 부부관계가 좋지 않은 경우 배우자 지지의 효과는 거의 나타나지 않으며, 오히려 부부의 관계를 악화시킬 수 있다고 보았다. 게다가 인종 간 결혼의 경우, 지지의 방식의 차이로 인해 지지의 효과가 거의 나타나지 않기도 한다.

결혼관계에서 또 다른 지지원은 부모, 형제, 자녀 등 가족 구성원들이다. 이들은 애정과 상호 의무감으로 연결되어 있으며(Ross, 1995; Debra and Williams, 2005), 이들이 제공한 지지는 결혼관계에 긍정적 영향을 미치는 것으로 예견되어 왔다(Frone · Yardley · Markel, 1997). 그러나 부모, 형제, 자녀 등은 중요한 지지원이기는 하지만, 관계 그 자체만으로는 지지가 보장되지는 않는다. 이들도 양육과 돌봄과 같은 지지를 제공받아야 할 대상이기 때문에(Kessler · McLeod and

Wethington, 1985; Ross and Mirowsky, 2002) 이들로부터 일상생활에 필요한 지원을 충분히 받기는 어려워 보인다. 게다가 국제결혼 부부는 다른 부부들보다 가족이나 친구로부터 지원받을 가능성이 희박하며(Luke and Carrinton, 2000; Okun, 1996), 극단적인 경우에 가족 구성원이나 친구와의 관계를 상실하기도 한다(Killian, 2001). 결국 가족이나 공동체 구성원으로부터 받는 지지는 매우 제한적일 수밖에 없고, 배우자의 지지 또한 부부관계의 정도에 따라 효과가 상이하기 때문에 새로운 방법을 모색해야 한다.

한편 현대사회로 올수록 공식적, 사회적 지원체계가 확장되고 있으며(Greene, 1983; Logan and Spitze, 1994), 개인은 이전보다 공식적 지원을 제공받을 기회가 더 많아졌다. 결혼이주여성처럼 언어장벽, 문화적 차이로 가족으로부터 적절한 지원을 받지 못하는 경우 공식적 지원기관이 제공하는 적응을 위한 정보적 지원이나 부부관계를 향상시키는 상담 등의 정서적 지원은 결혼생활에 실질적 도움을 줄 가능성이 크다. 실제 이은주의 연구(2007)는 결혼이주여성들이 부부관계 향상 프로그램 수행 후 적응이나 부부관계 개선에 도움이 되고 있음을 보고한다.

4. 생활스트레스와 결혼의 질에서 사회적 지지의 매개효과

스트레스 사건이 개인의 건강뿐만 아니라 부부관계에 부정적 영향을 미친다는 사실은 많은 연구를 통해 이미 알려져 왔다. 그러나 스트레스와 결혼의 질과의 관계에 대한 연구들은 두 변수가 통계적으로 유의미하지만 상관관계가 그다지 높지 않다는 점을 지적하고 있다(Cohen and Hoberman, 2006). 이것은 스트레스 개념에 대한 재정의를 하게 했고, 스트레스와 결혼의 질 간의 관계에서 이 둘의 관계를 매개하거나 조절하는 또 다른 변수에 눈을 돌리게 했다. 스트레스 대저 이론이 대표적이다(Folkman · Lazarus · Dunkel-Shetter · De Longis and Gruen, 1986). 스트레스 대처이론은 사회적 지지가 스트레스와 상호작용하여 스트레스의 충격을 완화시킨다고 보았다. 즉, 스트레스 상황에서 사회적 지지는 개인이 지닌 부족한 부분을 보완해서 스트레스 상황을 해결하는 데 긍정적인 효과를 얻을 수 있다는 것이다.

하지만 스트레스와 적응에 대한 사회적 지지의 효과에 대한 해석은 학자마다 다르다. 사회적 지지의 효과에 대해 스트레스와 사회적 지지 간의 상호작용이 유의할 때만 완충효과가 있다고 해석하는 학자가 있는 반면, 스트레스가 결과변수에 미치는 직접효과와 사회적 지지를 통한 간접효과를 합한 총효과를 사회적 지지의 완충효과로 해석하는 학자도 있다(Cohen and Wills, 1985). 휘튼(Wheaton, 1985)은 사회적 지지의 완충적 역할을 스트레스와 사회적 지지 간의 상호작용으로 한정하여 보는 것에 문제를 제기하면서, 두 가지 완충모델인 상호작용적 완충모델(interactive effect buffering model)과 부가적 완충효과모델(additive effect buffering model)을 제시하였다. 상호작용적 완충모델은 전형적인 완충모델로 사회적 지지가 결과변수의 영향을 중재함으로써 그 영향력을 감소시키는 효과는 있지만, 결과변수에 대해 주효과(main effect)는 없으며, 스트레스 완충효과(stress-buffering effect)만 갖는다(Wheaton, 1985). 부가적 완충효과모델에서 사회적 지지는 억제변수(suppressor variable)로 작용하며, 스트레스의 모든 수준에서 동일하게 작용한다. 스트레스는 사회적 지지에 직접적인 영향을 주며, 동원된 사회적 지지는 결과변수에 영향을 미치게 된다(Wheaton, 1985). 여기서 사회적 지지는 주효과를 보이며 매개변수의 기능을 한다. 이상과 같이 기존의 사회적 지지 효과에 대한 연구는 사회적 지지가 스트레스의 부정적 영향을 완충시키는 조절변인인 동시에 스트레스 수준에 상관 없이 결혼의 질에 영향을 미치는 매개변인으로 기능하고 있음을 보여준다.

본 연구는 결혼이주여성의 사회적 지지가 매우 낮다는 가정 하에 생활스트레스와 결혼의 질 관계에서 사회적 지지가 어떠한 역할을 하는지를 살펴보고자 한다.

Ⅲ. 연구방법

1. 연구모형

이상의 논의를 바탕으로 본 연구는 결혼이주여성의 생활스트레스, 사회적 지지, 결혼의 질의 관계를 살펴보고자 한다. 특히 생활스트레스와 결혼의 질의 관계에서 사회적 지지가 어떠한 역할을 하는지 살펴보고자 하였다. 이를 위해 본 연구는 선행연구들에서 생활스트레스 및 결혼의 질과 관련이 있는 것으로 보고하는 사회적 지지를 두 변인의 매개변수로 설정한 연구모형을 분석하고자 한다(그림 4-1). 이 연구의 내용은 세 개의 잠재변수 간의 관계에 대한 주효과(main effect)와 생활스트레스와 결혼의 질의 관계를 사회적 지지가 매개하는지에 대한 매개효과(mediating effect)에 대한 부분으로 구성되며, 구체적인 연구문제는 다음과 같다.

연구문제 1. 결혼이주여성의 생활스트레스는 결혼의 질에 어떠한 영향을 미치는가?

연구문제 2. 결혼이주여성의 사회적 지지는 결혼의 질에 어떠한 영향을 미치는가?

연구문제 3. 결혼이주여성의 생활스트레스는 사회적 지지를 매개하여 결혼의 질에 영향을 미치는가?

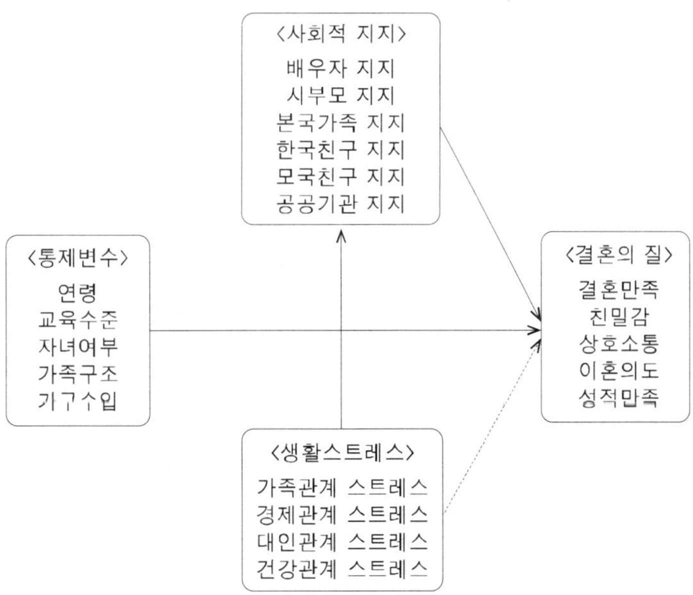

〈그림 4-1〉 연구모형

2. 자 료

결혼의 질을 측정하기 위해 사용된 자료는 부산대학교 사회과학연구소에서 실시한 "결혼이주여성의 자아탄력성과 결혼적응" 조사자료이다. 이 자료는 2009년 6월-7월 약 두 달 동안 조사되었으며, 182명의 결혼이주여성의 자아탄력성, 문화적응스트레스, 생활스트레스, 대처행동, 결혼적응 등이 포함되어 있다. 본 연구에서는 결혼이주여성의 생활스트레스, 사회적 지지, 결혼의 질 부분을 사용하였다.

이 자료는 법무부의 「2009년 출입국통계연보」를 기초로 하여 부산지역에 거주하는 결혼이주여성을 국적별로 할당하여 표집하였다. 그러나 국적별 표집과정은 기초단체로부터 거주지에 대한 정보를 확보하지 못해, 결혼이주여성이 교육 등의 이유로 자주 참가하는 다문화가족지원센터, 복지관, 이주여성인권센터, 사회교육원 등을 통해 이루어졌다. 이 지원기관으로부터 명단을 확보한 후 설문지 대상자를 임의로 표집하고, 사전 전화 등을 통하여 설문지를 할 수 있는지를 의뢰한 후 설문지 및 인터뷰를 하였다. 이렇게 해서 최종적으로 182개의 자료를 확보하였으며, 국적별로는 중국(조선족 포함)이 76개, 일본이 21개, 베트남, 필리핀, 태국이 63개, 몽골, 우즈베키스탄이 22개이다. 설문조사에 참여한 모든 결혼이주여성은 남편과 함께 동거하고 있는 상태였으며, 결혼이주여성의 69.8%(N=127)는 자녀가 있고, 30.2%(N=55)는 자녀를 두지 않은 상태였다.

조사대상자의 연령은 20대가 41.2%(N=75), 30대가 40.1%(N=73)로 전체의 81.3%가 20-30대인 것으로 나타났다. 학력은 고등학교 졸업 35.3%(N=59), 전문대학 26.9%(N=45), 대학 졸업 7.2%(N=12)로 고등학교 이상이 전체의 69.4%인 것으로 나타났다. 결혼기간은 5년 이하 70.9%(N=129), 6-10년 15.4%(N=28), 11-15년 7.1%(N=13)로 나타났고, 결혼기간이 16년 이상인 사례도 6.6%(N=12)나 되었다. 가족형태를 살펴보면, 부부단독 가구 18.1%(N=87), 부부와 자녀가 함께 사는 경우 47.8%(N=87), 시부모와 함께 사는 경우 30.8%(N=56) 등이었으며, 친정 가족과 함께 사는 경우도 3.3%(N=6)인 것으로 나타났다. 가구 수입의 경우 한 달 평균 가구 수입이 100만원 미만인 경우가 12.5%(N=21), 101-150만원 17.2%(N=29), 151-200만원 23.2%(N=39), 201-250만원 13.0%(N-=22), 250만원 이상 18.4%(N=31) 등이었

〈표 4-1〉 표본의 사회·인구학적 특징들

변수	정의	N	%
출신국 (N=182)	중국 (중국 조선족 포함)	76	41.8
	일본	21	11.5
	베트남, 필리핀, 태국	63	34.6
	몽골, 우즈베키스탄	22	12.1
교육수준 (N=167)	초등학교 졸업 이하	13	7.7
	중학교 졸업 이하	38	22.8
	고등학교 졸업 이하	59	35.3
	전문대학 졸업 이하	45	26.9
	4년제대학 졸업 이상	12	7.2
가구수입 (N=168)	100만원 이하	21	12.5
	101-150만원	29	17.2
	151-200만원	39	23.2
	201-250만원	22	13.0
	250만원 이상	31	18.4
	가구수입을 모름	26	15.5

변수	정의	N	%
연령 (N=182)	20-29세	75	41.2
	30-39세	73	40.1
	40-49세	17	9.3
	50-59세	17	9.3
결혼기간 (N=182)	5년 이하	129	70.9
	6-10년	28	15.4
	11-15년	13	7.1
	16년 이상	12	6.6
가족유형 (N=182)	부부 단독	33	18.1
	부부+자녀	87	47.8
	부부+자녀+시댁식구	56	30.8
	부부+자녀+친정식구	6	3.3
자녀유무 (N=182)	없다	55	30.2
	있다	127	69.8

으며, 가구 수입을 모른다고 응답한 사례도 15.5%(N=26)인 것으로 나타났다.

3. 측 정

1) 결혼의 질

결혼의 질 측정은 이경성 외(2003)가 개발한 결혼적응 척도를 사용하였다. 이경성 외(2003)의 결혼적응 척도는 결혼만족, 이혼의도, 부부 간 애정(친밀성, 상호소통, 성적 만족), 주변 가족과의 관계, 자녀만족, 경제적 만족 등의 하위 척도로 구성되어 있는데, 본 연구에서는 부부관계에 초점을 두어 결혼만족, 친밀성, 상호소통, 이혼의도, 성적 만족 등의 5개 문항을 결혼의 질의 하위 척도로 사용하였다.

결혼만족은 7개 문항으로 결혼생활에 대해 얼마나 만족하는지를 측정한다(예, 나는 현재의 결혼생활에 대해 만족한다). 친밀성은 8개 문항으로 배우자에 대한 소속감과 애정을 측정한다(예, 우리 부부는 서로에게 형식적이다). 상호소통은 4개 문항으로 얼마나 자주 배우자와 소통하는지를 측정한다(예, 우리 부부는 서로를 이해한다). 이혼의도는 8개 문항으로 배우자와의 이혼에 대한 생각을 측정한다(예, 나는 장래에 이혼할 생각이다). 성적 만족은 5개 문항으로 배우자와의 성적 관계에 대해 얼마나 만족하는지를 측정한다(예, 나는 나의 배우자와의 성관계에 만족한다). 각 문항은 리커트 5점 척도로 구성하였고, 점수가 더 높을수록 결혼의 질이 더 높은 것으로 하였다. 각 하위 문항의 신뢰도는 α=0.82, 0.88, 0.89, 0.95, 0.66이었다.

2) 생활스트레스

생활스트레스 측정은 맥코빈 외(McCubbin · Patterson · Wilson, 1985)의 FLLE(Family Inventory of Life Events and Changes)의 척도를 수정하여 사용하였다. 생활스트레스는 총 18개 문항으로, 가족관계, 경제관계, 대인관계, 건강관계 등의 하위문항으로 구성하였다.

가족관계 스트레스는 6개 문항으로 가족관계에서 발생하는 스트레스를 측정한다(예, 부부 간의 갈등). 경제관계 스트레스는 4개 문항으로 경제적 문제로 인한 스트레스를 측정한다(예, 내가 필요한 만큼 많은 돈을 구하지 못했다). 대인관계 스트레스는 6개 문항으로 친척, 이웃과의 관계에서 발생하는 스트레스를 측정한다(예, 친척들과 관계가 원만하지 못하다). 건강관계 스트레스는 2개 문항으로 본인이나 가족의 질병으로 인한 스트레스를 측정한다(예, 나의 가족 중에 심각한 질병이나 사고로 아픈 사람이 있다). 각 문항은 리커트 5점 척도로 구성하였고, 점수가 더 높을수록 스트레스가 더 높은 것으로 하였다. 각 하위 문항의 신뢰도는 α=0.83, 0.85, 0.78, 0.85였다.

3) 사회적 지지

사회적 지지 측정은 지멧 외(Zimet · Dahlem · Zimet and Farley, 1988)의 MSPSS(Multidimensional Scale of Perceived Social Support) 척도를 사용하였다. MSPSS는 친구, 가족 그리고 의미 있는 타자로부터의 받은 인지된 지지에 대한 주관적 평가이다.

본 연구에서는 사회적 지지원을 배우자, 시부모, 본국 가족, 한국 친구, 모국

친구, 공공기관으로 수정하여 사용하였다. 배우자 지지는 4개 문항으로 배우자로부터 제공된 지지를 측정한다(예, 내가 필요할 때 배우자로부터 정서적 도움과 지지를 받는다). 시부모 지지는 4개 문항으로 시부모로부터 제공된 지지를 측정한다(예, 시부모는 나를 도와주기 위해 진정으로 애쓴다). 본국 가족 지지는 4개 문항으로 본국 가족으로부터 제공된 지지를 측정한다(예, 나는 나의 문제에 관해 친정 가족과 의논할 수 있다). 한국 친구 지지는 4개 문항으로 한국 친구로부터 제공된 지지를 측정한다(예, 한국 친구는 내가 무언가를 결정할 때 기꺼이 도와준다). 모국 친구 지지는 4개 문항으로 모국 친구로부터 제공된 지지를 측정한다(예, 나의 문제를 의논할 같은 고향 친구가 있다). 공공기관의 지지는 4개 문항으로, 공공기관으로부터 제공된 지지를 측정한다(예, 내가 필요할 때 나를 도와줄 사람이 있다). 각 하위 문항의 신뢰도는 α=0.88, 0.86, 0.81, 0.73, 0.81, 0.92였다.

4) 통제변수

선행연구를 통해 결혼의 질에 영향을 미치는 것으로 확인된 사회 · 인구학적 변수 중 연령, 교육 수준, 결혼기간, 가족유형, 가구 수입, 자녀유무를 통제변수로 하여 구조모형에 투입하였다.

4. 분 석

각 연구도구의 신뢰도는 Chronbach's α를 이용하여 검증하였고, 연구대상의 사회 · 인구학적 특성을 파악하기 위해 빈도, 백분율, 평균을 산출하였다. 사회 · 인구학적 변수는 결혼의 질에 영향을 미치는 변수로 알려졌기 때문에(Karney and Bradbury, 1995), 통제변수로 하여 구조모형에 투입하였다.

생활스트레스와 결혼의 질과의 관계에서 사회적 지지의 효과는 구조방정식을 이용하여 검증하였다. 사회적 지지의 주효과는 사회적 지지와 생활스트레스가 각각 결혼의 질에 영향을 미치는 모델을 검증하였다. 사회적 지지의 매개효과는 생활스트레스가 사회적 지지를 매개하여 결혼의 질에 영향을 미치는 모델을 설정하여 검증하였다. 측정 방법은 관찰된 상관관계를 가장 잘 산출해 내고, 최극의 추정치를 갖는 모집단의 모수를 찾는 최대우도법(maximum likelihoodmethod)을 사용하였다. 모델의 적합도는 χ^2통계량(p-value가 0.05보다 크면 일반적으로 적합도가 높은 것으로 받아짐), NFI(대체로 0.90 이상이면 적합도 인정), GFI(대체로 0.90 이상이면 우수), RMESA(대체로 0.08 이하면 적합도가 좋음)로 평가하였다. 그리고 매개효과에 대한 산출은 생활스트레스가 결혼의 질에 미치는 직접효과와 사회적 지지를 통한 간접효과를 합한 총인과 효과로 분석하였다(Wheaton, 1985).

Ⅳ. 분석결과

1. 생활스트레스, 사회적 지지, 결혼의 질 간의 관련성

〈표 4-2〉에서 모든 선택 변수들의 평균과 표준편차, 변수들 간의 상관관계가 제시되어 있다. 우선 〈표 4-2〉에서 각 변수들의 평균과 표준편차를 살펴보면 다음과 같다. 사회적 지지의 경우 배우자 지지와 본국 가족 지지의 평균이 상대적으로 높고, 시부모와 한국 친구의 지지는 상대적으로 낮은 것으로 나타나 응답자들이 대체로 남편과 본국 가족으로부터 지지를 받는 비중이 높은 것으로 보인다. 결혼의 질에서는 결혼만족의 평균이 상대적으로 높고 이혼의도가 상대적으로 낮아, 응답자들이 대체로 결혼의 질의 수준이 높은 것으로 보인다. 생활스트레스에서는 대인관계 스트레스의 평균이 상대적으로 높은 것으로 나타나 결혼이주여성들이 친척 등과의 관계에서 어려움을 겪고 있었다.

그 다음 선택 변수들 간의 상관관계를 살펴보면 다음과 같다. 대부분의 변수들은 유의미한 상관관계를 보여주었다(상관관계의 범위는 0.021~0.769). 배우자의 지지는 모든 선택 변인과 유의미한 상관관계를 보였다. 시부모 지지는 생활스트레스 중 경제관계 스트레스(=-0.166, $p<0.05$)만이 상관관계가 있는 것으로 나타났으나, 결혼의 질 변수 중에서는 이혼의도(=-0.021, $p>0.05$)를 제외한 모든 하위변수와는 상관관계가 있는 것으로 나타났다. 한국 친구의 지지는 생활 스트레스의 모든 변수와 상관관계가 없는 것으로 나타났으나, 결혼만족(=0.083, $p>0.05$), 이혼

〈표 4-2〉 선택변수들 간의 상관관계

	1	2	3	4	5	6	7
1. 배우자지지	1						
2. 시부모지지	.436***	1					
3. 한국친구지지	.230***	.429***	1				
4. 모국친구지지	.398***	.279***	.481***	1			
5. 본국가족지지	.502***	.340***	.294***	.531***	1		
6. 공공기관지지	.320***	.280***	.348***	.366***	.206***	1	
7. 가족관계스트레스	−.301***	−.079	.037	−.096	−.195***	−.025	1
8. 경제관계스트레스	−.220***	−.166**	−.067	−.144*	−.179**	−.216***	.399***
9. 대인관계스트레스	−.362***	−.113	−.096	−.198***	−.186**	−.171**	.489***
10. 건강관계스트레스	−.294***	−.080	.042	−.196***	−.146**	−.104	.299***
11. 결혼만족	.553***	.164**	.083	.141*	.198***	.257***	−.426***
12. 친밀성	.569***	.226***	.181**	.191**	.286***	.265***	−.340***
13. 상호소통	.607***	.246***	.198***	.182**	.301***	.248***	−.339***
14. 이혼의도	−.247***	−.021	.050	.034	−.108	−.098	.396***
15. 성적 만족	.549***	.267***	.290***	.347***	.339***	.349***	−.199***
M.	14.549	10.396	11.462	13.038	14.033	12.324	11.643
S.D.	3.797	4.208	3.772	3.368	3.658	4.567	6.333

주: *p<0.10, **p<0.05, ***p<0.01

〈표 4-2〉 계속

	8	9	10	11	12	13	14	15
1. 배우자지지								
2. 시부모지지								
3. 한국친구지지								
4. 모국친구지지								
5. 본국가족지지								
6. 공공기관지지								
7. 가족관계스트레스								
8. 경제관계스트레스	1							
9. 대인관계스트레스	.483***	1						
10. 건강관계스트레스	.425***	.457***	1					
11. 결혼만족	−.328***	−.548***	−.312***	1				
12. 친밀성	−.151**	−.424***	−.183**	.669***	1			
13. 상호소통	−.244***	−.366***	−.256***	.660***	.769***	1		
14. 이혼의도	.281***	.422***	.207***	−.551***	−.423***	−.269***	1	
15. 성적 만족	−.158**	−.349***	−.248***	.515***	.633***	.712***	−.140*	1
M.	11.615	14.066	5.033	22.824	18.577	13.341	14.258	9.434
S.D	4.340	5.086	2.327	5.983	4.873	4.323	6.151	2.989

주: *p<0.10, **p<0.05, ***p<0.01

의도(=0.050, p〉0.05)를 제외한 결혼의 질 변수와 상관관계가 있는 것으로 나타났다. 모국 친구의 지지는 가족관계(=-0.096, p〉0.05)를 제외한 모든 생활스트레스 변수와 상관관계가 있는 것으로 나타났고, 이혼의도(=0.034, p〉0.05)를 제외한 결혼의 질 변수와 상관관계가 있는 것으로 나타났다. 본국 가족 지지는 모든 생활스트레스와 상관관계가 있는 것으로 나타났고, 이혼의도(=-0.108, p〉0.05)를 제외한 결혼의 질 변수와 상관관계가 있는 것으로 나타났다. 공공기관의 지지는 가족관계(=-0.025, p〉0.05), 건강관계(=-0.104, p〉0.05)를 제외한 생활스트레스 변수와 상관관계가 있는 것으로 나타났고, 이혼의도(=-0.098, p〉0.05)를 제외한 결혼의 질 변수와 상관관계가 있는 것으로 나타났다. 생활스트레스는 결혼의 질의 모든 변수와 유의미한 상관이 있는 것으로 나타났다.

2. 측정모형의 분석

구조방정식모델링에 의한 매개효과모델(mediating effect model)을 검증하기 위해, 본 연구에서 잠재변수로 사용된 3가지 변수의 각각의 지표들이 이론적 개념틀을 잘 반영하고 있는지 확인하기 위해 측정모형을 분석하였다. 우선 전체 측정모형을 확정하기에 앞서, 개별 잠재변인의 측정도구를 평가하였다. 측정도구는 내적일관성 조사를 거친 후 확인요인분석(confirmatory factor analysis)을 통해 적합도 지수를 충족하는 항목만을 선정하고, 또한 측정도구의 수정을 위해 표준화 잔차의 절대값이 4보다 큰 항목을 제거하는 방식으로 측정모형을 수정하였다.

이러한 과정을 거친 결과 사회적 지지는 한국 친구의 지지, 모국 친구의 지지가 제거되어, 배우자의 지지, 시부모의 지지, 본국 가족의 지지, 공공기관의 지지만이 남게 되었다(χ^2=1.716, *d.f.*=2, p=0.424, NFI=0.98, CFI=1.00, RMSEA=0.05). 생활스트레스는 모든 항목이 사용되었다(χ^2=3.004, *d.f.*=2, p=0.223, NFI=0.98, CFI=0.99, RMSEA=0.00). 결혼의 질은 이혼의도가 제거되어 결혼만족, 친밀성, 상호소통, 성적 만족만이 남게 되었다(χ^2=5.791, *d.f.*=2, p=0.055, NFI=0.99, CFI=0.99, RMSEA=0.10).

이와 같이 개별 잠재변인의 측정모델의 타당성 평가를 거친 후 전체 잠재변인

〈표 4-3〉 전체 잠재요인 대상 측정변수의 요인부하량

		비표준화계수 (B)	표준오차	표준화계수 (β)	$C.R.$	p
생활스트레스	가족관계	1.000		0.613		
	경제관계	0.685	0.108	0.613	6.332	***
	대인관계	1.052	0.146	0.804	7.196	***
	건강관계	0.343	0.057	0.573	6.027	***
사회적 지지	배우자	1.000		0.934		
	시부모	0.558	0.093	0.470	5.999	***
	본국가족	0.554	0.081	0.537	6.845	***
	공공기관	0.469	0.101	0.364	4.653	***
결혼의 질	결혼만족	1.000		0.758		
	상호소통	0.854	0.068	0.896	12.512	***
	친밀성	0.916	0.077	0.852	11.898	***
	성적만족	0.501	0.048	0.761	10.469	***

주: ***p〈0.01

주: $C.R.$ (Critical Ratio: 임계치)=모수추정치/표준오차의 추정치.임계치는 양측검정 혹은 단측검정에 따라 유의성 기준이 다르다. 예를 들어, 0.05 유의수준이 사용된다면 양측검정을 위한 임계치는 $|C.R.| > 1.96$, 단측검증을 위한 임계치는 $|C.R.| > 1.645$ 이다.

의 측정모델의 타당성 평가를 실시하였다. 전체 잠재변인의 측정모델의 요인적재량은 모두 유의수준 0.001에서 유의하였다. 전체 측정모형의 검증결과, χ^2=104.764 $d.f.$=51, p=0.000, NFI=0.889, CFI=0.939, RMSEA=0.076으로 적절한 모델 적합도를 보이는 것으로 나타났다. 확인적 요인분석방법을 통하여 관찰변인과 잠재변인 간의 요인부하량(factor loading, λ〉0.30)을 확인한 결과, 모두 통계적으로 유의했다.

3. 결혼이주여성의 생활스트레스와 사회적 지지가 결혼의 질에 미치는 영향

〈그림 4-2〉에서 사회적 지지와 생활스트레스는 서로 어떠한 상호작용도 없이 결혼의 질에 영향을 미치는 것으로 설정하였다. 분석결과 〈그림 4-2〉와 같이 표준화된 경로계수에 대한 추정치가 제시되었다. 사회적 지지와 결혼의 질 경로계수는 0.660으로 0.001 수준에서 유의한 것으로 나타나 사회적 지지가 높을수록 결혼의 질이 높다고 할 수 있다. 또한 생활스트레스와 결혼의 질 경로계수는 -0.326으로 0.001 수준에서 유의한 것으로 나타나 생활스트레스가 높을수록 결혼

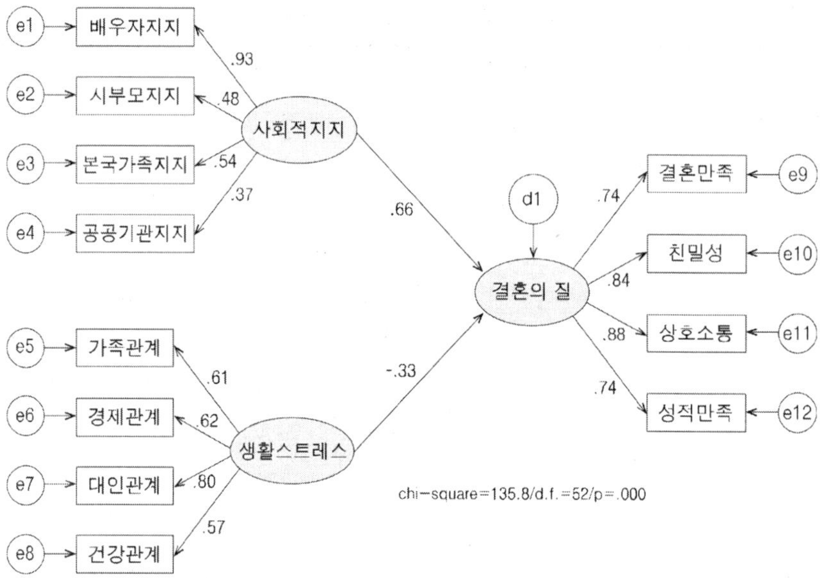

〈그림 4-2〉 사회적 지지와 생활스트레스가 결혼의 질에 미치는 영향

의 질이 낮다고 할 수 있다. 따라서 결혼이주여성의 생활스트레스와 사회적 지지는 어떠한 상호작용 없이 독립적으로 결혼의 질에 영향을 미친다고 할 수 있다.

4. 생활스트레스와 결혼의 질의 관계에서 사회적 지지의 매개효과

생활스트레스를 경험하고 있는 결혼이주여성의 결혼의 질은 사회적 지지를 매개할 때 스트레스의 부정적 효과가 감소하는가? 이러한 연구가설을 분석하기 위해 우선 결혼이주여성의 생활스트레스가 결혼의 질에 미치는 경로를 분석하고, 그 다음에 생활스트레스가 사회적 지지를 매개하여 결혼의 질에 영향을 미치는 경로를 분석하였다. 또한 결혼의 질에 영향을 미칠 것으로 예상되는 사회·인구학적 변수(연령, 학력, 가족구조, 자녀수, 가구수입)를 통제변수로 하여 구조모형에 투입하였다. 그러나 측정모형의 분석결과 모든 사회·인구학적 변수를 투입하였을 경우 적합도가 현저하게 떨어질 뿐만 아니라 영향을 미치지 않는 것으로 나타나 최종분석에서는 사회·인구학적 변수 중 학력수준과 가족구조만 투입하여

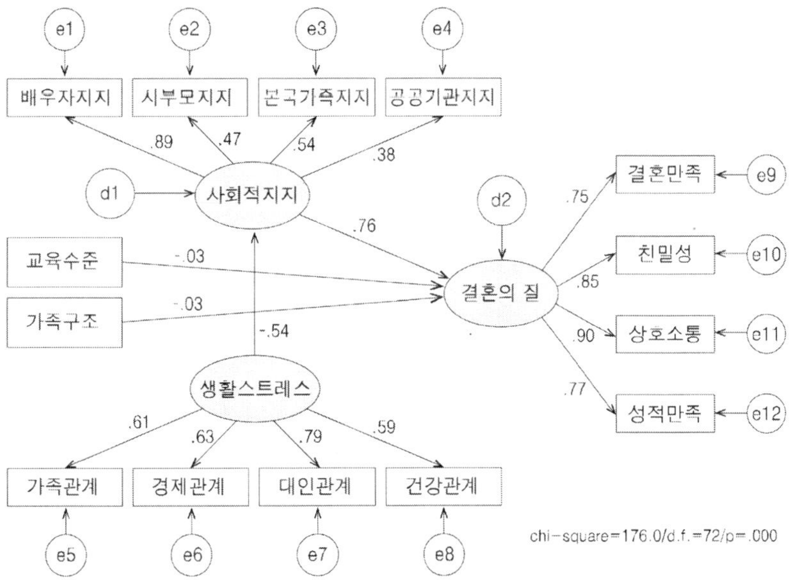

〈그림 4-3〉 생활스트레스와 결혼의 질의 관계에서 사회적 지지의 매개효과

분석하였다(그림 4-3).

분석결과 〈그림 4-3〉에서는 나타나지 않지만 결혼이주여성의 생활스트레스가 결혼의 질에 직접적으로 영향을 미치는 경로가 유의적으로 나타났다(β=-0.565, C.R.=-5.388, p〈0.001). 또한 생활 스트레스→사회적 지지(β=-0.538, C.R.=-5.226, p〈0.001), 사회적 지지→결혼의 질(β=0.764, C.R.=8.032, p〈0.001)에 이르는 경로가 유의적인 것으로 나타났다. 따라서 생활스트레스→결혼의 질에 이르는 경로가 유의적이고, 생활스트레스→사회적 지지, 사회적 지지→결혼의 질에 이르는 경로가 모두 유의적이기 때문에 사회적 지지는 생활스트레스와 결혼의 질의 관계를 부분매개한다고 할 수 있다.

사회적 지지의 매개효과를 산출하기 위해 직접효과와 간접효과를 합한 총인과 효과[직접효과+간접효과]를 계산해 보면 다음과 같다. 생활스트레스가 결혼의 질에 미치는 부정적 영향(직접효과)이 -0.565이었던 것이 사회적 지지로 인해 총인과 효과[-0.565+(-0.538×0.764)]가 -0.976으로 -0.411 정도 결혼이주여성의 결혼의 질을 더 떨어뜨리는 것으로 나타났다. 즉, 결혼이주여성들이 스트레스 상황에서 주변 사람으로부터 지지를 제공받을 경우 오히려 결혼의 질이 더 떨어진다고 할 수 있다.

Ⅴ. 논의 및 제언

본 연구는 부산지역에 거주하는 결혼이주여성을 대상으로 하여 이들의 결혼의 질에 영향을 미치는 생활스트레스와 사회적 지지의 중요성을 파악하고자 하였다. 특히 결혼이주여성의 생활스트레스와 결혼의 질과의 관계에서 사회적 지지의 역할을 파악하고자 하였다. 이를 위해 결혼의 질, 생활스트레스, 사회적 지지에 관한 선행연구를 토대로 하여, 생활스트레스가 사회적 지지를 매개로 하여 결혼의 질에 영향을 미치는 모델을 평가하였다. 본 연구를 통해 확인된 연구결과는 다음과 같다.

첫째, 결혼이주여성의 생활스트레스와 사회적 지지는 서로 독립적으로 결혼의 질에 유의미한 영향을 미치는 것으로 나타났다. 사회적 지지의 경우 배우자, 시부모, 본국가족 그리고 공공기관의 지지와 지원이 결혼의 질에 영향을 미치는 것으로 나타났으며, 특히 배우자의 지지가 가장 큰 영향을 미치는 것으로 나타났다. 사회적 지지가 높을수록 결혼의 질이 높다는 선행연구의 결과(Frone · Russell and Cooper, 1992; Fincham and Bradbury, 1990)와도 일치하며, 생활스트레스와 상관 없이 결혼의 질에 영향을 미치는 것으로 확인되었다.

생활스트레스 사건의 경우 가족관계, 경제관계, 대인관계, 건강관계 등의 스트레스 사건이 결혼의 질에 영향을 미치는 것으로 나타났고, 특히 대인관계 스트레스가 가장 큰 영향을 미치는 것으로 나타났다. 생활스트레스가 높을수록 결혼의 질이 낮은 것으로 나타나 생활스트레스가 결혼의 질의 위험요인이 된다는 연구결과(Bodenmann and Cina, 2006; Harper · Schaalje and Bradbury, 2004)를 지지하였으며, 사회적 지지와 상관 없이 결혼의 질에 부정적으로 영향을 미치는 것으로 나타났다.

둘째, 결혼이주여성의 생활스트레스와 결혼의 질 관계에서 사회적 지지는 부정적 부분매개효과가 있는 것으로 나타났다. 이는 생활스트레스를 경험하고 있는 결혼이주여성에게 사회적 지지가 오히려 이들의 결혼의 질을 떨어뜨린다는 것을 의미한다. 이와 같은 결과는 결혼이주여성의 사회적 지지가 생활스트레스를 효과적으로 통제하지 못하고 있음을 의미한다. 즉, 결혼이주여성의 배우자, 시부모, 본국가족, 공공기관 등은 결혼이주여성에게 필요한 지원을 하지 못하고 있음을 의미한다.

셋째, 이론적으로 생활스트레스를 경험하고 있는 결혼이주여성들이 사회적 지지를 매개할 경우 결혼의 질을 향상시킨다는 가설은 결혼이주여성들이 생활스트레스로 인해 사회적 지지를 이끌어낸다는 측면을 강조한다. 반면 생활스트레스로 인해 사회적 지지가 감소되어 오히려 결혼의 질을 떨어뜨린다는 가설은 사회적 지지의 존재와 수준이 매우 낮다는 것을 의미한다. 본 연구에서는 후자의 가설을 지지하는 것으로 확인되고 있으며, 따라서 생활스트레스 상황에서 결혼이주여성의 질을 향상시키기 위해서는 사회적 지지망의 확충과 효과적인 지원과 관련된 사회복지 개입이 필요하다.

사회적 지지는 사회적 환경 속에서 타인과의 상호작용을 통해서만 충족될 수 있는 자원이다(Cohen & Hoberman, 2006). 결혼이주여성의 경우, 언어 장벽, 문화적 차이 등으로 가족뿐만 아니라 이주사회의 구성원들과 상호작용하는 것이 쉽지 않기 때문에 이들의 사회적 관계는 매우 제한적이다. 이러한 상황에서 이들이 결혼생활과정에 겪는 어려움에 적절하게 대응을 하지 못했을 가능성이 크며, 이들의 결혼생활을 불안정하게 하거나 결혼 해체로 이어지기 쉬웠을 것으로 판단된다.

본 연구는 결혼이주여성의 생활스트레스와 결혼의 질 관계에서 사회적 지지의 역할을 규명하고자 하였다. 하지만 사회적 지지의 구조를 가족을 중심으로 분석하였기 때문에 외부로부터 제공되는 지원을 얼마나 활용하는지를 고려하지 못했다. 게다가 사회적 지지를 구조에 한정하였기 때문에 지지의 내용을 다루지 못하였다. 이것은 본 연구를 설계하는 과정에서 지지의 구조와 기능을 나누어 다루지 못한 본 연구의 한계이다. 또한 본 연구를 부산지역에 거주하는 결혼이주여성으로만 한정하여 연구를 하였기 때문에 이 연구를 전체 결혼이주여성으로 일반화하는 데 무리가 따른다. 연구자가 접근할 수 있는 결혼이주여성에 대한 정보는 매우 한정적이기 때문에, 결혼이주여성들이 자주 가는 다문화가족지원센터나 복지관 등의 자료에 의존할 수밖에 없었고, 지역사회에 참여를 할 수 없거나 자발적인 참여의사가 없는 결혼이주여성의 사례는 제외될 수밖에 없었다. 그럼에도 불구하고 선행연구들이 결혼생활의 안정적 유지에 머물러 있었다면 본 연구는 한 단계 더 나아가 이들의 결혼의 질을 향상시키는 데 초점을 두었다. 연구결과에서 나타나듯이 결혼이주여성의 사회적 지지의 부정적 효과는 사회적 지지의 존재와 수준이 매우 낮기 때문이다. 따라서 생활스트레스에 대응하기 위해서는 결혼이주여성 스스로 사회적 지지망의 확충하기 위한 노력이 무엇보다 필요하다. 그러나 이들의 제한적 사회적 관계를 볼 때, 정부에서 이들이 생활스트레스에 대응할 수 있도록 공식적 지원체계를 확충하는 것이 필요하다. 또한 연구에서도 나타나듯이 가족 등이 결혼이주여성의 생활스트레스에 대응하지 못하는 것으로 나타나고 있는데, 배우자를 포함하여 가족들에게도 이들이 결혼이주여성의 생활스트레스를 개선하는 데 도움을 줄 수 있도록 가족지원프로그램을 활용해 보는 것도 필요하다. 둘째, 결혼이주여성은 일반 여성들보다 일상생활에서 발생하는 스트레스에 취약하기 때문에 이 시기에 대한 보다 집중적인 관심과 개입이 필요하다. 결혼이주여성들에게 스트레스관리와 대처에 대한 교육이나 프로그램이 운영될 필요가 있고, 결혼이주여성들의 생활스트레스에 대한 적응력을 향상시킬 수 있는 예방적 차원의 개입방법들을 개발하는 것이 필요하다.

참고문헌

김두섭 · 이명진. 2007. "국제결혼 부부의 사회 · 인구학적 상이성과 결혼 안정성." 한국인구학 30(3), 33-56.

김오남. 2006. "국제결혼 이주여성의 부부갈등 결정요인 연구." 가족과 문화 18(3), 63-106.

김현숙. 2007. "결혼이주여성의 사회통합 유형에 관한 연구." 부산대학교 박사학위청구논문.

이경성 · 한덕웅. 2003. "결혼적응검사의 개발." 한국심리학회: 건강 8(3), 679-705.

이은주. 2007. "결혼이민여성 부부집단 프로그램의 개발과 평가에 관한 시론적 연구." 가족과 문화 19(1), 29-60

이혜경. 2005. "혼인이주와 혼인이주 가정의 문제와 대응." 한국인구학 28(1), 73-106.

윤형숙. 2005. "외국인 출신 농촌주부들의 갈등과 적응." 지방사와 지방문화 8(2), 299-339.

법무부 출입국 외국인정책본부. 2009. 2009년 출입국통계연보.

Adams, G. A., L. A. King and D. W. King. 1996. "Relationships of job and family involvement, family social support, and work-family conflict with job and life satisfaction." *Journal of Applied Psychology* 81: 411-420.

Almeida, D. M. and R. C. Kessler. 1998. "Everyday stressors and gender differences in daily distress." *Journal of Personality and Social Psychology* 75(3): 670-680.

Amoto, P. R., A. Booth, D. R. Johnson and S. J. Rogers. 2007. *Alone together: How marriage in America is changing*. Havard University Press.

Beach, S. R. H. and M. Gupta. 2006. "Directive and nondirective spousal support: Differential effects?" *Journal of Marital and Family Therapy* 32(4): 465-477.

Bodenmann, G. and A. Cina. 2006. "Stress and coping among stable-satisfied, stable-distressed and separated/ divorced Swiss couples: A 5-year prospective longitudinal study." *Journal of Divorce and Remarriage* 44: 71-89.

Bodenmann, G., T. Ledermann and T. N. Bradbury. 2007. "Stress, sex, and satisfaction in marriage." *Personal Relationships* 14(4): 551-569.

Bradbury, T. N., F. D. Fincham and S. R. H. Beach. 2000. "Research on the nature and determinants of marital satisfaction: A decade in review." *Journal of Marriage and Family* 62: 964-980.

Burleson, B. R. 2003. "The experience and effects of emotional support: What the study of cultural and gender differences can tell us about close relationships, emotion, and interpersonal communication." *Personal Relationships* 10(1): 1-23.

Cohen, S. 1988. "Psychological models of the role the social support in the etiology of physical disease." *Health Psychology* 7: 269-297.

Cohen, S. and H. M. Hoberman. 2006. "Positive events and social supports as buffers of life change stress." *Journal of Applied Social Psychology* 13(2): 99-125.

Cohen, S. and T. A. Wills. 1985. "Stress, social support, and the buffering hypothesis." *Psychological Bulletin* 98: 310-357.

Cohan, C. L. and T. N. Bradbury. 1997. "Negative life events, marital interaction, and the longitudinal course of newlywed marriage." *Journal of Personality and Social Psychology* 73: 114-128

Debra, U. and K. Williams. 2005. "Marital Quality, Health, and Aging: Gender Equity?" *Journal of Gerontology: Social Sciences* 60(B): 109-113.

Dehle, C., D. Larsen and J. E. Landers. 2001. "Social support in marriage." *The American Journal of Family Therapy* 29(4): 307-324.

DeLongis, A., S. Folkman, and R. S. Lazarus. 1988. "The impact of daily stress on health and mood: Psychological and social resources as mediators." *Journal of Personality and Social Psychology* 54(3): 486-493.

Fincham, F. D. and T. N. Bradbury. 1990. "Social support in marriage: the role of social cognition." *Journal of social and clinical psychology* 9(1): 31-42.

Folkman, S., R. S. Lazarus, C. Dunkel-Shetter, A. DeLongis and R. J. Gruen. 1986. "Dynamics of a stressful encounter: cognitive appraisal, coping, and encounter outcomes." *Journal of Personality and Social Psychology* 50: 992-1003.

Frone, M. R., J. K. Yardley and K. S. Markel. 1997. "Developing and testing an integrative model of the work-family interface." *Journal of Vocational Behavior* 50: 145-167.

Frone, M. R., M. Russell and M. L. Cooper. 1992. "Antecedents and outcomes of work-family conflict: Testing a model of the work-family interface." *Journal of Applied Psychology* 77: 65-78.

Greene, V. L. 1983. "Substitution between formally and informally provided care for the impaired elderly in the community." *Medical Care* 21(6): 609-619.

Harper, J. M., Schaalje, B. G., and J. G. Sandberg. 2000. "Daily hassles, intimacy, and marital quality in later life marriage." *American Journal of Family Therapy* 28(1): 1-18.

Hendrick, S. S. and C. Hendrick. 2002. "Linking romantic love with sex: development of the perceptions of love and sex scale." *Journal of Social and Personal Relationships* 19: 361-378.

Hohmann-Marriott, B. E. and P. Amoto. 2008. "Relationship quality in inter-ethnic marriages and cohabitations." *Social Forces* 87(2): 825-855.

Holman, T. B. 2001. *Premarital prediction of marital quality or breakup*. New York: Kluwer Academic/Plenum.

House, J. S., K. R. Landis, and D. Umberson. 1988. "Social relationships and health." *Science* 241: 40-45

Kamp Dush, C. M., C. L. Cohen, P. R. Amato. 2003. "The relationship between cohabitation and marital quality and stability: change across cohorts?" *Journal of Marriage and Family* 65(3): 539-549.

Karney, B. R. and T. N. Bradbury. 1995. "The longitudinal course of marital quality and stability: a review of theory, method, and research." *Psychological Bulletin* 118: 3-34.

Kessler, R. C., J. D. McLeod and E. Wethington. 1985. "The costs of caring: A perspective on the relationship between sex and psychological distress." In I. G. Arason and B. R. Sarason(Eds.), *Social support: theory, research, and application* (pp.491-506). The Hague, The Netherlands: Martinus Nijoff.

Killian, K. D. 2001. "Crossing borders: Race, gender, and their intersection in interracial couples." *Journal of Feminist Family Therapy* 13(1): 1-31.

Logan, T. R. and G. Spitze. 1994. "Informal support and the use of formal services by older Americans." *The Journal of Gerontology* 49: 24-34.

Luke, C. and V. Carrington. 2000. "Race matters." *Journal of Intercultural Studies* 21: 5-22.

McCubbin, H. I., J. M. Patterson and L. R. Wilson. 1985. "FILE: family inventory of life events and changes." In: H. I. McCubbin, A. I. Thompson eds. *Family assessment: inventories for research and practice*. Madison: University of Wisconsin. 81-100.

McCubbin, H. I., A. I. Thompson, E. A. Thompson, K. M. Elver and M. A. McCubbin. 1998. "Ethnicity, schema, and coherence: appraisal processes for families in crisis." In McCubbin H. I., E. A. Thompson, A. I. Thompson, and J. E. Fromer, (Eds.), *Stress, coping, and health in families: sense of coherence and resiliency*. Thousand Oaks, CA: Sage.

Mickelson, K. D., S. T. Claffey and S. L. Williams. 2006. "The moderating role of gender and gender role attitudes on the link between spousal support and marital quality." *Sex Roles* 55(1-2): 73-82.

Okun, B. 1996. *Understanding diverse families*. New York: Guilford.

Pasch, L. A. and T. N. Bradbury. 1998. "Social support, conflict, and the development of marital dysfunction." *Journal of consulting and clinical psychology* 66: 219-230.

Parasuraman, S., Y. S. Purohit, and V. M. Gosshalk. 1996. "Work and family variables, entrepreneurial career success, and psychological well-being." *Journal of Vocational Behavior* 48: 275-300.

Ross C. E. 1995. "Reconceptualizing marital status as a continuum of social attachment." *Journal of Marriage and the Family* 57: 129-140.

Spanier, G. B. 1976. "Further evidence on methodological weaknesses in the Locke-Wallace Marital Adjustment Scale and other measures of adjustment." *Journal of Marriage and the family* 34: 403-414.

Stone, A. A., E. Kennedy-Moore, and J. M. Neale. 1995. "Association between daily coping and end-of-day mood." *Health Psychology* 14(4): 341-349.

Story, L. B., and T. N. Bradbury. 2004. "Understanding marriage and stress: Essential questions and challenges." *Clinical Psychology Review* 23(8): 1139-1162.

Thoits, P. A. 1995. "Stress, Coping, and social support processes: where are we? What next?" *Journal of Health and Social Behavior* 1(35): 53-79.

Thomas, N. Bradbury, Frank D. Fincham, Steven R. H. Beach. 2000. Research on the nature and determinants of marital satisfaction: a decade in review, *Journal of Marriage and the Family* 62(4): 964-980.

Umberson, D., K. Williams, D. Powers, H. Liu, and B. Needham. 2006. "You Make Me Sick: Marital Quality and Health Over the Life Course." *Journal of Health and Social Behavior* 47(March): 1-16.

Wheaton, B. 1985. "Models of the stress-buffering functions of coping resources." *Journal of Health and Social Behavior* 26: 352-364.

________. 1999. *Handbook of the sociology of mental health*. Spring US. 277-300.

Zimet, G. D., N. W. Dahlem, S. G. Zimet, and G. K. Farley. 1988. "The multi dimensional scale of perceived social support." *Journal of Personality Assessment* 52: 30-41.

제 5 장

외국인노동자의 가족탄력성이 문화적응스트레스에 미치는 영향

- 김해시를 중심으로 -

나금실·김희재 · 최송식

제5장

외국인노동자의 가족탄력성이 문화적응스트레스에 미치는 영향*
- 김해시를 중심으로

Ⅰ. 서 론

한국으로 들어오는 외국인노동자의 수가 증가하고, 체류기간이 길어짐으로써 새로운 현상 중의 하나는 외국인노동자 가족의 형성에 관한 것이다. 외국인노동자들은 가족이 다양한 방법으로 재결합하거나 가족을 형성하는 경우가 점차 늘어나고 있다. 예를 들면 부부가 각각 산업연수 또는 고용허가제를 신청하여 시간차를 두어 입국하기도 하고, 배우자 중 한 사람이 산업연수생으로 먼저 들어오고, 그 배우자가 관광비자로 들어와 재결합하는 경우, 한국에 와서 외국인노동자끼리 또는 한국인과의 사실혼 관계에 있는 경우, 자녀를 낳은 후 자녀만 모국으로 보내고 부부만 남는 경우, 자녀를 포함한 가족전체가 재결합하는 경우 등 다양한 가족형태가 형성되고 있다. 그러나 외국인노동자 가족이 증가하고 있으나, 아직까지 외국인노동자 가족의 규모와 수는 제대로 파악되지 않고 있으며, 특히 미등록외국인노동자의 경우 가족을 이루고 사는 경우가 많은 데도 불구하고 그 규모를 파악하기가 매우 어려운 실정이다.

외국인노동자들의 가족생활은 가족동반금지라는 제도적인 제약으로 인해 불안정할 수밖에 없다. 특히 미등록외국인노동자 가족들의 경우 언제 단속의 대상이 되어 가족이 헤어질지도 모르고, 해고나 임금체불과 불안정한 위기상황에 놓여 있다는 점이다. 자녀가 있는 경우 더욱 취약할 수밖에 없는데, 그 중에

* 이 연구는 2007년도 정부재원(교육인적자원부 학술연구조성사업부)으로 한국학술진흥재단의 지원을 받아 연구되었음(KRF-2007-411-J01101).

서 자녀교육이 가장 문제가 되고 있다. 미등록노동자 자녀들도 의무교육을 받을 수 있도록 되어 있지만, 입학허가가 일선 학교장의 재량에 달려 있고, 이를 받아들인 학교는 매우 드물기 때문이다. 뿐만 아니라 언제 단속될지 모르는 상황에서 자녀를 학교에 보낸다는 것은 대단한 모험이 아닐 수 없다. 한국 사람과 결혼한 외국인노동자 가족도 국제결혼에 대한 인식들이 부정적인 상황에서 사회 · 문화적으로 어려움에 처하기는 마찬가지이다.

외국인노동자 가족에 대한 연구는 문화적 적응 또는 생활수준, 자녀들을 중심으로 연구되고 있으나 아직 그 수는 적다. 그 이유는 먼저 근본적으로 외국인노동자 정책이 순환제 노동으로 가족동반을 불허하고 있다는 점이며, 둘째, 외국인노동자 가족이 있다고 하더라도 수적으로 적으며 가족으로서 범주화되지 않고 또 가족을 형성하는 주체로서 외국인 이주노동자를 보는 시각의 결여(키노시타 미애, 2006: 3)와 이들 가족들이 쉽게 노출되지 않기 때문이다(설동훈 · 한건수 · 이란주, 2003: 3). 셋째, 외국인노동자의 인권과 노동권이 보장되지 않은 상황에서 가족권까지 논의하는 것은 요원한 일이라고 간주하기 때문이다. 그러나 2001년 유엔은 한국이 산업노동인력 부족국가로, 한 해 10만 이상의 외국노동인력을 받아들일 것을 예측했다(김재환, 2005). 이러한 한국적 상황은 향후 외국인력을 도입할 수밖에 없으며 이에 따른 외국인노동자의 가족들의 문제는 더욱 증가할 것으로 보인다.

본 연구에서는 한국사회에서 거주기간이 점점 길어지고 있는 외국인노동자들이 모국을 떠나 문화적으로 다른 한국사회에서 가족을 형성하고 있다는 점과 이주노동으로 인한 가족이 분리되는 위기상황 속에서 어떻게 새로운 환경에서 가족생활 또는 모국과의 가족생활을 유지하고 있는가 하는 것에 초점을 맞추고자 한다. 또한 이들의 가족생활이 한국사회에서 문화적 적응에 어떤 영향을 미치는가를 분석한다. 기존의 연구에서는 가족과 적응 간의 분석도구로 가족탄력성 개념을 사용하고 있다(김미옥, 2001; 윤향미, 2008; 이수연, 2008). 가족탄력성 개념은 가족과정(Family Process) 차원에서 가족을 구조적, 기능적으로 설명하고 있으며(Walsh, 1998; 양옥경 외 역, 2002), 역동적 실체인 가족의 특성을 잘 반영하여 가족을 다차원에서 조명하는 이점을 가지고 있다(김미옥, 2001: 17).

이러한 가족탄력성의 개념을 외국인노동자가족의 연구에 적용하여 가족탄력성이 한국사회의 적응력을 높일 수 있는가를 고찰하고자 한다. 본 연구의 목적은 가족탄력성 개념을 사용하여 외국인노동자 가족의 가족탄력성이 한국의 문화적응에 어떻게 영향을 미치는가를 고찰하여 외국인노동자 가족의 가족탄력성 강화를 위한 가족복지 정책을 마련하는 데 있다.

Ⅱ. 이론적 논의 및 선행연구 검토

1. 외국인노동자 가족의 개념과 규모 추정

1) 외국인노동자 가족 개념

'외국인노동자 가족'이라 함은 외국인노동자와 혼인한 자 또는 해당 법률에 따라 혼인과 같은 효력을 갖는 관계에 있는 자는 물론 피부양 자녀 및 해당 법률 또는 관계국 간의 양자 또는 다자협정에 의하여 가족으로 인정되는 여타의 피부양자를 말한다(설동훈 · 박경태 · 이란주, 2004: 50). 키노시타 미애(2006)는 한국인과 외국인 이주노동자의 결혼으로 형성된 국제결혼 가정, 이주노동자로 국내에 들어와 외국인 이주노동자 간의 혼인으로 형성된 외국인 이주노동자 가정, 이미 본국에서 결혼하여 형성된 가족이 국내에 외국인이주자로 이주한 가정으로 3가지 유형으로 구분하고 있다. 박범식(2008)은 세 가지 유형 외에 본국에서 결혼하여 형성된 가족이지만, 그 중 남편 혹은 아내 홀로 국내에 들어와 일을 하고 있는 분리형 가족을 더하고 있다. 본 연구에서는 선행연구에 기반을 두어 외국인노동자 가족의 범주를 한국인과 외국인, 외국인노동자끼리, 가족이 모국에 있는 분거 가족으로 삼고자 한다.

2) 외국인노동자 가족 규모 추정

외국인노동자 가족의 규모에 대해서는 정확한 규모는 밝혀져 있지 않으나 출입국외국인정책본부의 국민배우자의 지역별 현황과 체류외국인 중 16세 미만의 아동 · 청소년 수를 이용해 대략적인 규모를 추정해 볼 수 있다. 2009년 12월말 기준으로 국민의 배우자 지역별 현황을 살펴보면 총 125,087명으로 남자 15,876명, 여자 109,211명이다(출입국관리본부, 2009). 전국적으로 살펴보면 경기도(32,578명), 서울(29,455명) 다음으로 경남이 국민배우자가 많은 것으로 나타났다(7,723명).

국가별로는 한국인 여성과 결혼한 아시아계 외국인 남자의 국적은 조선족이 가장 많고(6,807명), 중국인(3,311명), 파키스탄인(617명), 필리핀인(164명), 베트남인(159명), 네팔인(125명) 등의 순으로 집계되었다. 반면에 한국인 남성과 결혼한 아시아계 외국인여성은 중국인(30,115명)이 가장 많고, 베트남인(30,014명), 조선족(25,759명), 필리핀인(6,157명), 캄보디아인(3,221명) 등의 순으로 집계되었다(출입국외국인정책본부, 2009년 12월말 기준). 여성의 경우 이주의 목적이 결혼이주와 혼재되어 있는데, 거시적으로 볼 때 경제적 이유에서 결혼이주를 하는 것이며, 노동을 하는 목적도 모국의 친정식구들에게 경제적 자원을 제공한다는 의미에서 본다면 이주노동의 관점으로 볼 수 있을 것이다.

이와는 달리 외국인노동자의 모국사람과의 결혼의 경우는 그 수가 얼마인지 파악하기 어렵다. 가족단위로 이주하는 경우나 국내에서 가족을 형성하는 경우 모두 그러하다. 가족단위 이주의 경우에는 입국 당시 가족관계를 드러내지 않고 있으며, 국내에서 가족을 형성하는 경우에도 외국인끼리 혼인하는 경우에는 한국정부에 혼인신고 등을 하지 않으므로 전혀 노출되지 않기 때문이다(설동훈 · 박경태 · 이란주, 2004: 50).

출입국외국인정책본부의 통계에 의하면 16세 미만의 아동 · 청소년은 24,302명으로, 선진국 아동 · 청소년을 제외한 아시아계 아동 · 청소년의 수는 10,742명이다(출입국 · 외국인정책본부 2008년 통계연보). '외국인노동자의 자녀가 대부분 미등록자로, 시민단체에서는 약 11,000명 정도일 것으로 추측하고 있다. 그 중에서 공교육을 받고 있는 외국인노동자 자녀는 1,391명에 불과하고, 약 8,600여 명의 아이들이 정규 교육권 밖에 방치되었다'(동아일보, 2010년 1월 14일자)고 한다. 다른 한편으로는 2~3만여 명의 외국인 아동들이 대부분 불법체류자신분 상태로 국내에 체류하고 있을 것으로 추산하고 있다(김성천, 2009). 이러한 자료들에 기반을 두어 국내 외국인노동자 가족 규모를 추정해 보면, 국민 배우자 남자를 기준으로 15,876명, 미등록자 1~2만 명 정도로 대략 25,000여 명에서 35,000여 명으로 추정된다.

3) 김해시 외국인노동자 현황

경남 김해시는 서울과 경기 다음으로 외국인이 많이 거주하고 있는 곳이다(행안부, 2008). 주로 중소기업이 밀집되어 있어 그에 따른 외국인노동자도 지속적으로 증가하고 있다. 김해시의 주민등록 인구는 475,093명으로 거주외국인의 수는 10,129명(남 8,041명, 여 2,088명)으로 김해시 인구 대비 2.1%를 차지하고 있다(김해시청, 2008). 이는 전국 총인구대비 1.8%보다 높으며, 서울(2.5%), 경기(2.5%) 다음으로 거주 외국인이 많은 것으로 나타났다. 또한 김해시의 국민배우자는 991명으로 남자 97명, 여자 894명으로 나타났다(출입국관리본부, 2009). 김해시의 외국인 등록자 수는 2006년과 2007년에 급증하였다(김해시청, 2007). 이는 고용허가제 이후 김해시로 유입되는 외국인노동자 수가 증가한 것으로 보인다. 특히 여성보다는 남성의 증가가 더욱 두드러지게 나타났다. 비교적 중소기업이 많이 몰려 있는 김해지역이 외국인노동자를 유입하는 요인으로 작용하고 있다고 할 수 있다.

김해시에 가장 많이 거주하고 있는 외국인은 중국인(조선족 포함 2,791명), 베트남인(2,236명), 필리핀인(1,055명), 인도네시아인(905명), 우즈베키스탄인(438명), 파키스탄인(287명), 방글라데시아인(105명), 기타(2,312명) 순으로 총 10,129명으로 나타났다.

2. 가족탄력성 개념

가족학자들은 왜 어떤 가족들은 전환과 위기에 보다 탄력적으로 잘 대처하고 극복하며, 그러한 어려움 속에서 성장까지 할 수 있는 반면에, 어떤 가족들은 유사한 어려움에 직면하여 쉽게 좌절하고 파괴되는지를 밝히기 위해 노력해 왔다. 가족스트레스 이론과 가족탄력 이론은 이러한 과학적 질문에 근거하여 진보해 왔다. 가족탄력성이란 위기상황에 직면하여 가족이 보다 적응적이 될 수 있도록 하는 가족의 특성, 자원, 속성을 의미하는 가족자질이다(이은희, 2008: 196).

가족탄력성은 지난 20여 년 전부터 연구되고 있는 개인탄력성(Individual Resilience)개념을 이해하는 것에서 출발한다. 개인탄력성은 고위험 상황에 처한 아동 및 청소년을 대상으로 이들의 성공적인 적응을 원조하는 보호요인(protective factor)과 위험요인(risk factor)을 밝히고자 하는 것이다(김미옥, 2002: 11). 탄력성이란 역경으로부터 다시 일어나 강해지고 자원을 더 풍부하게 할 수 있는 능력으로 정의될 수 있다. 그것은 위기와 도전에 대한 반응으로 인내하고, 자정하며, 성장해 가는 역동적 과정이다(Walsh, 1998, 양옥경 외 역, 2002: 33). 이러한 탄력성의 개념은 개인의 특성으로 인해 위기를 극복하고 성장하는 것으로 보았다. 1990년대 후반 개인을 둘러싸고 있는 환경체계와의 상호 작용 맥락에서 탄력성이 가족에게 적용되면서 가족이 위기에 대응하고 극복하는 요인에 대한 관심으로 방향이 바뀌었다. 특히 Walsh와 McCubin과 같은 연구자는 이러한 환경적 체계들을 가진 가족에게 탄력성의 개념을 적용시켰다(김안자, 2005: 8). 또한 가족탄력성은 기능적 단위로서의 가족 안에서 경험하는 대처와 적응의 과정을 의미한다. 특히 가족스트레스 이론과 관련하여 가족탄력성 모델을 강조하였다(Walsh, 1998, 양옥경 외 역, 2002: 48).

가족탄력성에서 가족의 신념체계는 모든 가족기능의 핵심이며, 탄력성의 강력한 힘이다. 가족 신념체계는 응집력을 제공하고, 가족구성원들의 위기상황을 이해할 수 있도록 경험을 조직한다(David Reiss, 1981; Walsh, 1998, 양옥경 외 역, 2002: 93 재인용). 그리고 탄력적인 가족은 위기를 하나의 도전으로 인식하여 도전에 따르는 변화의 필요성과 시간의 경과를 더 잘 수용할 수 있다(Carter & Mcgoldrick; 김미옥, 2001, 재인용). 조직유형개념은 융통성, 연결성, 사회 및 경제적 자원으로 구성되어 있다. 융통성은 가족에서 발생하는 스트레스나 긴장이 야기되는 상황이나 사건에 접했을 때 가족구성원간에 새로운 역할분담으로 위기를 극복하는 개념이다. 연결성은 가족 내의 상호지지, 연합, 분리와 상호협력,

자율성의 균형을 이루게 한다. 이러한 연결성은 응집력의 개념과 유사한 것으로서 가족구성원의 서로에 대한 정서적 연대감을 의미한다(Olson, 1993; 김승돈 · 김용환, 2009에서 재인용). 사회 · 경제적 자원은 가족이 가지고 있는 자원을 위기상황에서 얼마나 잘 활용하고 있으며, 탄력적인가를 측정하는 개념이다. 의사소통과정은 명확성, 개방적인 정서공유, 상호 협력적 문제해결을 요인으로 삼고 있다. 가족들이 집안문제에 직면했을 때 어떻게 해결하는지, 다른 구성원이 느끼는 감정을 어떻게 느끼는지, 애정표현이나 감정적인 표현을 적극적으로 하는지에 관한 것이다. 의사소통과정은 외국인노동자의 가족이 위기상황에 처했을 때 문제해결과 정서공유, 친밀감을 통해 위기를 극복할 수 있는 요인이 된다.

3. 선행연구 검토

가족탄력성에 관한 연구는 주로 장애아동가족, 한부모 가족 등 위기에 처한 가족들에 관해 주로 연구되었다(김미옥, 2001; 윤향미, 2007; 현은민, 2008). 이주민의 가족탄력성 연구는 결혼이주여성이 한국에서 겪는 스트레스와 가족탄력성 간의 연구로 주로 적응문제를 다루고 있다(양옥경 · 김연수 · 이방현, 2007; 곽민정, 2008; 이미승 · 정갑숙, 2008; 권복순, 2009; 양옥경 · 송민경 · 임세와, 2009). 홍미기(2009)의 연구에서는 결혼이주여성의 문화적응스트레스와 부부 적응과의 관계에서 사회적 지지와 부부의사소통이 영향을 준다고 주장하였다. 이수연(2008)은 가족탄력성이 결혼이민여성가족의 적응에 유의미한 관계를 분석하면서, 가족스트레스보다 가족탄력성이 높은 설명력을 가진다는 것이다.

외국인노동자들의 가족은 익숙한 모국의 문화를 떠나 사회 · 경제 · 정치적으로 다른 문화를 가진 사회에 적응할 수밖에 없다. 이러한 과정에서 외국인노동자들은 문화적 갈등을 경험하게 되고 적응하려 노력한다. 문화적응(acculturation)이란 새로운 문화를 접한 결과 나타난 집단의 문화적 변화를 말한다(정진경 · 양계민, 2004: 105). 문화적 적응과정은 신체적, 심리적, 그리고 사회적 양상을 표현하는 것으로 불안이나 우울과 같은 저조한 정신건강 상태, 소외감, 신체증세 그리고 정체성의 혼란 등의 특정한 일련의 스트레스 행동들을 동반한다.

문화적응 과정에서 발생하는 고통과 역기능을 문화적응스트레스(acculturative stress)라고 한다(나임순, 2006: 163-164). 김선화(2004)의 연구에서는 문화적응스트레스를 새로운 문화와 접촉할 때 경험하는 지각된 차별감, 지각된 적대감, 두려움으로 인해 나타나는 스트레스라고 정의하고 있다. 이승종(1995)은 문화적응스트레스를 '문화이입과정 스트레스(acculturative stress)'로 번안하고 있다. 이처럼 문화적응스트레스는 이주생활에서 경험하는 일상생활의 크고 작은 모든 문젯거리가 복합적으로 작용된 일정 기간의 전체 스트레스 총량(Lazarus and Folkman, 1984, 김정희 역, 1991)으로 정의할 수 있다.

외국인노동자들의 경우 문화적응스트레스와 건강 간의 관계(김혜미 · 김선화, 2008) 연구와 문화적응스트레스가 외국인 근로자들이 경험하는 정신신체증후군에 유의미한 영향에 관한 연구에서는 본국에 남아 있는 가족이 많은 문제를 겪을수록 외국인노동자도 더 높은 수준의 불안증후군과 정신신체증후군을 겪는다는 결과가 나타났다(정기선, 1999: 61-78). 사회적 지지와 문화적응스트레스 간의 연구(이순희 · 이영주 · 김숙영 · 김신정, 2009)에서는 문화적응스트레스를 감소하기 위하여 성별에 따른 차별화된 사회적 지지와 모국공동체를 활성화할 수 있는 다양한 프로그램 개발을 제시하고 있다. 이처럼 외국인노동자의 적응에 영향을 미치는 요인 중 하나로 가족에 주목하고 있으나, 실증적인 자료의 분석을 통해 이를 뒷받침하고 있는 연구는 많지 않다.

한편 외국의 연구 중에는 비자발적 이주민이나 난민들의 적응 과정에서 가족이 어떤 영향을 미치는지에 대해 연구들이 다소 이루어졌으며, 이 연구들은 외국인노동자 가족의 문화적응을 이해하는 데 도움을 준다. Sluzki(1979)는 이주가 가족 내의 스트레스를 증가시키며 가족 내 갈등을 야기한다고 하였다. Samarasinghe · Fridlund & Arvidsson(2006)의 연구에서는 난민가족을 받아들이는 사회의 수용태도와 통합정도와 더불어 가족 내부적으로 명확하게 규정된 역할이 가족의 성공적 적응과 안정성에 기여한다고 하였다(진미정 · 이순형, 2007: 66에서 재인용). 진미정과 이순형(2007)은 새터민 연구에서 성별과 세대별 가족구조 뿐만 아니라 가족의 역할규정 및 가족의 응집성과 적응성에 주목하여 새터민의 문화적응 결과가 달라진다는 것을 제시하였다. 김미옥(2001)은 가족탄력성

요인 중 가족통제감, 가족강점, 응집력, 가족자원, 의사소통이 높을수록 장애아동가족의 적응에 영향을 미친다고 하였다. 김안자(2005)의 연구에서도 가족탄력성은 한부모가족의 가족스트레스가 감소한다고 하였다. 외국인노동자 가족들이 대다수의 가족탄력성 연구자들이 대상으로 삼고 있는 장애가 있는 가족상황은 아닐지라도 이질적인 타문화에 적응한다는 것은 그에 못지않은 정신적, 신체적 어려움들을 겪고 있다. 이러한 스트레스적 상황에서 외국인노동자 가족들의 가족탄력성은 한국 적응에 중요한 요인이 될 수 있을 것이다.

Ⅲ. 연구방법 및 분석결과

1. 측정변인과 가설설정

본 연구에서는 김해지역에 거주하는 기혼 외국인노동자들을 대상으로 가족탄력성과 문화적응스트레스를 조사하였다. 그리고 가족탄력성이 외국인노동자들이 한국에서 겪는 문화적응에 얼마나 영향을 미치는가를 분석하였다. 외국인노동자의 가족탄력성과 문화적응스트레스 간의 측정변인은 가족탄력성, 문화적응스트레스, 그 외 사회 인구학적 변수들로 구성하였다. 가족탄력성의 하위 단위 변인들과 문화적응스트레스, 각 척도간의 신뢰도는 〈표 5-1〉과 같다.

〈표 5-1〉 변수와 척도의 구성 및 신뢰도

변수		척도	Cronbach's α		
가족탄력성*	신념체계	가족통제감(18문항)	.792	.873	.920
		가족강점(12문항)	.789		
	조직유형	가족역할안정성(5문항)	.658	.689	
		가족응집력(10문항)	.765		
	의사소통과정	문제해결차원(7문항)	.821	.804	
		정서반응차원(4문항)	.728		
문화적응스트레스(20문항)*			.935		

출처: 김미옥(2001), p.49에서 척도를 인용하여 재구성하였음.

1) 연구모형

가족탄력성과 문화적응스트레스 간의 영향을 파악하기 위해 연구모형을 설정하였다. 연구모형에서 사회 인구학적 요인을 통제한 후, 신념체계, 조직유형, 의사소통과정을 독립변인으로 삼았으며, 종속변인은 문화적응스트레스이다. 이와 같은 측정변인들을 이용한 연구모형은 〈그림 5-1〉과 같다.

〈그림 5-1〉의 연구모형에 따른 연구가설은 첫째, 외국인노동자의 기족의 신념체계가 높을수록 문화적응스트레스는 낮게 나타날 것이다. 즉, 가족통제감과 가족강점 측정변인이 문화적응스트레스를 감소시킬 것이다. 둘째, 외국인노동자 가족의 조직유형이 높을수록 문화적응스트레스는 낮게 나타날 것이다. 즉, 가족역할안정성, 가족응집력 측정변인이 높을수록 문화적응스트레스는 낮게 나타날 것이다. 셋째, 외국인노동자 가족의 의사소통과정이 높을수록 문화적응스트레스는 낮게 나타날 것이다. 즉, 문제해결차원, 정서반응차원이 높을수록 문화적응스트레스는 낮게 나타날 것이다. 결과적으로 외국인노동자의 가족탄력성이 높을수록 문화적응스트레스가 낮게 나타나는 경향을 가짐으로써 외국인노동자들이 한국생활에 적응력이 더욱 높을 것이라고 예측할 수 있다.

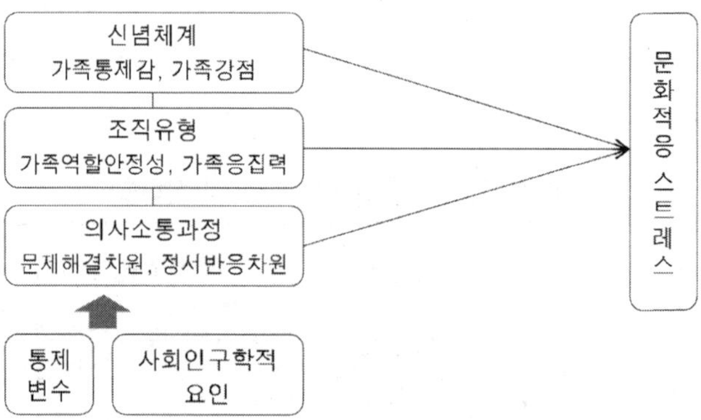

〈그림 5-1〉 외국인노동자의 가족탄력성과 문화적응스트레스 연구모형

2) 독립변인

본 연구는 Walsh의 가족탄력성 개념을 사용하여 외국인노동자의 가족탄력성을 사용하여, 신념체계(가족통제감, 가족강점), 조직유형(가족역할안정성, 가족응집력), 의사소통과정(문제해결차원, 정서반응차원)으로 측정하였다.

가족탄력성은 김미옥(2001)과 윤향미(2007)가 번안하여 사용한 가족탄력성 연구 척도를 참고하였다. 또한 Walsh(1998)의 가족탄력성 개념을 사용하여 신념체계, 조직유형, 의사소통과정으로 구분하여 측정하였다. 가족탄력성의 전체 질문항은 총 56문항으로 신념체계 30문항, 조직유형 15문항, 의사소통과정 11문항으로 구성하였다. 본 연구에서 가족탄력성 신뢰도 Cronbach의 알파계수는 .920으로 내적 일치가 높게 나타났다.

가족의 신념체계는 가족의 위기 상황 해석 및 의미를 부여하는 척도이며, 강점과 잠재력에 초점을 둔 긍정적 시각이다. 신념체계의 질문항은 총 30문항이며, 하위척도로 가족통제감, 가족강점 요인으로 구성하였다. 각 문항은 1점 '매우 그렇다'에서부터 5점 '전혀 그렇지 않다'로 5점 리커트 척도(Likert scale)로 측정하였다. 긍정적 16문항은 역코딩하여 처리하였으며, 점수가 높을수록 가족의 신념체계가 높음을 의미한다. 본 연구에서 각 문항간의 신뢰도는 Cronbach's α 계수가 각각 .792, .789로 나타났다.

조직유형은 가족의 안정성, 역할, 규칙, 상호 작용패턴, 가족의 연결성, 사회·경제적 자원을 측정하는 척도이다. 조직유형은 총 15문항으로 구성되었으며, 하위단위로 가족역할안정성, 가족응집력 요인으로 구성하였다. 각 문항은 1점 '매우 그렇다'에서부터 5점 '전혀 그렇지 않다'로 5점 리커트 척도(Likert scale)로 측정하였다. 긍정적 10문항은 역코딩하여 처리하였으며, 점수가 높을수록 가족의 조직유형이 높음을 의미한다. 본 연구에서 척도의 신뢰도는 Cronbach's α 계수가 각각 .658, .765로 나타났다.

의사소통과정은 의사소통의 명료화, 개방적인 감정표현, 상호협력적인 문제해결을 측정하는 척도이다. 하위 단위로 문제해결차원, 정서반응차원으로 11문항으로 구성하였으며, 각 문항은 1점 '매우 그렇다'에서부터 5점 '전혀 그렇지 않다'로 5점 리커트 척도(Likert scale)로 측정하였다. 긍정적인 7문항은 역코딩 처리하였으며, 점수가 높을수록 가족의 의사소통과정이 높음을 의미한다. 본 연구에서 척도의 신뢰도는 각각 .821, .728로 나타났다.

3) 종속변인

문화적응(acculturation)은 개인이 지배적인 문화의 정신 건강과 사회적 통합의 감정과 더불어 행동, 가치, 태도의 변화를 의미하는 것으로, 이는 개인이 근본적으로 자기가 속한 문화적 속성을 포기하고 현재 거주하는 나라의 지배적인 문화를 수용하고 채택하는 정도를 의미한다(Fugita & O'Brien, 1985; 나임순, 2006 재인용). 그러나 문화적 적응과정에서 발생하는 정신건강, 정체성 혼란, 소외감, 차별감 등 일련의 문화적 스트레스를 동반한다. 본 연구에서는 문화적응 스트레스에 관한 척도로 Sandhu와 Asrabadi(1994) 연구를 번안하여 사용한 이승종(1995)의 질문지를 보완하여 사용하였다. 이승종은 지각된 차별감, 향수병, 지각된 미움, 두려움, 문화충격, 죄책감, 기타 등으로 구성하였으나, 본 연구에서는 이를 수정하여 총 20문항으로 정리하여 사용하였다. 1점 '매우 그렇다'에서부터 5점 '전혀 그렇지 않다'로 5점 리커트 척도(Likert scale)로 측정하였다. 점수가 낮을수록 문화적응스트레스가 높게 나타남을 의미한다. 본 연구에서 척도의 신뢰도는 Cronbach's α 계수가 .935로 내적 일치가 높게 나타났다.

2. 자료의 수집과 분석결과

이 연구의 조사대상은 김해지역의 외국인노동자들이다. 조사 대상자들의 국적은 중국인(조선족 포함), 베트남인, 필리핀인, 그리고 인도네시아인들이다. 이들 4개 국의 외국인노동자만을 연구대상으로 삼은 것은 김해에 거주하고 있는 모든 국적의 외국인들을 조사한다는 것은 언어적 · 시간적 · 경제적 제약으로 인해 어려움이 많기 때문이다.

조사는 구조화된 질문지를 4개 국의 언어로 각각 번역하여 2009년 8월 24일부터 9월 22일까지(30일간) 배포, 수거하였다. 조선족의 경우 중국인과 구분하여 조사하였고, 설문지는 중국어로 번역한 조사지를 사용하였다. 외국인노동자의 경우 미등록인 경우 정확한 규모를 파악하기 어렵고, 정확한 모집단을 추정하기 어려운 점이 있다. 이러한 한계로 인해 표집의 접근성과 용이성을 고려하여, 조사 표본추출은 눈덩이표집을 사용하여 외국인노동자를 지원하고 있는 외국인근로자지원센터, 외국인노동자 지원 시민단체와 종교단체에서 외국인노동자를 연쇄적으로 소개받는 방법을 통해 무작위로 조사하였으며. 외국인노동자를 채용하고 있는 기업의 관리자에게도 조사대상자를 소개받아 설문지를 배포하는 방식을 택하였다. 전체 180부를 배포하여 169부(93.9%) 회수하였다. 회수한 질문지를 국적별로 살펴보면 중국인 43부(25.4%), 조선족 20부(11.8%), 베트남인 38부(22.5%), 필리핀인 38부(22.5%), 인도네시아인 30부(17.8%)로 조사되었다. 이 중에서 유효하지 않은 9부를 제외한 160부(94.6%)를 분석하였다. 회수된 자료는 분류, 코딩, 재코딩, 편집 등의 과정을 거쳐 통계적으로 분석하였다. 통계분석은 통계프로그램인 SPSS(Version 14.0)를 이용하여, 빈도분석, 분산분석, 중다회귀분석 등을 사용하였다.

3. 조사대상자의 사회 인구학적 특성

김해지역 외국인노동자의 가족탄력성과 문화적응스트레스 간의 설문조사를 실시한 결과 사회 인구학적 특성은 다음과 같다. 첫째, 전체 평균 나이는 33.7세로 나타났다. 대부분 30대의 장년층 남자들이다. 국적별로 보면, 중국인이 37.8세로 가장 높고 조선족이 37.1세로 거의 비슷하다. 반면에 베트남인은 29.0세로 가장 나이가 적은 것으로 나타났다. 필리핀인은 33.5세, 인도네시아인이 35.1세로 중간인 것으로 나타났다. 전체 조사대상자들의 연령은 비교적 높은 편인데, 이는 조사응답자들이 기혼자이기 때문으로 추측된다. 특히 중국인이 연령이 높은 것은 거주기간이 5년 이상이 25.7%로 비교적 일찍 한국에 유입되었기 때문으로 추측된다. 이와 달리 베트남인은 최근에 증가하기 시작함으로써 다른 국적보다 젊은 것으로 보인다.

〈표 5-2〉 조사대상자의 사회 인구학적 특성(단위: %)

		전체	중국인	조선족	베트남인	필리핀인	인니인
성별	남자	63.2	64.1	57.1	40.0	74.3	79.3
	여자	36.8	35.9	42.9	60.0	25.7	20.7
연령별	20대	27.3	0.0	7.7	63.6	24.2	33.3
	30대	51.0	56.8	53.8	30.3	60.6	55.6
	40대 이상	21.7	43.2	38.5	6.1	15.2	11.1
거주 기간	1년 미만	3.7	8.6	14.3	0.0	0.0	0.0
	1-2년 미만	20.9	14.3	42.9	22.2	12.5	26.9
	2-3년 미만	42.5	40.0	35.7	44.4	43.8	46.2
	4-5년 미만	15.7	11.4	7.1	14.8	18.8	23.1
	5년 이상	17.2	25.7	0.0	18.5	25.0	3.8
학력별	중졸 이하	21.2	32.4	56.3	22.2	2.6	10.3
	고졸	50.6	43.2	43.8	69.4	23.7	75.9
	대졸	21.8	18.9	0.0	5.6	60.5	6.9
	대학원 이상	3.8	2.7	0.0	0.0	13.2	0.0
	기타	2.6	3.7	0.0	2.8	0.0	6.9
배우자 국적	같은 나라 사람	64.3	64.9	93.3	38.9	54.1	93.1
	한국사람	24.7	29.7	6.7	36.1	32.4	3.4
	다른 나라 사람	1.9	2.7	0.0	2.8	2.7	0.0
	기타	9.1	2.7	0.0	22.2	10.8	3.4
가족 동거 여부	배우자와 자녀는 고국, 혼자 한국	38.1	56.8	20.0	11.1	42.1	51.7
	원래 자녀는 없고, 부부 한국	7.1	2.7	13.3	8.3	0.0	17.2
	자녀는 고국, 부부만 한국	10.3	5.4	33.3	8.3	5.3	13.8
	부부, 자녀 모두 한국	21.9	21.6	0.0	41.7	26.3	3.4
	기타	22.6	13.5	33.3	30.6	26.3	13.8
가족 월평균 수입	100만원 미만	20.1	21.6	26.7	8.3	28.1	20.7
	101-150만원	41.6	51.4	73.3	33.3	15.6	51.7
	151-200만원	20.8	8.1	0.0	44.4	21.9	17.2
	201-250만원	6.7	2.7	0.0	11.1	6.3	10.3
	251-300만원	7.4	13.5	0.0	2.8	15.6	0.0
	301만원 이상	3.4	2.7	0.0		12.5	0.0

둘째, 성별에서는 남자가 63.2%, 여자가 36.8%를 차지하고 있다. 국적별로 남녀 성별 비율을 살펴보면 베트남을 제외하고는 대부분 남성이 비율이 높다. 특히 타국적에 비해 필리핀인과 인도네시아인이 여성 비율이 낮게 나타났다.

필리핀인이 낮게 나타난 경우 한국으로 유입된 수가 상대적으로 그만큼 적어서가 아니라, 필리핀 여성들은 오래전부터 소득이 높은 서울을 비롯한 대도시 지역에서의 취업을 선호해 왔기 때문으로 보이고, 인도네시아인들의 경우 이슬람 사회의 경제활동에 대한 남녀차별 때문인 것으로 추측된다(석현호, 1998: 688).

셋째, 거주기간을 살펴보면, 평균거주 기간은 만 3년 9개월로 나타났다. 필리핀인이 만 5년으로 가장 오랫동안 한국에 거주하고 있었으며, 그 다음으로 중국인 만 4년, 베트남인 만 3년 8개월, 인도네시아인 만 3년 2개월, 조선족이 만 2년으로 비교적 최근에 입국한 것으로 나타났다. 조선족은 다른 지역에서와 달리 김해지역에서는 거주기간이 짧은 것으로 나타났는데, 조선족의 경우 언어소통에 문제가 없어 주로 서비스업종에 종사함으로써 김해지역과 같은 중소지역보다 대도시지역에서 일을 하기 때문으로 추측된다. 또한 입국년도를 고용허가제 전·후를 비교해서 살펴보면, 고용허가제 이후에 입국한 응답자가 85.8%에 달하였다. 이들은 비교적 최근에 김해지역으로 유입된 것을 알 수 있다. 그것은 김해지역이 소규모 영세사업장이 밀집되어 있어 일자리를 쉽게 구할 수 있기 때문으로 보인다.

셋째, 교육수준은 고졸 이상이 76.2%로 비교적 높았다. 대졸 이상도 25.6%로 매우 높게 나타난 것을 알 수 있다. 대다수가 우리나라의 고등학교 졸업 이상에 해당하는 교육을 받은 것으로 나타났다. 교육수준은 필리핀인, 인도네시아인이 높게 나타났고, 베트남인, 중국인, 조선족 순으로 나타났다. 특히 필리핀인은 대학원 이상의 교육수준을 가진 외국인노동자가 13.2%로 나타났다. 인도네시아인들의 교육수준도 높게 나타났는데, 이는 알려진 바와 같이 본국에서 송출이 이들을 선호하여 통제되고 있음(석현호, 1998: 688)을 보여주고 있다. 이에 비해 조선족으로 경우 중졸 이하가 절반 이상으로 상대적으로 낮은 교육수순을 가진 것으로 나타났다.

넷째, 배우자의 국적은 같은 나라 사람이 64.3%로 가장 높았고, 한국사람 24.7%, 그 외 서로 다른 국적이 1.9%, 기타 9.1%로 나타났다. 국적별로 살펴보면 모국사람이라고 응답한 경우 조선족이 93.3%로 가장 높게 나타났다. 조선족의 경우 친척방문, 취업방문제 등으로 다른 국적 출신에 비해 부부가 함께 한국으로 오는 경우가 많기 때문으로 보인다. 인도네시아인도 모국인과 결혼이 높게 나타났는데, 이는 이슬람이라는 종교가 중요하게 작용한 것으로 보인다. 기타의 경우 베트남인이 다른 국적보다 높게 나타남을 알 수 있다. 기타라고 응답한 경우 현재 결혼상태에 있지 않은 비혼의 경우라고 추측된다.

다섯째, 가족동거여부에서는 부부 또는 자녀와 함께 한국에 있는 경우가 39.3%, 혼자 있는 경우 38.1%, 기타 22.6%로 나타났다. 국적별로 보면, '가족모두가 한국에 있는 경우'는 베트남인이 가장 높게 나타났다. 이는 이주노동과 이주결혼이 중첩되었기 때문으로 추측된다. '부부만 한국에 있는 경우'는 인도네시아인이 가장 높고, '자녀는 고국에 있고, 부부만 한국에 있는 경우'는 조선족이 가장 높게 나타났다. 기타라고 응답한 경우가 높게 나타났는데, 이는 비혼이거나 법률혼 또는 정식으로 결혼한 경우보다 사실혼의 경우일 것으로 보여진다.

여섯째, 가족월평균수입은 낮게 나타났는데, 101-150만원이 가장 많았다 (41.6%). 국적별로 보면, 가장 높은 소득을 가진 집단은 필리핀인 집단이고, 가장 낮은 소득 집단은 조선족이다. 필리핀인이 수입이 높은 이유는 교육수준이 높고 영어로 의사소통이 가능하여 보수가 더 좋은 일을 할 수 있기 때문으로 추측된다(석현호, 1998: 690). 그리고 조선족의 수입이 가장 낮은 이유는 언어소통에 문제가 없음에도 불구하고 교육수준이 낮거나, 중국에 진출해 있는 현지법인을 통하여 들어온 산업기술연수생들(석현호, 1998: 690)이거나, 여성으로 주로 식당 등의 서비스업에 종사하기 때문으로 추측된다.

4. 외국인노동자의 가족탄력성과 문화적응스트레스

1) 외국인노동자의 가족탄력성

외국인노동자가 인지한 가족탄력성 56개의 문항을 6개의 요인으로 나누어 평균을 측정한 결과는 〈표 5-3〉과 같다. 가족탄력성은 점수가 높을수록 가족탄력성이 높은 가족을 의미한다. 즉 가족이 위기상황에 처했을 때 그것을 극복하고 이전의 가족 상태로 돌아갈 수 있는 능력이 높음을 의미한다. 조사결과 외국

〈표 5-3〉 외국인노동자의 가족탄력성

가족탄력성		평균	표준편차
가족신념체계	가족통제감	3.50	.53
	가족강점	3.70	.54
가족조직유형	가족역할안정성	3.25	.71
	가족응집력	3.70	.56
의사소통과정	문제해결차원	3.75	.62
	정서반응차원	3.48	.80
가족탄력성		3.57	.69

인노동자의 가족탄력성은 평균 3.57로 보통보다 높은 수준으로 나타났다.

가족탄력성의 각 요인별로 살펴보면, 가족통제감이 3.50, 가족강점 3.70, 가족역할안정성 3.25, 가족응집력 3.70, 문제해결차원 3.75, 정서반응차원 3.48로 전체 평균이 3.57로 보통 이상으로 나타났다. 특히 가족탄력성 요인 중 문제해결차원요인이 가장 높게 나타나고 있다. 이는 가족이 어려운 문제에 봉착했을 때 여러 가지 방법을 통해 문제를 해결하려는 노력과 서로에 대한 의사를 솔직히 교환함으로써 위기에 적극적으로 대응할 수 있음을 뜻한다. 이러한 의사소통으로서의 문제해결차원은 가족관계 자체를 대변해 줄 수 있을 것이다. 가족탄력성 요인 중 가장 낮은 평균은 가족역할안정성요인으로 3.25로 나타났다. 이는 가족이 잘 기능하기 위해서 예측가능하고 일관성 있는 규칙들, 역할들, 상호작용 패턴의 안정성이 낮다는 것을 뜻한다. 그러므로 가족역할안정성을 높이기 위한 방안이 필요하다.

2) 외국인노동자의 사회인구학적 요인과 가족탄력성

외국인노동자들의 가족탄력성에 영향을 미치는 요인들을 측정하기 위해서 먼저, 성별, 국적, 거주기간, 배우자국적, 가족동거여부, 가족월평균소득 등에 대해 분산분석을 실시하였다. 그 결과 성별, 거주기간, 가족월평균소득 등은 비유의적인 것으로 나타났다. 따라서 국적, 배우자국적, 가족동거여부의 세 요인과 가족탄력성을 비교분석하였다.

(1) 국적 요인

다양한 국적을 가진 외국인노동자들은 그들 각각의 독특한 모국문화를 가지고 있다. 따라서 국적에 따른 가족에 대한 의미도 매우 다를 것으로 예측된다. 국적별로 가족탄력성을 비교하기 위해 5개 집단에 대해 분산분석(ANOVA)을 실시하였다. 유의미한 분석결과를 정리해 보면 〈표 5-4〉와 같다.

국적에 따른 가족탄력성은 정서반응차원이 유의차가 큰 것으로 나타났다(F=5.757, p〈.000). 국적을 보면 조선족이 평균 3.81로 가장 높다. 이는 다른 국적의 외국인노동자에 비해 가족을 형성하고 있는 경우가 높아 정서적인 의사소통이 원활할 것으로 예측된다. 가족통제감, 가족강점, 가족역할안정성, 문제해결차원에서도 역시 조선족이 높게 나타난 것을 알 수 있다. 조선족의 경우 조선족 아동이 부모와 떨어져 사는 경우에도 대부분 긍정적인 적응양상을 보이는(조복희 · 이주연, 2005: 11) 것으로 보아 다른 국적에 비해 가족의 역할이 클 것으로 추측된다. 반면에 인도네시아인은 정서반응차원 요인뿐 아니라 다른 요인에서도 평균이 낮게 나타났다. 이는 종교적 특색으로 이슬람 사회에서 남녀의 활동영역을 엄격히 구분하여 일체의 공적 영역에서 여성을 배제하는(김영희, 2002: 7) 것과 관련하여 가족 내에서도 가부장적인 요소가 강하게 작용한 것으로 추측된다. Scheffe 사후분석 결과 문제해결차원에서 베트남인과 인도네시아인이, 정서반응차원에서는 필리핀인과 인도네시아인의 평균 차이가 있었으며, α =.05

〈표 5-4〉 국적 요인과 가족탄력성

	빈도	가족 통제감		가족 강점		가족역할 안정성		가족 응집력		문제해결 차원		정서반응 차원	
		평균	표준편차	평균	표준편차	평균	표준편차	평균	표준편차	평균	표준편차	평균	표준편차
중국인	40	3.60	.60	3.76	.51	3.29	.81	3.72	.54	3.76	.70	3.17	.10
조선족	16	3.90	.44	3.92	.42	3.63	.35	3.95	.46	3.93	.36	3.81	.08
베트남인	37	3.43	.54	3.69	.56	3.38	.87	3.66	.61	3.86	.59	3.63	.16
필리핀인	38	3.35	.44	3.74	.60	3.06	.63	3.75	.61	3.83	.69	3.77	.13
인니인	29	3.45	.52	3.44	.45	3.08	.47	3.49	.45	3.39	.46	3.12	.10
F값		3.080*		2.661*		2.655*		1.970		3.411*		5.757***	

***p<.000, *p<.05

수준에서 유의적인 것으로 나타났다.

(2) 배우자 국적 요인

가족탄력성은 개인보다 가족에게 초점을 맞추고 있다. 개인 또는 가족이 위기에 처했을 때 배우자의 국적에 따른 가족탄력성이 차이가 있는지를 분석하였다. 배우자의 국적요인을 측정하여 분산분석을 실시한 결과는 〈표 5-5〉와 같다.

〈표 5-5〉에서 배우자의 국적에 따른 가족통제감은 유의차가 매우 큰 것으로 나타났다(F=6.867, p〈.000). 배우자가 모국인 경우가 가족통제감이 평균 3.63으로 높게 나타났다. 한국사회에서 한국인과의 결혼보다는 모국사람과의 결혼에서 가족탄력성이 더 높게 나타났다. 가족역할안정성(F=4.478, p〈.01)도 역시 배우자가 모국사람인 경우가 높고, 가족응집력과 문제해결차원은 기타의 경우가 높은 것으로 나타났다.

이러한 결과는 외국인노동자들이 한국에서 생활하고 있지만, 자신들의 모국문화를 유지할 수 있는 모국인과의 결혼이 가족탄력성에 기여한다는 것을 알 수 있다. 이는 배우자가 모국인일 경우와 한국인일 경우 가족탄력성의 차이가 있으므로 각각에 적합한 복지정책을 마련할 필요가 있다. 즉 배우자의 국적이 한국인인 경우 가족 간의 의사소통과정에서 가족의 역할을 강조, 가족통제감을 강화시킬 필요가 있다.

Scheffe의 사후분석을 실시한 결과 가족통제감은 모국사람과 한국사람 간,

〈표 5-5〉 배우자 국적 요인과 가족탄력성

	빈도	가족 통제감		가족 강점		가족역할 안정성		가족 응집력		문제해결 차원		정서반응 차원	
		평균	표준편차	평균	표준편차	평균	표준편차	평균	표준편차	평균	표준편차	평균	표준편차
모국사람	99	3.63	.52	3.75	.54	3.34	.61	3.75	.50	3.75	.59	3.48	.73
한국사람	38	3.27	.49	3.54	.54	3.27	.84	3.50	.70	3.61	.72	3.44	.88
타국사람	3	3.26	.32	3.62	.37	3.13	.30	3.26	.23	3.85	.79	3.41	.52
기타	14	3.18	.47	3.75	.48	2.61	.83	4.05	.43	4.05	.57	3.41	1.19
F		6.867***		1.428		4.478**		4.449**		1.668		.053	

***p〈.000, **p〈.01

가족강점은 모국사람과 기타 간, 가족역할안정성은 한국사람과 기타 간, 가족응집력은 한국사람과 기타 간, 다른 나라 사람과 기타 간에 평균 차이가 있으며, α =.05에서 유의적인 것으로 나타났다. 이때 기타는 현재 비혼의 상태임을 감안해 볼 때 이들의 가족탄력성이 기혼의 가족탄력성이 높다는 것은 특이한 현상으로 보인다. 기혼의 경우 오랜 기간동안 분거 가족상태로 있으면서 가족간의 유대감과 친밀감이 떨어진 경우에 비해 비혼의 경우가 가족과의 친밀감과 유대감이 유지되는 것으로 추측된다.

(3) 가족동거여부 요인

앞서 배우자의 국적 요인은 가족탄력성에 매우 유의미한 영향을 미친 것을 알 수 있었다. 본 조사에서 가족동거와 비동거가 각각 절반의 비율로 나타났다. 가족동거여부 요인을 측정하여 분산분석을 실시한 결과는 〈표 5-6〉과 같다.

가족동거여부 요인에서는 가족이 동거하는 것이 동거하지 않는 것보다 가족탄력성 요인들에서 일정하게 높게 나타날 것으로 예측하였다. 그러나 가족역할안정성 요인만 유의미한 결과가 나타났다(F=3.696, p〈.01). 특히 자녀는 모국에 있고 부부가 한국에 있는 경우에서 가족역할안정성의 평균이 가장 높게 나타남으로써 가족의 역할에서 부부가 중심인 것을 알 수 있다. 유의미한 영향은

〈표 5-6〉 가족동거여부 요인과 가족탄력성

	빈도	가족 통제감		가족 강점		가족역할 안정성		가족 응집력		문제해결 차원		정서반응 차원	
		평균	표준편차	평균	표준편차	평균	표준편차	평균	표준편차	평균	표준편차	평균	표준편차
혼자한국	59	3.59	.54	3.73	.57	3.30	.67	3.76	.48	3.79	.57	3.48	.71
자녀 없고 부부한국	11	3.67	.58	3.78	.68	3.27	.65	3.73	.62	3.70	.74	3.36	.79
자녀 모국, 부부한국	16	3.63	.57	3.78	.43	3.53	.74	3.75	.57	3.79	.57	3.50	.92
자녀,부부 모두 한국	34	3.42	.50	3.72	.55	3.38	.77	3.60	.66	3.80	.68	3.58	.93
기타	35	3.30	.52	3.56	.49	2.86	.64	3.65	.59	3.67	.69	3.38	.86
F		2.274+		.781		3.696**		.536		.301		.311	

**p〈.01, +p〈.1

나타나지 않았지만 자녀와 부부 모두가 한국에 있는 경우 문제해결차원에서 평균이 3.80으로 가장 높게 나타났다. 이는 분거가족형태보다 가족이 모두 함께 있는 경우 개인 또는 가족에게 문제가 생겼을 때 해결 능력이 높게 나타남을 보여준다.

Scheffe 사후검증 결과 가족역할안정성에서 가족이 모두 함께 한국에 있는 경우가 기타보다 평균이 높은 것으로, α =.05에서 유의적으로 나타났다. 그 외 요인에서는 비유의적으로 나타났다.

이는 조사응답자들의 절반 정도가 분거가족이라고 응답한 것과 관련하여 분거가족의 경우 모국에 있는 가족과의 관계를 정확히 파악하기란 매우 어렵다. 이는 분거 상태가 길면 길수록 가족과의 유대감과 친밀감이 감소하는 요인으로 작용한다. 역으로 나타나기도 하는데 분거를 통해 가족의 힘을 재발견하여 가족 특히 배우자와의 관계가 좋아진 경우가 있다(람후 뭉크나릉, 2008: 63). 가족과의 재결합을 위해 가족을 불러들여 불법체류하거나, 모국으로 돌아가기 위해 노동강도를 높여 경제적 자원을 강화하는 양면적인 측면으로 나타난다. 이때 가족의 동거여부를 떠나 가족탄력성을 강화하기 위한 정책들이 필요할 것이다. 그러나 분거가족의 경우 모국의 가족정책 개입이 용이하지 않다는 점에서 가족탄력성을 높이기 위한 방안에는 한계가 있다.

3) 외국인노동자의 가족탄력성과 문화적응스트레스

외국인노동자의 국적, 거주기간, 배우자 국적, 가족동거여부 요인 등에서 거주기간을 제외하고는 가족탄력성에 유의미한 영향을 미친 것으로 나타났다. 그러나 외국인노동자 가족은 깊은 감정적 유대관계를 지니고 있지만, 법제도적인 요인으로 인해 종종 가족 해체의 위기에 저하게 된다. 가족동반이 금시되어 있지만, 외국인노동자들은 국내에서 종종 가족의 재결합을 시도하고 있다. 그것은 가족간의 유대를 유지하기 위한 절실함과 함께 생활수준이 불 보듯이 낮아지는 본국으로 쉽게 돌아갈 수 없다는 경제적인 절박감(키노시타 미애, 2006: 31-32)을 가지고 있다. 이들은 지속적으로 삶의 방향을 바꾸고 최선을 다해 지탱해 나가고자 한다. 이처럼 가족이 위기를 극복하려는 가족탄력성은 외국인노동자가

〈표 5-7〉 가족탄력성과 문화적응스트레스 회귀분석

	비표준화계수		표준화계수	t
	B	표준오차	베타	
상수	6.213	.843		7.372
성별(남자=1)	-.008	.189	-.005	-.041
나이	.001	.016	.007	.048
학력	-.129	.109	-.144	-1.180
거주기간	-.005	.002	-.004	-.036
월평균 수입	.053	.055	.102	.964
배우자국적(한국사람=1)	.083	.207	.055	.399
가족동거여부(동거=1)	-.264	.191	-.192	-1.380
국적1) 조선족	-.191	.285	-.080	.672
베트남인	-.392	.226	-.238	-1.731
필리핀인	-.493	.246	-.270	-2.006*
인니인	-.456	.197	-.278	-2.321*
가족통제감	-.007	.012	-.094	-.592
가족강점	-.012	.017	-.104	-.685
가족역할안정성	-.089	.023	-.428	-3.849***
가족응집력	-.010	.19	-.086	-.558
문제해결차원	-.002	.028	-.010	-.066
정서반응차원	-.008	.024	-.035	-.311

1) 중국인이 준거집단임. R^2=.474, ***p<.000, *p<.01

한국에서 생활하면서 겪는 문화적응스트레스는 감소시키고, 한국사회에 적응력을 높이는 데 기여할 수 있을 것이다. 성별, 나이, 학력, 국적, 거주기간, 배우자국적, 가족동거여부, 가족월평균수입 등을 통제한 후 가족탄력성과 문화적응스트레스 간의 중다회귀분석을 실시하였다.

성별, 나이, 학력, 거주기간, 월평균수입, 배우자국적, 가족동거여부는 문화적응스트레스에 조사응답자 간의 별 차이는 없었으나 성별과 학력, 거주기간, 가족동거여부가 부(-)의 방향으로, 나이는 정(+)의 방향으로 나타났다. 국적은 문화적응스트레스에 영향을 주었는데, 중국인에 비해 필리핀인과 인도네시아인의 경우 문화적응스트레스가 감소하는 것으로 나타났다. 필리핀인의 경우 한국유입 기간이 비교적 길어 모국공동체 형성이나 그들의 사회적 연결망이 구성되어 있어 한국생활에 직접적인 도움이 되기 때문으로 보인다. 인도네시아인의 경우 종교로 인한 가족의 결속감이 타국적의 외국인노동자보다 강한 것으로 추측된다. 가족탄력성의 하위요인 중 가족역할안정성만이 매우 유의미한 영향을 미친 것으로 나타났다(t=-3.849, p<.000). 즉, 가족역할안정성이 높을수록 문화적응스트레스는 감소하는 경향이 있다. 가족역할안정성은 가족구성원이 각자의 역할을 충분히 인지하고 수행하는 요인이다. 이는 가족이 분거상태에 있을 경우 정확히 인지하기 어려운 요인이기도 하다. 가족탄력성의 각각의 요인이 문화적응스트레스를 감소시키는 경향이 있을 거라 예측하였으나, 그 외 다른 가족탄력성의 하위 요인들은 별 다른 영향을 미치지 않은 것으로 나타났다.

5. 가족복지적 관점에서의 정책적 함의

이상으로 가족탄력성이 문화적응스트레스에 미치는 영향을 분석하였다. 분석결과 조사대상인 김해지역에 거주하고 있는 외국인노동자의 평균연령은 33.7세로 약 60% 정도가 남성으로 나타났다. 평균거주 기간은 만 3년 9개월로 대부분 고용허가제 실시 이후에 입국하였다. 교육수준은 고졸 이상이 76.2%로 나타났으나 국적에 따라 필리핀인과 인도네시아인은 교육수준이 높았으며, 조선족과 중국인은 상대적으로 낮았다. 배우자의 국적은 모국사람이 64.3%이며, 가족동거여부는 동거가 39.3%, 비동거가 38.1%로 비슷한 비율로 나타났다. 가족월평균 수입은 101-150만원이 가장 많았다.

외국인노동자의 가족탄력성 요인 중에서 문제해결차원 요인의 평균이 가장 높게 나타났고, 가족강점, 가족응집력, 가족역할안정성, 가족통제감, 정서반응차원 순으로 나타났다. 국적, 거주기간, 배우자국적, 가족동거여부와 가족탄력성 간의 분산분석을 실시하였는데, 거주기간을 제외하고는 유의적으로 나타났다. 국적은 조선족 집단의 가족탄력성 평균이 높게 나타났으며, 인도네시아인 집단이 낮게 나타났다. 거주기간은 조사응답자의 다수가 고용허가제 이후에 입국하였기 때문에 그에 따른 차이는 나타나지 않았다. 배우자 국적에 따른 가족탄력성은 모국인인 경우가 한국인인 경우보다 높게 나타났다. 가족동거여부는 가족동거가 비동거보다 가족탄력성이 높게 나타날 것으로 예측하였으나 가족역할안정성만이 유의적이었다.

성별, 나이, 학력, 거주기간, 월평균 수입, 배우자국적, 가족동거여부, 국적을 통제한 후 가족탄력성의 각각의 요인과 문화적응스트레스 간의 중다회귀분석을 실시한 결과, 국적요인이 문화적응스트레스에 유의적으로 나타났다. 국적이 중국인에 비해 필리핀인과 인도네시아인이 문화적응스테스가 감소하는 것으로 나타났다. 가족탄력성 요인에서는 가족역할안정성 요인이 유의적이었다. 즉, 가족역할안정성이 높을수록 문화적응스트레스는 감소하는 것으로 나타났다. 이는 가족역할안정성이 높을수록 한국사회의 새로운 상황에서의 스트레스를 줄이고 문화적응력을 높일 수 있다는 것을 의미한다. 그 외 다른 요인에서는 별다른 영향이 나타나지 않았다.

외국인노동자들은 가족동반 금지에도 불구하고 지속적으로 가족과의 재결합을 시도하고 있으며, 가족을 형성하고 있다. 따라서 가족탄력성을 높이고, 외국인노동자의 문화적응스트레스를 줄이고 한국사회 문화적응을 돕기 위한 가족복지정책을 제안하면 다음과 같다.

먼저, 국적별 가족복지정책을 마련할 필요가 있다. 조사 결과 필리핀인과 인도네시아인이 타국적에 비해 가족탄력성이 높고, 문화적응스트레스가 낮다는 것을 감안해 볼 때, 중국과 조선족의 경우 외적 모습으로 차이가 없음에도 불구하고, 문화적응스트레스가 높다는 것은 그들이 한국사회에 적응이 힘들다는 것을 의미한다. 중국과 조선족의 경우 한국에 체류하고 있는 외국인노동자의 수에서 많은 부분을 차지하고 있다. 이들에 대한 심층적인 가족복지적 개입이 필요하다. 또한 베트남인, 필리핀인, 인도네시아인의 경우 그들의 독특한 문화에 따른 가족적 관점에서 접근이 필요할 것이다.

둘째, 국내의 외국인노동자 규모와 가족의 규모가 지역별로 가시적으로 조사되어야 할 것이다. 이들에 대한 실태를 정확히 파악함으로써 지역단위의 외국인노동자 가족복지정책을 세울 수 있을 것이다. 셋째, 원칙적으로 가족동반이 금지되어 있지만, 이에 대한 변화가 필요하며, 부분적으로나마 가족이 함께 생활할 수 있는 정책방안이 필요하다. 특히 부모와 떨어져 생활하는 아동의 경우 아동의 양육권에 대한 침해라는 점에서 시정할 수 있는 대책 마련이 시급하다. 가족이 함께 생활함으로써 위기상황에 처해 있을 때 문제해결차원이 강화될 수 있으며, 문화적응스트레스를 감소시킬 수 있을 것이다. 넷째, 외국인노동자들의 절반 가량은 분거가족의 형태이다. 이들의 향수와 가족간의 관계를 위해 현재 결혼이주여성들에게 실시하고 있는 가족초청 또는 가족방문 지원이 필요하다. 또한 외국인노동자들의 귀환교육에 가족과의 관계 교육도 실시되어야 할 것이다. 반면에 동거하고 있는 외국인노동자 가족들의 가족역할과 가족강점을 활용하여 가족의 결속력을 강화시킬 수 있는 가족단위의 지원이 필요하다. 또한 모범 가족역할모델을 개발하여 한국사회에 대한 적응력을 높여야 할 것이다.

향후 장기적인 관점에서 볼 때 가족의 결합 또는 가족복지적 측면은 외국인력을 지속적으로 도입해야 하는 한국사회에 양질의 노동력을 제공할 수 있는 요소가 될 것으로 보이며, 거시적 관점에서 바라봐야 할 것이다.

마지막으로 본 연구는 김해시에 한정하여 연구대상을 선정하였으므로 연구결과를 일반화하기에 어려움이 있다. 특히 외국인노동자들의 가족의 규모, 분거가족이 절반가량 됨으로써 모국 가족과의 관계를 파악하기에는 한계가 있으며, 지역사회에 대한 심층적인 연구가 부족한 상황에서 논의가 심화되지 못한 점은 한계로 남는다. 이러한 과제들은 향후 후속과제로 삼고자 한다.

참고문헌

곽민정. 2008. “결혼이민 여성들의 문화적응스트레스 연구.” 동신대사회개발대학원 석사학위논문.

권복순. 2009. “한국어 능력, 자아존중감이 결혼이주여성의 문화적응스트레스에 미치는 영향.” 「한국사회복지학」, 61(2): 5-32.

김미옥. 2001. “장애아동가족의 적응과 아동의 사회적 능력에 관한 연구.” 이화여자대학교 일반대학원 박사학위논문.

김보미. 2007. “외국인 이주노동자 자녀의 생활만족도에 관한 연구: 문화적응스트레스, 차별경험, 사회적 지지를 중심으로.” 서울대학교 사회복지대학원 석사학위논문.

김선화. 2004. “외국인노동자의 문화적응 스트레스에 영향 미치는 요인에 관한 연구.” 충남대학교 일반대학원 석사학위논문.

김안자. 2005. “가족레질리언스가 한부모가족의 가족스트레스에 미치는 영향.” 경기대학교 일반대학원 박사학위논문.

김영희. 2002. “이슬람과 페미니즘－최근 두 논쟁을 중심으로.” 「여성과 사회」, 14: 6-32.

나임순. 2006. “외국인 유학생의 문화적응 스트레스와 생활스트레스에 미치는 영향.” 「한국비영리연구」, 5(12): 159-197.

노충래 · 홍진주. 2006. “이주노동자 자녀의 한국사회 적응실태 연구: 서울경기지역 몽골 출신 이주노동자 자녀를 중심으로.” 「한국아동복지학」, 22: 127-159.

람후 뭉크나릉. 2009. “한국에 거주하는 기혼 몽골 이주노동자의 분거 가족과의 관계.” 서울대학교 일반대학원 석사학위논문.

박범식. 2008. “외국인노동자 가족의 적응유연성(resiliecne)에 관한 현상학적 연구: 필리핀 미등록노동자 가족을 중심으로.” 서울시립대학교 사회복지대학원 석사학위논문.

박혜준. 2008. “가족의 분리와 재결합의 과정에서 나타난 이주노동자 자녀들의 적응.” 「가족과 문화」, 20(1): 99-129.

석현호. 1998. “외국인 취업자의 직무만족과 조직몰입.” 「한국사회학」, 32(가을호): 679-701.

설동훈 · 한건수 · 이란주. 2003. 「국내거주 외국인노동자아동의 인권실태조사」. 국가인원위원회.

설동훈 · 박경태 · 이란주. 2004. 「외국인관련 국가인권정책기본계획 수립을 위한 연구」. 국가인권위원회.

양옥경 · 김연수 · 이방현. 2007. “서울거주 국제결혼이주여성의 문화적응과 사회적 지원서비스에 관한 조사연구.” 「서울도시연구」, 8(2): 229-251.

양옥경 · 송민경 · 임세와. 2009. “서울지역 결혼이주여성의 문화적응스트레스에 관한 연구.” 「한국가족관계학회지」, 14(1): 137-168.

윤향미. 2008. “장애아동가족의 스트레스와 양육효능감에 관한 연구: 가족탄력성(Family Resilience)의 효과를 중심으로.” 침례신학대학교 사회복지대학원 석사학위논문.

이미승 · 정갑숙. 2008. “집단미술치료가 여성결혼이민자의 문화적응스트레스와 결혼만족도에 미치는 효과.” 「한국가족복지학」, 13(4): 123-143.

이수연. 2008. “결혼이민여성 가족의 스트레스가 가족적응에 미치는 영향: 가족탄력성의 매개효과를 중심으로.” 서울대학교 일반대학원 석사학위논문.

이순희 · 이영주 · 김숙영 · 김신정. 2009. “외국인 노동자의 사회적 지지와 문화적응 스트레스.” 「대한간호학회지」, 39(6): 899-910.

이승종. 1995. “문화이입과정 스트레스와 유학생의 신념체계 및 사회적 지지와의 관계.” 연세대학교 일반대학원 석사학위논문.

이은희. 2008. “가족탄력모델을 이용한 치매노인 부양가족원의 적응에 관한 연구.” 「노인복지연구」, 39: 195-216

장혜경 · 김혜경 · 오학수 · 이기영. 2003. 「외국인 노동자 가족관련 정책 비교연구」. 서울: 한국여성개발원.

정기선. 1999. “국내 외국인 근로자의 스트레스와 적응.” 「산업 및 조직」, 12(2): 61-78.

정진경 · 양계민. 2004. “문화적응이론의 전개와 현황.” 「한국심리학회지」, 23(1):

101-136.

조경서 · 유준호 · 오승아. 2007. "외국인 근로자 가정의 자녀양육과 교육실태." 「유아교육학논집」, 11(3): 5-25.

조복희 · 이주연. 2005. "부모와 별거하는 중국 조선족 아동의 생활환경과 적응문제." 「아동학회지」, 26(4): 231-245

진미정 · 이순형. 2007. "가족특성에 따른 새터민의 사회문화적 적응." 「대한가정학회지」, 45(5): 63-74.

키노시타 미애. 2006. "2000년 이후 아시아계 외국인 이주노동자 가족생활 현황과 문제점—경기도 파주지역을 사례로." 서울대학교 국제대학원 석사학위논문.

현은민. 2008. "스트레스와 가족탄력성이 여성 한부모가족의 적응에 미치는 효과." 「한국가족복지학」, 13(4): 59-84.

홍미기. 2009. "결혼이주여성이 인지한 문화적응스트레스와 부부 적응에 관한 연구." 이화여자대학교 일반대학원 박사학위논문.

Walsh, F., 1998. 양옥경 외 역. 2002. 「가족과 레질리언스」. 나남.

Lazarus, R. S. & Folkman, S. (1984). 김정희 역. 1991. 「스트레스와 평가 그리고 대처」. 대광문화사.

김혜미 · 김선화. 2008. *Acculturative Stress of Foreign Migrant Workers and Contributing Factors—Examining the Role of Social Support*. 정신보건과 사회사업, 30: 78-100.

Carter, B. & McGoldrick, M. (Eds.). 1998. *The expanded life cycle: Individual, family, community*: Needham Heights, MA: Allyn & Bacon.

Reiss, D. 1981. *The family's construction of reality*. London: Harvard University Press.

Fugita, S. & O'Brien, D., 1985. "Structural Assimilation, Ethnic group membership, and political participation among Japanese Americans: A research note." *Social Forces*, 63(4): 986-995.

Olson, D. H. 1993. Circumplex model of marital and family systems. In F. Walsh(Ed.), *Normal family processes*(2nd ed.). New York: Guilford Press.

Samaraisnghe, K., Fridlund, B. & Arvidsson, B. 2006. *Primary health care nurses' conceptions of involuntarily migrated families' health, International* Council of Nurses, 301-307.

Sandhu, D. S. & Asrabai, B. R. 1994. "Development of Acculturative Stress Scale for International Students: Preliminary Findings." *Psychological Raports*, 75: 435-448.

Sluzki, C. 1979. Migration and family conflict. *Family Process*, 18(4), 379-390.

김성천. 2009. "국제인권기준에 비추어 본 한국의 이주아동의 권리 실태."「이주아동 권리보장, 어떻게 할 것인가」. 국회의원 김동성 정책토론회 자료. 2009.12.15.

김재환. 2005. "한국도 이민 빗장을 풀어야 한다: 타민족의 배타적인 국민정서에도 불구, 생산인구 감소로 개방 요구는 점차 커져."「Newsweek 한국판」. 15(4) 44~48.

동아일보. "불법체류 이주노동자 자녀 '갈 학교가 없다'." 2010년.1월.14일자

김해시청. 2007.「통계연보」. http://gimhae.stat.go.kr.(검색일 2009.10.1)

김해시청. 2008.「통계연보」. http://gimhae.stat.go.kr.(검색일 2009.10.1)

출입국 · 외국인정책본부. 2009.「2008, 통계연보」

출입국 · 외국인정책본부. 2009. 국민배우자 지역별 현황, 2009년 12월.

행정안전부. 2008. 지방자치단체 외국인주민 실태조사.

제 6 장

이주노동자의 사회적 자본과 취업만족에 관한 연구

-사회적 지원의 매개효과를 중심으로-

나 금 실

제 6 장

이주노동자의 사회적 자본과 취업만족에 관한 연구*

-사회적 지원의 매개효과를 중심으로

Ⅰ. 서 론

우리 사회에서 이주노동자는 더 이상 '낯선 이(stranger)'가 아니다. 해마다 고용기간이 끝난 이주노동자의 경우 본국으로 돌아가고, 새로운 이주노동자들이 유입된다. 1980년대 말 이후 20여 년 동안 이주노동자의 수는 증가했으며, 현재 50여만 명에 이르고 있으며(출입국 · 외국인관리본부, 2010. 12. 31), 현재 16개 국가와 인력송출양해각서(MOU)를 체결하여 외국인력을 도입하고 있다(고용노동부, 2011).

여러 국가에서 이주노동자들이 한국으로 유입되고 있지만 여전히 이들은 모국과 다른 생활관습, 언어 소통이 원활하지 않으며, 이(異)문화 속에서 한국생활 적응에는 어려움을 겪고 있다. 한국생활에 적응하고 어려움을 극복하기 위해 이주노동자들은 자신이 가진 자원을 최대한 동원하게 되는데, 이것은 이주 전에는 한국으로 입국하기 위해, 또 이주 후에는 한국생활에 적응하는 데에 유용하게 작용한다.

이주노동자들의 경우 처음 국제이동을 할 때 아무런 연결망이 없기 때문에 경제적 · 정신적 비용을 지불하게 되지만, 일단 정착하게 되면 본국에 남은 친구 · 친척들의 잠재적 이동비용은 대폭 줄어든다. 이들은 혈연관계, 학연관계 등을 이용하여 먼저 이동한 사람과 '사회적 연결'을 만들게 된다(박경태, 2001a: 189). 또한

* 이 연구는 2007년도 정부재원(교육인적자원부 학술연구조성사업부)으로 한국학술진흥재단의 지원을 받아 연구되었음(KRF-2007-411-J01101)

연결망은 취업정보를 얻게 되거나 취업을 할 때 유용한 정보의 통로 역할을 한다. 신뢰를 기반으로 하는 네트워크는 이주노동자들이 맺고 있는 공적 영역과 사적 영역에서 사회적 자본을 형성하는 기제로 작용한다. 그러나 사회적 연결망이 잘 구축되어 있더라도 사업장 또는 생활에서 어려움에 직면했을 때 이들에게 도움을 주는 사회적 지원도 이주노동자들에게 한국생활에 적응하는 데 매우 중요한 역할을 담당한다(이순희 외, 2009). 사회적 지원은 타인, 집단, 지역사회에 의한 사회적 결속을 통하여 개인이 얻을 수 있는 지지(Lin · Ensel & Simeone, 1979)로 이주노동자들이 가진 중요한 사회적 자본 중의 하나이다. 이주노동자들의 이주의 목적은 대부분 돈을 벌기 위함이다. 그러므로 결혼이주여성과 달리 이주노동자의 한국생활 적응이라는 것은 취업상태와 매우 밀접한 관계를 가진다고 할 수 있다. 주거지의 경우 회사 기숙사에 거주하는 경우가 많아 한국생활이라 하더라도 직장 안팎 생활공간이 분리되어 있지 않다(국가인권위원회 부산인권사무소, 2009).

본 연구에서는 사회적 연결망이 취업만족에 미치는 영향과 사회적 지원이 취업만족에 매개효과가 있는지를 규명하고자 한다. 이러한 연구를 통해 이주노동자들의 사회적 연결망 구축과 사회적 지원의 여부에 따라 취업 생활에서의 만족은 크게 달라질 수 있을 것으로 보아진다.

Ⅱ. 이론적 논의 및 선행연구

1. 이론적 논의

1) 사회적 자본으로서의 사회적 연결망과 사회적 지원

본 연구는 이주노동자의 취업만족에 주는 요인으로 사회적 자본인 사회적 연결망과 사회적 지원에 주목하고 있다. 사회적 자본은 18세기 사회학 고전들에서부터 출현하기 시작하였으며, 체계적인 학술개념으로 사회적 자본이라는 용어를 발전시킨 것은 부르디외(Bourdieu)와 콜만(Coleman)에 의해서이다(김상준, 2004).

부르디외는 사회적 자본을 상호인식과 상호인정의 관계로 다소 제도화된 영속적인 연결망의 소유와 연계된 실제적·잠재적인 자원의 집합으로 정의하였다(Bourdieu, 1986: 21). 콜만은 사회적 자본을 행동을 촉진하는 사람들 사이의 관계 변화를 통해 만들어진다고 정의한다(Coleman, 1988: 100).

이와 같이 사회적 자본이란 사람들과의 관계를 통해 얻게 되는 자원(resource)임을 알 수 있다. 예를 들면, 한국사회에서의 사회적 자본은 학연과 지연을 들 수 있다. 학교 동창 간이나 같은 고향 출신들 간에는 법적인 계약서나 재정적인 보증 없이 돈을 빌려주기도 하고 취업난이 극심한 상황에서도 서로 일자리를 알아봐 주기도 하며 개인이 위기를 당했을 때 가족이나 친척이 사회적 안전망의 역할을 제공하는 것 등이 바로 사회적 자본이다(박찬웅, 2000).

사회적 자본은 사회적 연결망을 통해서 얻게 된다. 메이시와 그의 동료(Massey et al., 1993: 448)들에 따르면, 국제노동력 이동의 사회적 연결망은 "노동력 송출국과 유입국에서 이주 노동자와 선행이주 노동자 및 비이주 노동자를 혈연, 지연, 학연 등을 통해 연결시켜주는 연대의 집합"이다. 특히 포르테스(Portes, 1995)는 이민자들에 대한 연구에서 사회적 연결망을 중시하는데, 특히 그는 이민자들의 폐쇄된 공동체 내에 존재하는 사회적 연결망을 중시한다. 이민자들이 소수민족집단거주지에서 생활함으로써 소수민족 성원의 경제적 자립을 돕고, 그들의 국내 적응이 한층 더 순조로울 수 있게 돕는 역할을 한다는 점을 강조한다(박윤경, 2002: 98에서 재인용).

사회적 지원은 한 개인이 그가 가진 대인관계로부터 얻을 수 있는 모든 긍정적인 자원(Cohen & Hoberman, 1983)이다. 또한 근로자가 지각하는 사회적 지지는 업무만족 및 심리적 안정에 긍정적인 영향을 주는 요인으로 보고되었다(Terry et al., 1993).

2) 취업만족

취업만족은 주어진 직무환경에서 개인과 집단이 목표를 성취하기 위해서 개인이 나타내는 직업적 관심 또는 열의(Bentley & Remple, 1970)이며, 직무나 직무경험에 대해 느끼는 즐겁고 긍정적인 감정상태(Locke, 1976), 개인들이 현재 종사하고 있는 업무역할에 대해 갖는 감정적 지향(affective orientation)(Vroom, 1995)이라 할 수 있다. 또한 자신이 직무를 수행한 과거를 평가한 후 갖게 되는 태도, 가치, 신념, 욕구 등이 긍정적이고 유쾌한 감정적 상태라 할 수 있다(신유근, 1992).

취업만족, 또는 직무만족의 개념은 주로 조직관리 분야에서 연구되어 오고 있다. 조직의 가장 기본적인 구성요소인 개인은 조직생활을 통하여 욕구를 충족하고 만족을 느끼는 상태를 달성 · 유지하는 것이라 할 수 있다(문유석 · 허용훈 · 김형식, 2009: 108). 따라서 이주노동자들에게 있어서도 취업만족은 한국생활, 특히 작업장에서 얼마나 잘 적응하고 있는지를 보여주는 좋은 지표(정기선, 2003: 215)이다.

2. 선행연구

사회자본과 취업과의 선행연구로는 주로 사회적 자본과 직무만족, 조직몰입(김왕배 · 이경용, 2002; 배귀희 · 김영환, 2006; 김상진 · 한진수, 2006; 강주희, 2007) 등의 실증적인 연구들이 다수 있다. 특히 배규희와 김영환의 연구(2006)는 버트(Burt, 2001)의 구조적 공백 개념을 사용하여 전문적 조언, 사회적 지원, 업무량 평가, 사적 친밀감 네트워크로 구분하여 분석하고 있다. 사회자본이 많을수록 직무만족, 또는 조직몰입이 높게 나타났으며, 이를 통해 사회적 자본을 높일 수 있는 방안을 제시하고 있다. 이러한 연구들을 이주노동자들에게 확장하여 볼 때 이들의 사회자본이 한국에서의 취업만족에 영향을 미칠 것이라는 것을 예측해 볼 수 있다.

이주노동자들의 사회적 연결망 연구(박경태, 2001a)가 있으며, 외국인노동자들의 사회적 자본과 사회적 거리감에 관한 연구(박윤경, 2002), 외국인노동자와 사회적 자본(설동훈, 1998) 등이 있다. 고종욱 · 임영희(2003)의 연구는 직무만족과 조직몰입에서 사회적 지지의 역할을 경험적으로 검증하였으며, 허수연 외(2006)의 연구는 사회적 지원이 철도기관사의 사고 노출정도, 외상후 증후군의 수준을 완화시켜 주는 것으로 나타났다. 사회적 지원이 기관사들의 직접적인 심리적 고통을 경감시키고, 직무만족도를 높일 수 있는 요인으로 지적하고 있다.

그러나 대부분의 연구가 서울과 수도권에 집중되어 지역사회의 이주노동자들의 사회적 연결망과 취업만족 간의 관계를 연구한 경험적인 사례 분석은 드물다. 본 연구는 지역사회에서 이주노동자들의 사회적 연결망이 취업만족에 대한 영향을 분석하면서, 사회적 지원 또한 고려하여 매개효과를 분석하고자 한다. 한국에 있는 이주노동자들은 사회적 연결망을 통해 사람들과 접촉하고 경제적 자립을 도모하고, 그 관계 속에서 다른 종류의 사회적 자본, 신뢰나 정보유통망 등을 형성하며 한국사회에 적응을 하고 있을 것으로 기대된다. 따라서 사회적 연결망은 이주노동자들의 사회적응을 위한 주요 지표가 될 수 있을 것이다.

Ⅲ. 연구방법

1. 연구모형 및 연구가설

국제 노동력 이동의 사회적 연결망 이론은 다양한 영역에 걸쳐 적용 가능한데, 그 핵심은 '사회적 자본 개념을 어떻게 측정하고 평가할 것인가'에 있다(설동훈, 1998: 239). 이주 노동과 관련해서 사회적 자본은 국제 노동력 이동의 사회적 연결망 속에서 발생할 수 있는 문제들을 해결할 수 있는 개인의 자원이라는 형태로 나타나며, 사회적 자본을 더 많이 가지고 있는 사람은 다른 사람보다 이동 및 재이동의 가능성이 높아지고 이동 과정에서 접하는 문제를 긍정적으로 풀어갈 가능성도 높아진다(박경태, 2001b: 30).

본 연구에서는 사회적 자본을 사회적 연결망과 사회적 지원으로 구분하였으며, 이주노동자들에게 한국에서의 취업만족에 어떠한 영향을 주는지를 규명하고자 하였다. 본 연구의 가설로는 첫째, 이주노동자들의 사회적 연결망은 취업만족에 직접적인 영향을 줄 것이다. 둘째, 이주노동자들의 사회적 연결망은 사회적 지원에 직접적인 영향을 줄 것이다. 셋째, 이주노동자들의 사회적 연결망이 취업만족에 미치는 영향에서 사회적 지원은 매개효과가 나타날 것이다.

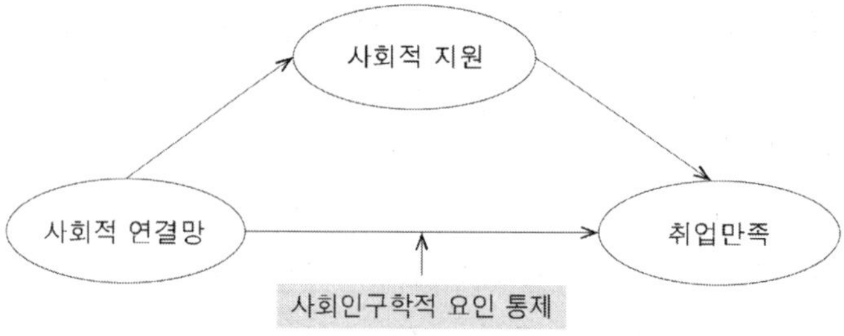

〈그림 6-1〉 사회적 연결망과 취업만족

2. 자료수집 및 분석방법

본 연구에서 사용한 분석 자료는 2008년 7월 2일부터 30일까지 부산과 경남지역을 중심으로 이주노동자 250명을 대상으로 실시한 조사로부터 얻어진 것이다. 표본은 부산, 경남에서 가장 많이 거주하고 있는 이주노동자들의 국적 순으로 조사하였다. 행정안전부의 조사 자료에 따르면 부산·경남에 거주하는 이주노동자의 수는 36,764명(부산: 10,613명, 경남: 26,151명)으로 중국인(조선족 포함)이 가장 많으며, 그 다음으로 베트남인, 필리핀인, 태국인, 인도네시아인, 몽골인, 기타 순으로 나타났다. 조사의 편이성을 위해 국적별로는 인도네시아, 필리핀, 베트남, 중국, 태국의 5개 국으로 한정하였다. 이주노동자들의 특성상 거주지 이동과 미등록 이주노동자들의 정확한 규모가 파악되지 않은 한계로 인해 각 국적의 핵심정보원과 이주노동자 지원 단체(종교, 시민)의 협조로 눈덩이표집을 통해 설문조사를 실시하였다. 설문지는 5개국의 언어로 번역하여 국적별로 50부씩 250부를 배포하였으며, 239부를 회수하였다(95.6%). 그중에서 응답이 다수 누락된 설문지를 제외한 유효표본 수는 216부이다(86.4%).

조사한 자료는 사회적 자본과 만족도와 관련된 변수들을 조작화하여 SPSS 14.0 통계프로그램을 사용하여 빈도분석과 평균비교, 분산분석, 중다회귀분석을 실시하였으며, 사회적 지원의 매개효과를 분석하기 위해 단순회귀분석을 반복 실시하여 사회적 연결망과 취업만족, 사회적 연결망과 사회적 지지, 사회적 지원과 취업만족 간의 경로분석을 실시하였다.

각 변인들의 측정도구는 성균관대학교 서베이리서치센터에서 실시한 「국내 외국인 근로자 연구를 위한 질문서」(석현호 외, 2003)를 인용하여 본 조사에 맞게 수정, 보완한 후 사용하였다.

3. 변인들의 측정도구

1) 독립변인

본 연구에서는 이주노동자들이 한국사회로 유입된 이후의 사회적 연결망을 측정하여 취업만족에 어떤 영향을 미치는지를 분석하였다. 이주노동자의 사회적 연결망을 파악하기 위해 한국사회의 적응과 관련된 정보를 서로 교환하는 관계를 측정하였다. 사회적 연결망에 관한 척도로는 '직장 내외에서 주기적으로 참석하는 단체가 있는가', '마음을 터놓고 이야기할 수 있는 모국인 친구가 있는가', '모국인 친구만큼 가깝게 지내는 한국인 친구가 있는가', '모국 정부기관과는 자주 연락하는가', '한국의 시민단체와는 자주 연락하는가', 가깝게 지내는 한국인 이웃이 있는가'로 측정하였다. 각 항목에 대한 연락정도를 5점 척도로 사용하였으며, 점수가 높을수록 친밀한 관계임을 의미한다. 사회적 연결망의 신뢰도는 Cronbach의 알파계수는 .753으로 나타났다.

2) 매개변인

사회적 지원은 이주노동자들이 사회적 연결망의 구성원을 통해 정서적, 정보적, 물질적 지원을 제공받을 수 있는 정도를 의미한다. 이 변수에 포함된 항목은 '모국인 직장동료 또는 상사', '직장 밖 모국인 친구 또는 친척', '모국 종교 및 사회단체', '한국인 직장 동료 또는 상사', '직장 밖 한국인 친구 또는 친지', '한국 종교 및 사회단체', '한국관공서 및 정부기관', '모국 대사관 및 정부기관' 등으로 측정하였다. 각 항목에 대한 지원정도를 5점 척도로 사용하였으며, 점수가 높을수록 지원이 높음을 의미한다. 사회적 지원의 신뢰도는 Cronbach의 알파계수가 .804로 사회적 연결망보다 높게 나타났다.

3) 종속변인

취업만족의 척도는 이주 후 한국취업과 관련하여 만족도를 조사하였다. 취업만족은 조직 내에서 개인들이 보이는 노동태도를 구성하는 중요한 개념으로 직무와 관련하여 경험하는 감정적 태도, 만족의 정도를 의미한다(강주희, 2007: 21). 각 척도는 '고용된 회사', '고용기관', '근로시간', '임금수준', '작업장환경', '안전시설', '의료혜택', '숙소시설', '회사급식', '동료와의 관계', '상사와의 관계' 등으로 측정하였다. 각 항목에 대한 만족정도를 5점 척도로 사용하였으며, 점수가 높을수록 만족도가 높음을 의미한다. 항목간 신뢰도 Cronbach의 알파계수는 .892로 내적일치가 높은 것으로 나타났다.

4) 통제변인

사회적 연결망과 사회적 지원에 영향을 줄 수 있는 사회인구학적 변수로는 성별, 연령, 국적, 결혼여부, 교육수준, 체류자격, 체류기간 등이 고려되었다. 차이분석에서는 사회인구학적 요인들을 그대로 사용하였다. 사회적 연결망, 사회적 지원과 취업만족과의 중다회귀분석에서는 성별과 국적, 결혼여부, 체류자격은 가변수로 전환하였다. 성별의 경우 기준변수를 여성으로, 국적은 준거집단을 인도네시아로 하였으며, 결혼여부에서는 기혼, 체류자격은 등록이주노동자를 기준으로 더미화하였다. 학력, 연령, 체류기간은 연속변수로 사용하였다.

Ⅳ. 이주노동자의 사회적 연결망과 취업만족

1. 조사대상자들의 사회 인구학적 특성

조사결과 성별을 우선 살펴보면, 남성이 88.6%, 여성이 11.4%로 남성의 응답자가 대부분으로 나타났다. 남성이 많은 집단은 인도네시아인(100%)이며, 여성이 많은 집단은 필리핀인(25.6%)이었다. 인도네시아의 경우 여성 이주노동자가 없는 것은 이슬람 여자들의 경제활동참가가 낮기 때문(석현호 외, 2003: 77)으로 추측되며, 필리핀인의 경우 국가적 차원에서 여성들의 이주노동을 권장하는 것과 관련 있는 것으로 보아진다.

연령은 20대가 47.4%로 가장 많았으며 가장 젊은 이주노동자가 많은 집단은 베트남인으로 나타났다. 이는 젊은 사람에게 우선적으로 이주노동을 허가하는 베트남의 상황과 관련 있어 보인다. 교육수준은 고졸 이상이 57.3%로 가장 많으며, 교육수준이 높은 집단은 필리핀으로 대졸 이상이 66.7%로 나타났다. 필리핀인 경우 학력 수준이 높을 뿐 아니라 영어를 사용한다는 점에서 한국 노동시장에서 비교적 높은 임금을 받는 요인이 되기도 한다. 결혼여부는 기혼이 많았으며(51.2%). 특히 필리핀은 기혼이, 베트남은 미혼이 많은 것으로 나타났다. 체류기간은 1년 이하가 32.7%로 가장 많았으며 체류기간이 가장 오래된 집단은 필리핀인, 인도네

〈표 6-1〉 이주노동자의 사회 인구학적 특성(단위: %)

	전체	인니	필리핀	베트남	중국	태국
성별						
남성	88.6	100.0	74.4	86.4	92.7	87.8
여성	11.4	0.0	25.6	13.6	7.3	12.2
나이						
20대	47.4	46.7	15.8	86.4	52.5	32.6
30대	44.6	46.7	71.1	13.6	45.0	50.0
40대 이상	8.0	6.7	13.2	0.0	2.5	17.4
교육수준						
중졸 이하	24.9	4.3	2.8	6.8	61.0	47.8
고졸 이상	57.3	87.0	30.6	84.1	34.1	43.5
대졸 이상	17.8	8.7	66.7	9.1	4.9	8.7
결혼여부						
미혼	46.1	44.4	23.1	68.2	43.9	47.9
기혼	51.2	55.6	69.2	31.8	51.2	50.0
기타	2.3	0.0	7.7	0.0	4.8	2.1
체류기간						
1년 이하	32.7	37.8	17.5	34.9	56.1	18.8
2년	22.6	28.9	22.5	25.6	22.0	14.6
3년	21.2	4.4	17.5	25.6	12.2	43.8
4년	7.4	2.2	5.0	14.0	4.9	10.4
5년 이상	16.1	26.7	37.5	0.0	4.9	12.5
체류자격						
등록	83.3	86.4	82.4	86.4	70.0	89.6
미등록	16.7	13.6	17.6	13.6	30.0	10.4

시아인, 태국인, 중국인, 베트남인 순으로 나타났다. 체류자격은 대부분 등록이주노동자로 83.3%로 나타났다.

사회 인구학적 변수별로 정리하면 〈표 6-1〉과 같다.

2. 사회적 연결망과 취업만족의 관계

1) 사회적 연결망

사회적 연결망에서 전체 평균은 2.61로 보통 이하로 나타났다. 항목별로 구체적으로 살펴보면, 먼저, '가까이 지내는 모국인 친구가 있는가'에 대한 응답으로는 평균 3.26으로 보통 이상으로 나타났다. 모국인 친구와의 사회적 연결망이 가장 높은 집단은 필리핀인이 3.64로 보통 이상으로 나타났다. 모국인 친구의 경우 중요한 연결망으로 한국에 유입되기 전부터 한국에 이주한 이후에도 한국생활정보 및 일자리 정보 등을 공유할 수 있기 때문이다. 모국인과의 사회적 연결망이 높은 집단은 필리핀인으로 평균 3.64로 가장 높게 나타났다. 필리핀인의 경우 한국에서의 거주기간이 길며, 모국공동체모임과 종교 활동(특히 천주교)으로 인해 사회적 연결망이 다른 국적의 이주노동자들보다 밀착되어 있기 때문으로 보인다. 그 다음으로 베트남인, 태국인, 인도네시아인, 중국인 순으로 나타났다.

'가까운 한국인 친구가 있는가'는 2.41로 나타났다. 국적별로 보면, 한국인 친구가 많은 집단은 필리핀인, 베트남인, 중국인, 태국인, 인도네시아인 순으로 나타났다. '한국인 이웃이 있는가'에서는 2.30으로 보통보다 낮게 나타났다. 특히 인도네시아인의 경우 1.98로 다른 국적에 비해 낮게 나타났다. 이는 인도네시아인들이 대부분 이슬람교를 신봉하고 있으며, 종교로 인한 문화적 차이가 많기 때문인 것으로 보인다. '모국공동체에 참여하고 있는가'에서는 2.57로 보통 이하로 나타났다. 모국공동체의 참여는 이주노동자들이 한국사회에서도 모국의 문화를 유지하며 모국 정체성을 유지하려 하고 있다. 국적별로 보면, 베트남인이 가장 높고, 인도네시아인, 필리핀인, 태국인, 중국인 순으로 나타났다.

'모국정부기관과는 연락하는가'에서는 평균 2.25로 사회적 연결망 항목 중 가

〈표 6-2〉 사회적 연결망(단위: 평균(표준편차))

	전체	인도네시아	필리핀	베트남	중국	태국	F값
모국인친구	3.26(.99)	3.07(.84)	3.64(1.03)	3.36(1.01)	3.02(.98)	3.24(.99)	2.620*
한국인친구	2.41(.99)	2.27(.99)	2.71(1.29)	2.50(.87)	2.33(.66)	2.29(1.02)	1.358
한국인이웃	2.30(1.03)	1.98(1.10)	2.64(1.08)	2.43(.87)	2.46(1.07)	2.06(.922)	3.266*
모국공동체참여	2.57(1.03)	2.58(.81)	2.51(1.35)	2.86(1.10)	2.41(.67)	2.46(1.00)	1.242
모국정부기관	2.25(1.00)	1.82(.74)	2.63(1.31)	2.25(1.01)	2.18(.82)	2.39(.90)	3.948**
한국시민단체	2.85(.99)	2.63(.87)	2.98(1.09)	2.73(1.04)	3.05(.90)	2.90(1.02)	1.348
평균	2.61(.66)	2.39(.57)	2.83(.81)	2.68(.59)	2.58(.62)	2.57(.66)	2.583*

*p<.05, **p<.01

장 낮게 나타났다. 이는 이주노동자들의 경우 한국으로 이주한 이후 모국과의 연락을 하지 않고 있음을 의미한다. 한국에서 어려움이 있을 때 모국의 대사관이나 본국의 정부기관에 연락을 하기보다는 이주노동자들끼리 해결하거나 한국의 시민단체 또는 종교단체를 통해 문제를 해결하는 것으로 보인다.

'한국시민단체와는 연락을 하는가'에서는 2.85로 모국인 친구 다음으로 사회적 연결망을 구축하고 있는 것으로 나타났다. 한국의 시민단체 또한 이주노동자들에게는 중요한 사회적 연결망이다. 이주노동자들이 낯선 이국땅에서 모국인 친구 외에 사회적 지원을 받을 수 있는 곳이기 때문이다. 이주노동자들은 시민단체 또는 종교단체에서 운영하는 이주노동자 지원과 관련하여 체불임금, 사업장 이동 문제, 의료문제, 법률문제 등을 지원받고 있다. 특히 미등록이주노동자의 경우 공적기관보다는 이들 시민단체에 의존하고 있다.

2) 취업만족도

취업만족도를 각 항목별로 살펴보면, 먼저 평균이 가장 높은 항목은 동료와의 관계(3.43)가 가장 높게 나타났는데, 이는 한국인과의 관계라기보다는 이주노동자들 간, 또는 모국인들 간의 동료관계로 보인다. 이주노동자들은 자신들이 어려움을 겪고 있을 때 대부분은 본국 노동자들끼리의 사회적 연결망을 통해서 어려움을 해결하며(Seol, 1996), 노동으로 인한 질병이나 입원이 필요한 경우 소속된 한국의 직장이나 동료가 아닌 대부분이 본국 동료의 도움을 받기(Kim · Kim · Lee · Lee

〈표 6-3〉 취업만족(단위: 평균(표준편차))

	전체	인도네시아	필리핀	베트남	중국	태국	F값
고용된 회사	3.39(.83)	3.28(.58)	3.73(1.02)	3.59(.84)	3.07(.84)	3.27(.91)	4.420**
고용기간	3.37(.82)	3.15(.69)	3.65(1.02)	3.37(.75)	3.25(.58)	3.39(.91)	2.264+
근로시간	3.29(.87)	3.04(.75)	3.78(.80)	3.21(.74)	3.34(.82)	3.12(1.0)	4.629***
임금수준	3.21(.92)	3.22(.81)	3.79(.86)	3.05(.80)	3.02(.85)	2.92(.96)	5.219***
작업장환경	3.09(.90)	3.11(.98)	3.35(1.07)	2.95(.87)	3.15(.82)	2.92(.96)	1.579
산업안전	3.17(.80)	3.17(.64)	3.28(1.01)	3.11(.81)	3.20(.74)	3.07(.82)	.307
의료혜택	3.31(.89)	3.28(.80)	3.55(1.03)	3.30(.90)	3.29(.81)	3.17(.88)	1.044
숙소시설	3.27(.91)	3.13(.83)	3.60(1.15)	3.16(.77)	3.15(.79)	3.33(.90)	2.027+
회사급식	3.10(.88)	2.87).83)	3.40(1.12)	3.05(.80)	3.15(.72)	3.07(.82)	2.080+
동료와의 관계	3.43(.79)	3.13(.74)	3.68(1.09)	3.43(.72)	3.44(.63)	3.07(.64)	2.715*
상사와의 관계	3.30(.75)	3.11(.52)	3.65(1.05)	3.25(.68)	3.32(.68)	3.21(.70)	3.206*
평균	3.26(.59)	3.13(.45)	3.58(.71)	3.22(.49)	3.21(.51)	3.19(.64)	

+p<.1, *p<.05, **p<.01, ***p<.001

와 Hong, 2001) 때문이다. 그 다음으로 고용된 회사(3.39), 고용기간(3.37), 의료혜택(3.31), 상사와의 관계(3.30), 근로시간(3.29), 숙소시설(3.27), 임금수준(3.21), 산업안전(3.17), 회사급식(3.10), 작업장환경(3.09) 순으로 나타났다. 특히 회사급식은 주로 한국식단으로 구성되면서 이주노동자들의 한국음식에 어려움을 겪는 것으로 보인다. 필리핀인의 경우 취업만족도 평균이 3.58로 다른 국적의 이주노동자에 비해 취업만족이 높게 나타났다. 반면에 인도네시아인의 경우 3.13으로 가장 낮게 나타났다.

3) 사회적 연결망과 취업만족 관계

사회 인구학적 요인(성별, 나이, 국적, 결혼여부, 교육수준, 체류자격, 체류기간)을 통제한 후 사회적 연결망과 취업만족도에 관해 중다회귀분석을 실시하였다. 분석 결과 사회적 연결망을 가진 이주노동자일수록 취업만족이 높은 것으로 나타났다. 그러나 사회 인구학적 요인은 통제하였으나, 성별과 국적에 따른 취업만족이 유의미하게 나타났음을 알 수 있다. 성별에서는 남성이 여성에 비해 취업만족이 낮은 것으로 나타났다(β=-.145, p<.05). 또한 국적 요인도 취업만족에 유

〈표 6-4〉 사회적 연결망과 취업만족

	비표준화 계수		표준화계수	t	유의확률
	B	표준오차	베타		
(상수)	2.852	.392		7.269	.000
나이	.002	.007	.000	.002	.998
성별(여성=0, 남성1)	-.239	.111	-.145	-2.158	.032
교육수준	.072	.793	.007	.090	.928
체류기간	-.009	.020	-.033	-.430	.668
결혼여부 (미혼=0,기혼=1)	-.093	.084	-.084	-1.107	.270
체류자격(0=미등록,1=등록)	.031	.105	.021	.300	.765
국적1)					
필리핀인	.46	.134	.294	3.399	.001
베트남인	.023	.117	.017	.196	.845
중국인	.014	.124	.010	.111	.911
태국인	.133	.119	.098	1.118	.265
사회적연결망	.205	.057	.245	3.566	.000

1) 준거집단은 인도네시아인임. R^2=.265.

의미한 영향을 미친 것으로 나타났다. 특히 필리핀인이 준거집단인 인도네시아인에 비해 취업만족에 영향을 준 것으로 나타났다(β=.294, $p<.001$). 이는 필리핀인의 경우 비교적 이른 시기에 한국에 유입되었고, 모국공동체의 활성화와 영어 사용 요인 등이 취업만족에 영향을 주는 것으로 추정된다. 이에 비해 인도네시아인의 경우 이슬람권으로 한국문화와 이질적이라는 종교적인 영향이 큰 것으로 보인다. 그러나 중국인과 태국인의 경우 한국과 비슷한 불교권임에도 불구하고 취업만족이 낮게 나타났다는 것은 종교의 문제보다 다른 요인들이 작동하고 있음을 알 수 있다. 결과적으로 여성일수록, 필리핀인일수록, 사회적 연결망이 높을수록 취업만족이 높은 경향을 띠는 것으로 나타났다. 그 외 요인들은 유의미한 영향이 나타나지 않았다.

3. 사회적 지원의 매개효과

사회적 지원은 평균 3.17로 보통 이상으로 나타났다. 항목별로 보면 모국인 직장동료 또는 상사로부터 도움을 받는다는 응답이 3.45로 가장 높았고, 모국인친구나 친지로부터 도움을 받는다는 응답이 평균 3.36, 모국정부기관이 3.30, 한국

〈표 6-5〉 사회적 지원(단위: 평균(표준편차))

	전체	인도네시아	필리핀	베트남	중국	태국	F값
모국인친구, 친지	3.36(1.03)	3.39(1.00)	3.20(1.26)	3.53(.98)	3.53(.90)	3.18(.99)	1.142
한국인친구, 친지	2.86(.98)	2.66(.88)	2.98(1.09)	2.77(1.02)	3.00(.85)	2.90(1.02)	.928
모국종교, 시만단체	3.12(1.05)	3.49(.96)	3.31(1.21)	2.82(1.01)	3.15(1.00)	2.90(1.02)	3.168*
한국 종교, 시민단체	3.13(1.09)	3.04(.86)	3.38(1.21)	3.44(1.16)	2.90(1.07)	2.94(.94)	2.242*
모국인직장동료 또는 상사	3.45(1.07)	3.57(1.10)	3.15(1.21)	3.68(1.09)	3.65(.77)	3.20(1.04)	2.446*
한국인 직장동료 또는 상사	3.11(.96)	3.22(.75)	3.00(1.19)	3.14(1.02)	3.25(.84)	2.94(.98)	.779
한국정부기관	3.02(.94)	2.34(.82)	2.90(1.17)	3.19(.99)	3.10(.78)	3.08(.91)	.987
모국정부기관	3.30(.99)	2.98(.87)	3.38(1.07)	3.26(1.19)	3.45(.76)	3.47(.96)	1.765
평균	3.17(.65)	3.15(.54)	3.16(.72)	3.22(.66)	3.27(.59)	3.08(.71)	.531

*p〈.05, **p〈.01

종교 또는 시민단체, 3.13, 모국종교 또는 시민단체가 3.12, 한국인 직장동료 또는 상사 3.11, 한국정부기관 3.02, 한국인 친구, 친지, 2.86 순으로 나타났다. 응답자의 다수는 사회적 지원이 모국인 또는 친지, 모국정부기관 등이 높게 나타났음을 알 수 있다. 특히 모국정부기관은 사회적 연결망에서는 가장 낮은 연결망을 갖고 있었지만, 사회적 지원에서는 비교적 평균이 높게 나타났다. 중국인, 베트남인, 인도네시아인, 태국인은 '모국인'으로부터 받는 사회적 지원이 높게 나타났으며, 필리핀인의 경우 모국정부기관과 한국의 시민·종교단체의 사회적 지원이 높은 것으로 나타났다. 이는 사회적 연결망과는 달리 사회적 지원에서는 공신력 있는 기관 또는 단체의 유용성이 큰 것으로 보인다. 국적별로 평균을 비교하여 보면, 중국인이 3.27로 보통 이상으로 타국적보다 높게 나타났으며, 그 다음으로 베트남인(3.22), 필리핀인(3.16), 인도네시아인(3.15), 태국인(3.08) 순으로 나타났다. 그러나 중국의 경우 사회적 지원이 다른 국적에 비해 높음에도 불구하고 취업만족은 낮게 나타났었다. 이는 일과 생활이 분리되어 취업에서는 만족이 낮지만, 일상생활에서의 사회적 지원이 높음을 알 수 있다.

사회적 지원 요인이 취업만족에 매개효과가 있는지를 검증하기 위해 단순회귀분석을 반복 실시하였다. 사회적 연결망, 사회적 지원, 취업만족 간의 경로분석은 바론과 케니(Baron and Kenny, 1986: 1176)의 분석방법을 사용하여 분석하였다. 먼저 사회적 연결망과 사회적 지원이 유의하고(p〈.001)(a), 사회적 지원이 취

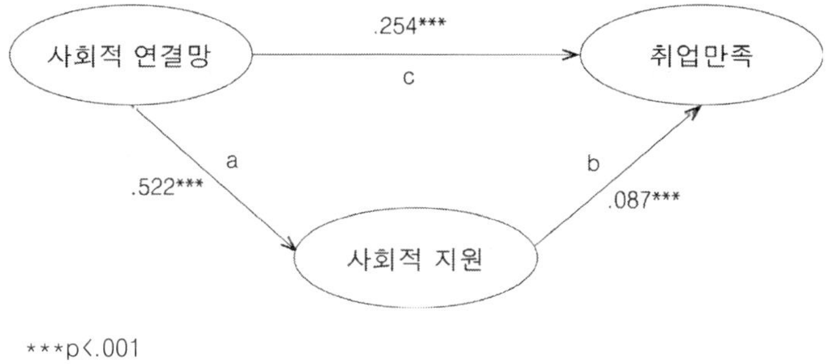

〈그림 6-2〉 사회적 연결망과 취업만족 간의 사회적 지원의 매개효과

업만족에 유의미하며(b), 사회적 연결망과 취업만족이 유의하고(p〈.001)(c), 사회적 연결망과 사회적 지원을 모두 독립변수로 사용하여 취업만족과의 관계를 분석할 때 사회적 연결망이 취업만족에 영향을 미치는 유의율이 변화가 없거나 0으로 나타나면 사회적 지원이 완전 매개효과가 있는 것으로 간주하였다.

분석결과 사회적 연결망과 사회적 지원을 모두 독립변수로 사용하였을 때, 사회적 연결망의 유의율이 약화되었다. 이는 사회적 지원이 부분적으로 매개효과가 있음을 의미한다. 즉 사회적 지원을 매개로 사회적 연결망은 취업만족에 영향을 미친 것으로 나타났다.

V. 결 론

이상으로 부산, 경남에 거주하는 이주노동자들의 사회적 지원을 매개로 사회적 연결망이 취업만족에 미치는 영향을 회귀분석을 통하여 규명하였다. 조사 결과 성별은 남성이 대부분이었으며, 연령은 20대가 가장 많으며, 교육수준은 고졸 이상이며, 절반 이상이 기혼인 것으로 나타났다. 체류기간은 1년 이하가 가장 많았으며, 체류기간이 가장 오래된 집단은 필리핀인 것으로 나타났다. 체류자격은 대부분이 등록이주노동자였으며, 태국인이 등록이주노동자가 많은 것으로 나타났으며, 중국인의 경우 미등록이주노동자의 비율이 높게 나타났다.

이주노동자들의 사회적 연결망이 취업만족에 미치는 영향을 분석한 결과는 다음과 같다. 첫째, 사회적 연결망의 전체 평균은 보통 이하로 나타났으며, 항목별로 보면 모국인 친구가 가장 높았고, 모국인 정부기관이 가장 낮게 나타났다. 국적별로 살펴보면 사회적 연결망의 평균이 가장 높은 집단은 필리핀인이고, 가장 낮은 집단은 인도네시아인으로 나타났다. 모국 정부기관과의 사회적 연결망의 평균이 가장 낮게 나타났다.

둘째, 사회적 지원은 전체 평균이 보통 이상으로 나타났다. 모국인 친구나 친지로부터 도움을 받는다는 응답이 가장 많았고, 모국인 직장동료 또는 상사로부터 도움, 모국 정부기관, 한국 종교 또는 시민단체, 모국종교 또는 시민단체, 한국인 직장동료 또는 상사, 한국정부기관, 한국인 친구 친지 순으로 나타났다. 사회적 지원에서 특이한 것은 모국 정부기관과의 사회적 연결망은 가장 낮은 것에 비하여, 사회적지원은 높은 것으로, 주로 도움은 사적 지원보다는 공적 지원이 더 유용하게 나타났음을 알 수 있다.

셋째, 사회적 연결망이 취업만족에 미치는 영향을 회귀분석한 결과, 사회적 연결망을 가진 이주노동자일수록 취업만족이 높은 것으로 나타났다. 또한 사회인구학적 요인을 통제하였으나, 성별과 국적에 따른 요인은 취업만족에 유의미한 영향을 미치는 것으로 나타났다. 즉, 여성이 남성에 비해 취업만족이 높은 경향이 있으며, 필리핀인이 다른 국적에 비해 취업만족이 높은 경향이 나타났다.

넷째, 사회적 연결망과 취업만족에서 사회적 지원의 매개효과를 보기 위해 단순회귀분석을 반복 실시하여 경로분석을 한 결과 사회적 지원은 취업만족에 부분매개효과가 있는 것으로 나타났다.

이러한 연구결과를 토대로 이주노동자들의 사회적 연결망과 사회적 지원을 증진시키기 위한 정책을 제언하면 다음과 같다. 첫째, 모국인과의 연결망을 강화하기 위해 모국공동체를 결성하고 유지할 수 있는 정책적 지원과 한국인 친구, 동료, 이웃과의 관계를 연결할 수 있도록 각 기관이나 시민단체 등에서 멘토링 프로그램 등을 운영하여 상호 연결망을 강화할 수 있도록 해야 할 것이다.

둘째, 사회적 지원 중에서 공적인 지원을 강화할 필요가 있다. 특히 모국의 공적기관과의 연결망이 더욱 구축되어야 할 것이다. 또한 한국 정부기관, 단체 등에서도 지속적으로 연결망을 구축하고, 지원할 수 있는 지원체계를 수립하는 것이 필요하다. 현재 시민단체, 외국인근로자지원센터를 중심으로 지원서비스를 강화하고 있지만 '찾아가는 서비스'를 실시함으로써 사회적 연결망을 강화하고, 사회적 지원을 증진시킬 필요가 있을 것이다.

셋째, 이주노동자의 경우 다양한 국적을 가지고 있지만 '이주노동자'로 범주화되어 국적을 배제하기 쉽다. 따라서 각 국가에 맞는 맞춤형 지원이 필요할 것이다. 또한 이주노동자의 대부분이 남성으로 구성되어 있음으로써 여성에 대한 지원체계는 미미한 실정으로 사회적 자본을 증진시키기 위한 이주여성들에 대한 독자적인 지원체계를 마련해야 할 것이다.

마지막으로 본 연구의 한계는 조사지역이 부산·경남 지역으로 한정되어 있어 이주노동자 전체를 일반화하기란 어렵다는 점이다. 따라서 이 연구는 지역사회에서 나타나는 이주노동자들의 사회적 연결망과 취업만족 간의 영향을 규명하는 데 의의가 있으며, 향후 지속적인 연구를 통해 보완해야 할 것이다.

참 고 문 헌

강주희. 2007. "기업조직에서 개인의 사회적 자본이 직무만족에 미치는 영향에 관한 연구." 「사회과학연구」 33(1): 19-39.

고종욱 · 임영희. 2003. "간호사의 직무스트레스와 직무만족 및 조직몰입간의 관계에서 사회적 지지의 역할." 「대한간호학회지」 33(2): 265-274.

김상진 · 한진수. 2006. "호텔의 사회자본이 직무만족, 조직몰입에 미치는 영향." 「호텔경영학연구」 15(2): 41-90.

김상준. 2004. "부르디외, 콜만, 퍼트남의 사회적 자본 개념 비판." 「한국사회복지학」 38(60): 63-95.

김왕배 · 이경용. 2002. "사회자본으로서의 신뢰와 조직몰입." 「한국사회학」 36(3): 1-23.

문유석 · 허용훈 · 김형식. 2009. "경찰 사회자본과 직무만족: 경찰관의 인식분석으로 중심으로." 「한국공안행정학회보」 35: 99-136.

박경태. 2001a. "노동력 송출국에서 본 이주 노동자의 사회적 연결망: 필리핀의 가족과 공동체를 중심으로." 「신학사상」 13: 26-48.

박경태. 2001b. "사회적 자본으로서 NGO의 역할과 아시아 이주노동자 문제-필리핀과 홍콩의 NGO를 중심으로." 「경제와 사회」 52: 184-205.

박윤경. 2002. "외국인 노동자들의 사회적 자본과 사회적 거리감에 관한 연구." 박사학위논문, 성균관대학교 일반대학원.

박찬웅. 2000. "사회적 자본, 시장: 시장에 대한 사회학적 접근." 한국사회학회 특별심포지엄.

배귀희 · 김영환. 2006. "사회자본과 조직몰입 간의 관계에 관한 연구: Burt 구조적공백(Structural Holes) 이론을 중심으로." 「행정논총」 44(3): 1-32.

석현호 · 이혜경. 2003. "외국인 노동자의 특성과 이주과정." 「외국인 노동자의 일터와 삶」. 서울: 지식마당.

설동훈. 1998. "외국인 노동자와 사회적 자본." 「한국사회와 외국인 노동자: 그 종합적

이해를 위하여」. 서울: 미래인력연구센터.

신유근. 1992. 「한국의 경영: 그 현상과 전망」. 서울: 박영사.

이순희 · 김신정 · 이영주 · 김숙영. 2009. "외국인 노동자의 사회적 지지와 외로움과의 관계." 「지역사회간호학회지」 20(1): 67-74.

정기선. 2003. "외국인 노동자의 작업장 적응, 직무만족과 조직몰입." 석현희 외. 「외국인 노동자의 일터와 삶」. 서울: 지식마당.

허수연 · 이정은 · 홍혜영 · 유호선 · 염병수. 2006. "사고노출을 경험한 철도기관사의 직무만족에 관한 연구: PTSD와 사회적 지지 영향을 중심으로." 「한국사회복지조사연구」 15: 99-120.

Bentley, R. R. and Rempel, A. M. 1970. *Manual for the Perdue Teacher Opinionnaire*. IN: University Bookstore.

Baron, R. M. and Kenny, D. V. 1986. "The Moderator-Mediator Variable Distinction in Social Psychological Research: Conceptual, Strategic, and Statistical Considerations." *Journal of Personality and Social Psychology* 51(6): 1173-1182.

Bourdieu, Pierre. 1986. The Forms of Social Capital. In *Handbook of Theory and Research for the Sociology of Education*, edited by John G. Richardson. Westport, CT: Greenwood Press.

Burt, R. S. 2001. Structural Holes versus Network Closure as Social Capital, Social Capital: Theory and Research. In *Social Capital: Theory and Research*, eds by Nan Lin, K. Cook and R. S. Burt. New York: Aldine de Gruyter.

Coleman, James S. 1988. "Social Capital in the Creation of Human Capita." *American Journal of Sociology* 94: 95-120.

Cohen, S. and Hoberman, H. M. 1983. "Positive Events and Social Supports of Life Change Stress." *Journal of Applied Social Psychology* 13(2): 99-125.

Kim, M. S., Kim, Y. G., Lee, S. H., Lee, Y. J., and Hong, S. K. 2001. "Report on the health on the migrant workers in Korea." The Korean Doctors' Weekly, Seoul.

Lin, N., Ensel. W. M., and Simeone, R. S. 1979. "Social support, stressful life events and illness: A model and an empirical test." *Journal of Health and social Behavior* 20: 108-119.

Locke, E. A. 1976. "The Nature and Causes of Job Satisfaction." In M. D. Dunnette

(Ed.). *Handbook of Industrial and Organizational Psychology*(pp. 1297-1349). Chicago, IL: Rand McNally.

Massey, Douglas S., Joaquin Arango, Graeme Hugo, Ali Kouaouci, Adela Pellegrino, and J. Edward Taylor. 1993. "Theories of International Migration: A Review and Appraisal." *Population and Development Review* 19(3): 431-466.

Portes, Alejandro. 1995. Economic Sociology and the Sociology of Immigration: A Conceptual Overview. In *The Economic Sociology of Immigration: Essays on Networks, Ethnicity and Entrepreneurship*. (ed.). Alejandro Portes. New York: Russell Sage Foundation.

Seol, D. H. 1996. Foreign Worker in Korean society: An Exploration of their Influx and Adaptation. Unpublished Doctoral dissertation, Seoul National University, Seoul.

Terry, D. J., Nielsen, M., and Perchard, L. 1993. "Effects of Work Stress on Psychological Well-being and Job Satisfaction: The Stress-buffering Role of Social Support." *Australian Journal of Psychology* 45(3): 168-175.

Vroom, V. H. 1995. *Work and Motivation*. Jossey-Bass Publisher(San Francisco).

국가인권위원회 부산인권사무소. 2009.「부산지역 이주노동자 주거환경 개선을 위한 심포지엄」.

고용노동부. www.moel.go.kr

출입국 · 외국인정책관리본부. www.immigration.go.kr

제 7 장

계층분석과정을 이용한 이주노동자의 사회적 욕구의 우선순위 분석

장임숙·이수상

제 7 장

계층분석과정(AHP)을 이용한 이주노동자의 사회적 욕구의 우선순위 분석*

Ⅰ. 서 론

1980년대 이후부터 입국하기 시작한 이주노동자의 규모는 현재 30만 명의 미등록노동자를 포함해 100만여 명에 이르고, 출신국가도 100여 개의 국가를 넘어섬에 따라 이주노동자의 문제는 더욱 복잡하고 다양해지고 있다. 실제로 이주노동의 문제는 노동력의 단순한 이동을 넘어서 인간과 문화의 이동이라는 점에서 경제적 문제인 동시에 사회적 · 문화적 문제이다. 이주노동자는 경제적 이유로 이주노동을 선택하지만, 이주는 다른 사회, 다른 언어와의 충돌과 새로운 문화에 대한 적응을 내포한다. 게다가 이주노동자는 내국인 근로자와 달리 노동자로서의 권리를 제대로 보장받지 못하고, 사회적으로 인종, 언어, 문화, 종교 등의 차이로 인해 차별과 편견에 시달리는 현실에 처해 있다. 결국 이주노동자들은 이주민으로서의 문제, 노동자로서의 문제, 나아가 소수자로서의 문제라는 복합적이고 중층적인 욕구상황에 놓이게 된다.

그러나 이주노동자들은 언어소통의 한계로 인해 자신의 욕구를 제대로 표출하지 못할 뿐 아니라, 낮은 사회적 · 경제적 지위와 불안정한 신분으로 인해 문제를 해결할 수 있는 자원에 대한 접근성마저 부족한 경우가 많다. 사회일원으로서 욕구가 충족되지 않은 집단의 존재는 사회갈등을 유발하고 궁극적으로는 사회통합을 저해할 수 있기 때문에, 이주노동자의 욕구와 자원의 접근성을 증대시킬 수 있는 다양한 정책과 서비스가 지원되어야 한다. 하지만 현실적으로 서비스에 대

---

* 이 연구는 부산대학교 자유과제 학술연구비(2년)로 2007년도 연구되었음.

한 자원은 한정되어 있기 때문에, 이들의 복잡하고 다양한 욕구를 모두 충족시키기에는 한계가 있다. 예컨대 정부는 2009년 다문화 사회통합 프로그램에 796억 원을 투입할 계획이지만, 노동부 외국인취업자관리사업의 경우 2008년 15억4천8백만 원에서 2009년 12억으로 22.5% 감소하고, 문화체육관광부의 '다문화 축제' 및 '다문화 가이드북' 등에 대한 예산지원이 중단되었다.

정부로서는 이주노동자에게 가장 필요한 서비스부터 순차적으로 제공하는 것이 한정된 자원을 효율적으로 사용하는 것이 되므로, 이주노동자의 어떠한 문제가 가장 중요한지를 파악하는 것은 가장 필요한 곳에 자원을 배분할 수 있게 해준다. 즉 한정된 자원을 효과적으로 사용하기 위해서는 서비스 수혜자의 실태와 욕구를 파악하여 이를 기초로 정책을 설계하고 서비스 전략을 수립해야 하므로, 가장 우선적인 과제는 이주노동자의 욕구가 무엇인지를 조사하는 것이 된다.

그런데 기존의 욕구조사는 단순한 생활실태조사 혹은 노동실태조사의 한 부분으로서 이루어졌기 때문에 욕구에 관한 충분한 정보를 제공하지 못한다. 따라서 본 연구는 이주노동자의 욕구 중에서 어떠한 욕구가 중요한지를 실증적 분석을 통해 그 중요성을 파악함으로써, 의사결정자가 자원을 배분하는 데 필요한 우선순위를 판단할 수 있는 기준을 제시하고자 한다. 구체적으로, 계층분석과정(AHP: Analytic Hierarchy Process) 기법을 이용해 이주노동자의 사회적 욕구에 대한 상대적인 중요도를 측정하여 욕구의 우선순위를 결정하고, 전문가집단으로서 공공기관과 민간단체의 중요도 평가에 어떠한 차이가 있는지를 파악한다.

Ⅱ. 이론적 고찰

1. 선행연구의 검토

이주노동자는 의식주와 같이 생존에 필요한 기본적인 욕구는 물론이고, 사회적, 경제적, 정치적, 문화적 맥락 속에서 다양한 욕구를 가진다. 예컨대, 소득에 대한 경제적 욕구, 육체적 · 정신적 안전을 바라는 건강의 욕구, 자기계발을 위한 교육의 욕구, 애정과 소속감 등의 사회적 욕구, 여가와 문화를 즐기려는 욕구 등을 가진다. 그런데 이주노동자의 욕구가 모두 사회적 욕구로 규정되는 것은 아니다. 일반적으로 사회적 욕구는 인간의 다양한 욕구 가운데 인간다운 생활을 위한 필수적 기본욕구, 그 가운데서도 욕구의 발생원인과 해결책임이 사회에 있는 것을 의미한다(김환준, 2004: 259). 따라서 이주노동자의 사회적 욕구는 이주노동자에게 존재하는 수많은 욕구(문제) 중에서 사회가 해결해야 할 책임이 있는 문제이므로, 사회적 욕구상황에서는 이주노동자에게 적절한 사회적 서비스가 지원되어야 한다.

이주노동자를 포함한 이주민의 사회적 욕구에 관한 국외의 연구는 대체로 특정 민족이나 특정 출신국을 중심으로 연구대상을 한정하거나, 민족간 혹은 이주민과 비이주민간의 비교 분석에 집중하는 경향이고, 사회적 욕구를 주로 정부서비스와 연계시켜 논의하면서 정부서비스에 대한 이주민의 태도에 관심을 기울이는 경향이다. 먼저, 이주민의 사회적 욕구에 관한 Hernández · Pozo · Alonso(2004)의 연구는 이민관련부서에서 일하는 21명 주요정보원을 대상으로 남부 스페인에 거주하는 모로코이주민의 욕구(주거, 노동조건, 법적 지위)에 대해 심층인터뷰를 수행한 결과, 주거영역에서 주택접근에 대한 불평등과 인종차별이 심각하여 대다수의 이주민들은 급수나 전기 공급이 되지 않는 판잣집, 수용시설, 차고 등과 같은 매우 낮은 수준의 주택에 살고 있으며, 그 결과 이주민과 내국인간의 민족적인 분리, 심리적 소외, 사회적 배제, 접촉 부족 등의 문제가 발생하는 것으로 나타났다. 그리고 대다수의 모로코이주민들은 하우스농업에 종사하고 있어 다른 부문으로의 취업기회가 매우 제한되고 무계약, 저임금, 장시간노동, 직업 불안정성 등의 열악한 노동조건에 처해 있으며, 법적 지위에 있어서 대다수가 불법체류자의 신분이기 때문에 안정된 체류자격의 부여가 무엇보다 중요한 것으로 나타났다. 이 연구는 질적 분석 결과를 토대로 100명의 모로코이주민을 대상으로 설문조사를 수행한 결과, 주거, 노동조건, 건강, 법적 지위, 가족, 교육, 사회적 통합 및 참여, 언어, 민족적 편견 등의 영역에서 욕구의 우선순위는 주거문제, 노동조건, 안정적인 법적 지위의 순으로 나타났고, 이외에도 민족적 편견이 매우 중요한 문제로 나타났다. 주거, 노동조건, 법적 지위에 대한 조사결과는 질적 조사와 거의 일치하며, 이주민의 정부 프로그램 및 서비스 이용실태는 극도로 낮은 수준에 머물렀는

데, 이주민의 법적 지위와 관련된 행정기관 서비스(37%)와 정보 · 상담프로그램(34%)을 제외한 어학코스(6%), 의료서비스(6%), 문화체험프로그램(3%), 주택프로그램(2%), 훈련과정(2%), 원조센터(2%)는 거의 이용하지 않는 것으로 나타났다. 이 연구는 이주민들이 정부서비스나 공식적인 프로그램을 이용하기보다 비공식적인 사회적 자본을 통해 욕구를 해결한다는 점을 강조하고 있다.

같은 맥락에서 Norris(2002)의 연구는 미국의 정부서비스에 대한 이주민의 욕구와 태도를 파악하는 데 초점을 두는데, 이주민들은 다양한 문제 상황에서 정부서비스에 의존하지 않는 경향을 보이고, 특히 권리, 법적인 문제, 부당한 처우와 같은 문제에서 정부의 역할에 매우 회의적이며, 대다수의 이주민들이 단지 화재와 폭행의 2가지 문제에 대해서만 정부서비스를 이용하고, 이 중에서도 맥시코인의 경우 병원(911긴급서비스 전화이용)으로의 수송이 필요한 경우에만 정부서비스에 의존하는 것으로 나타났다. 구체적으로 이주민들은 노인과 청소년 프로그램에 대한 욕구가 가장 높고, 새로운 직업기술의 습득이나 교육 등의 자기계발에 대한 욕구가 높은 데 비해 버스, 공원, 의료 케어, 쓰레기수거 등의 서비스에 대한 욕구는 중간수준이고, 범죄 · 정의 서비스에 대한 욕구는 매우 낮은 것으로 나타났다. 이러한 정부프로그램에 대한 욕구는 이주민의 체류기간에 영향을 받는 것으로 나타났는데, 체류기간이 길수록 정부서비스에 대한 욕구가 증가하였다. 이주민의 체류기간이 정부 서비스에 대한 욕구를 증가시키는 요인이라는 이 연구의 결과는 한국과 같이 단기체류 형태의 이주노동자의 정부서비스에 대한 이용정도를 가늠하게 해준다.

실제로 한국의 이주노동자는 사회적 욕구를 해결하는 데 있어서 정부서비스에 거의 의존하지 않고 있다(경기개발연구원, 2006; 부산발전연구원, 2008; 이수상 · 장임숙, 2008). 이수상 · 장임숙(2008)의 연구에서 한국 이주노동자들은 사회적 욕구상황에서 행정기관을 거의 이용하지 않으며, 특히 NGO와 종교단체보다 행정기관에 대한 의존도가 훨씬 낮을 뿐 아니라, 대다수의 이주노동자들은 비공식적인 네트워크에 크게 의존하는 것으로 나타나, 앞서 Hernández · Pozo · Alonso(2004)의 연구와 거의 일치하는 결과를 보여주고 있다.

또 다른 연구의 경향은 특정분야를 중심으로 이주민의 문제와 욕구를 보다 구체화하고 있다는 것이다. 이러한 연구들은 노동, 의료, 정보, 문화 등의 영역에서 다양하게 이루어지고 있고, 특히 의료영역에서 연구가 활발하다. 최근 연구를 영역별로 살펴보면, 먼저 노동영역에서 Castro · Fujishiro · Sweitzer · Oliva(2007)의 연구는 이주노동자가 직면한 작업장의 문제를 업무조직(보상체계, 고용 및 해고 방식, 근무시간 · 휴식 · 휴일, 물리적 작업환경, 업무의 위험성, 안전훈련), 노동자특성(육체적 특성, 사회문화적 특성), 업무관련 부상 및 질병, 실업, 노동자 행동(불만, 요구, 신고사례), 고용주 행동(차별, 보복)의 6가지 범주로 나누어 분석한 결과, 업무조직은 업무관련 부상 및 질병, 실업, 노동자 행동과 관련이 있고, 고용주 행동은 차별과 다양한 형태의 보복을 포함하는 것으로 나타났다. 이 연구의 업무조직 변수와 유사하게 국내 연구조사에서도 이주노동자의 작업장 문제는 직장, 직무, 임금, 의료혜택, 숙소시설, 이직, 근무 중 사건사고, 불공정한 대우에 대한 대처 등을 중심으로 논의되고 있다(노동부, 2007; 김해시, 2006; 부산발전연구원, 2008).

그리고 의료영역의 경우 Arslan · Verhulst · Crijnene(2002)의 연구에서 이주민들은 일반인에 비해 경미한 정신적 고통을 더 많이 경험하는 것으로 나타났고, 스웨덴의 터키이주민을 대상으로 하는 Soares & Grossi(1999)의 연구에서도 이주민은 내국인에 비해 재정문제, 직무긴장, 빈곤으로부터 더 많은 영향을 받을 뿐 아니라 감정적인 고통의 수준이 매우 높은 반면 고통에 대처할 수 있는 역량은 오히려 부족한 것으로 나타났다. 또 Stronks · Ravelli · Reijneveld(2001)의 네덜란드의 터키이주민에 관한 연구에서 터키인의 낮은 의료서비스의 이용이 민족적 배경에 기인하는 것으로 나타났는데, 이렇게 낮은 이용행태는 의료서비스에 이주민의 접근이 제한되기 때문이라는 것이다. 이러한 연구들은 이주노동자가 일반 내국인에 비해 육체적 · 정신적으로 건강상태가 양호하지 못한데도 불구하고 의료서비스에 대한 접근성은 매우 낮아 사회적 문제가 될 수 있다는 점을 강조하고 있다. 사실상 이주노동자의 의료서비스에 대한 접근 제한은 오히려 더 많은 사회적 비용을 초래할 수 있다. 특히 불법이주민은 국외추방을 두려워하기 때문에 필요한 의료서비스에 접근하지 못하는데, 이들에 대한 적절한 의료서비스의 거부는 충분히 치료할 수 있는 질병의 전염을 증가시키기도 한다(Marietta, 2007: 62). 또한 Gary & Lisa(2008)는 언어소통과 의료리터러시에 상당한 어려움을 겪고 있는 이주민집단의 경우, 의료정보에 대한 낮은 접근성은 물론이고 문화적 장애와 경제적 어려움으로 인해 건강이 더욱 악화된다고 지적하고, 공공 건강의 증진과 심각한 의료불평등의 완화를 위해서는 이주민집단이 건강리스크와 잠재적 건강문제에 효과적으로 대응할 수 있도록 도와주는 특정한 의료커뮤니케이션이 필요하다고 주장한다. 실제로 한국의 이주노동자들이 언어문제로 인해 산업재해를 더 많이 경험하고 있고 또 건강문제를 제대로 해결하지 못하고 있다는 점에서 이러한 연구의 지적은 중요한 시사점을 제공해준다.

이외에 Silvio(2006)의 연구는 런던과 캐나다 온타리오에 거주하는 남부 수단인 이주청년의 정보요구에 관한 것으로, 정보가 필요한 영역을 다음의 5가지 영역으로 나누어 분석한 결과, 정보요구의 순위는 교육(40%), 인종차별(25%), 고용(20%), 정치(10%), 의료(5%)의 순으로 높게 나타났고, 이들은 보편적으로 중요한 교육과 수습과정에 대한 정보를 어디서 얻어야 하는지를 제대로 알지 못하는 등 심각한 정보부족을 겪고 있으며, 대다수가 공식적인 정보보다 비공식적인 정보에 더욱 의존하는 것으로 나타났다.

대체로 국외의 선행연구는 이주민들이 취업의 기회가 제한되고, 열악한 주거환경에서 생활하며, 그들의 건강에 부정적인 영향을 미치는 민족적 · 사회적 취약성이 위험 수준에 이르는데도 공공서비스에 대한 접근이 제한되거나 거부되고 있다는 점을 심각한 문제로 지적하고 있다. 한국의 경우에도 이주노동자는 경제적 · 사회적 주변인의 지위와 민족적 소수자의 지위라는 이중적 지위로 인해 사회적 박탈감과 결핍이 더욱 가중되고 있다.

2. 한국 이주노동자의 실태와 사회적 욕구

한국 이주노동자의 사회적 욕구에 관한 정보는 대체로 실태조사를 근거로 추정하거나 혹은 실태조사의 한 부분으로서 조사된 프로그램 욕구조사를 근거로 한다. 그러므로 이주노동자가 당면한 문제가 무엇이고, 무엇을 가장 우선적으로 해결하기를 원하는지에 대해 실태보고서를 중심으로 파악해보면, 먼저 이주노동자에 관한 대표적인 실태조사는 노동부가 정기적으로 행하는 고용실태조사를 들 수 있다. 2007년 노동부의 실태조사는 근로조건, 사업체이동, 사건 · 사고 및 직장생활로 나누어 이루어졌는데, 이주노동자가 표준근로계약서 체결 시 가장 중시하는 것은 임금수준과 근로조건이고, 사업체 이동사유는 낮은 임금, 과중한 노동이나 근로조건 저하, 임금체불, 비합리적 대우 등이며, 근무 중에 언어적 폭행(21.7%), 여권압류(10%), 근무 중 산재(8.7%), 임금체불(6.7%), 근무 외 상해(4.7%), 신체폭행(1.7%)을 경험한 적이 있으며, 직장생활의 애로사항으로 가족에 대한 그리움, 언어소통문제, 생활의 어려움, 근로조건과 다른 대우, 폭력행위, 종교적 · 문화적 이질감 등을 들고, 직장에의 기대사항으로 많은 임금 및 수당, 작업량 조절, 작업장 안전도 개선, 욕설 등의 인권침해 방지, 오락문화시설 제공, 종교활동보장 등을 들었다.

그리고 2007년 경남발전연구원의 실태조사는 취업 및 근로, 의료보건복지, 주거와 일상생활 및 가정생활, 이주노동자 관련 정책 및 프로그램 등의 4가지 분야를 중심으로 조사를 수행한 결과, ① 취업 및 근로에서 장시간 근로, 과다한 작업량, 열악한 작업환경, 안전시설 미비 등을, ② 의료보건복지와 관련해 업무 중 사고, 의료기관 이용제한, 과다한 의료비부담, 보건 및 건강검진 서비스에 대한 욕구, 직장 내 복지시설 미비 등을, ③ 주거와 일상 및 가정생활에 대해 열악한 주거환경, 단조로운 여가생활, 자녀교육 등, ④ 관련정책 및 프로그램 욕구의 경우 지원 단체와 정부에 대해 각각 상이한 프로그램을 요구하는 것으로 나타났다.

또한 2008년 부산발전연구원의 실태보고서에 의하면, ① 노동영역에서 이주노동자는 내국인이 기피하는 3D업종의 중소 · 영세기업에서 장시간노동에 저임금을 받고, 작업장에서 언어폭력(30.9%), 여권압류(29.5%), 산업재해(24.1%) 등을 경험하고, 보험가입률이 저조한 가운데 산재경험은 비교적 높은 것으로 나타났고, ② 의료보건복지영역에서 의료시설 이용시 의료진과의 언어소통, 병원비 등이 가장 큰 문제이며, ③ 주거와 일상생활 영역에서 시간과 돈의 부족으로 충분한 여가 및 문화 활동을 누리지 못하고, 한국생활에서 의사소통문제가 가장 중요한 것으로 나타났으며, ④ 지원단체 및 공공기관의 프로그램과 관련해 공공기관에서 많이 이용한 서비스는 구직, 비자, 임금 등인 반면 지원단체의 경우 교육, 임금, 공동체, 산재 및 의료 등에 관한 서비스로 나타났다(부산발전연구원, 2008).

한국에서 이주노동자에 대한 인권침해와 차별행위는 입국, 취업과정, 주거환경, 일상생활 등에서 광범위하게 발생하고 있고, 구체적으로 과도한 송출비용, 장시간 노동, 낮은 임금수준, 빠른 작업속도, 열악한 작업환경, 만성적인 임금체불, 산업재해, 직업병, 여권압류 등의 문제를 안고 있다. 직장에서의 이주노동자의 인권실태를 조사한 국가인권위원회의 조사에 의하면(국가인권위원회, 2008), 전체 응답자 중 여권압류와 근로계약서 위반이 과반수이상이고, 봉급체불을 경험한 노동자가 여전히 존재하며, 건강검진이 미진한 수준이고, 산업재해 발생률이 내국인에 비해 높으며, 치료비 부담시 산재보험 적용비율이 매우 낮고, 직장 내 폭행사고의 가해자가 주로 한국인이며, 근로조건 만족도는 봉급체불 경험유무에 상당한 영향을 받는 것으로 나타났다.

이상의 실태조사들은 정책 및 서비스의 개발을 목적으로 이루어진 만큼 이주노동자의 사회적 욕구도 지원서비스와 연계시켜 논의되어야 할 것이다. 따라서 이주노동자의 사회적 욕구상황을 서비스 영역별로 나누어 정리하면(이수상 · 장임숙, 2008), ① 노동영역은 임금체불, 신분증압류, 폭언 및 폭행, 열악한 근로조건, 산업재해, 직장 내 갈등, 사업체 변경 및 취업 등, ② 의료영역은 질병 및 상해사고, 의료비용, 정신적 스트레스, 건강검진 및 상담 등, ③ 교육영역은 한국어교육, 정보화교육, 귀환프로그램 등, ④ 정보영역은 한국 관련 정보 및 자료, 모국 현지 소식 및 정보, 생활정보 등, ⑤ 사회문화영역은 언어적 차이, 사회적 차별, 문화적 차이, 종교, 금융거래 등이다.

3. 이주노동자의 욕구조사방법

서비스의 자원을 배분하는 데 있어 가장 중요한 정보는 서비스 수혜자의 욕구에 관한 것이다. 욕구 정보를 얻기 위한 욕구조사활동은 크게 측정도구를 적용하여 욕구를 측정하는 단계와 파악된 정보를 토대로 프로그램 개발이나 서비스 개발에 활용하기 위하여 욕구의 우선순위를 결정하는 판단의 과정으로 이루어지는데, 여기서 중요한 문제는 확인된 욕구가 주어진 여건에서 모두 충족될 수 없기 때문에 자원할당에 대한 우선순위를 정하고, 우선순위가 정해진 충족되지 않는 욕구에 대해서 어떻게 문제를 해결할 것인지에 대한 논의이다(서인해 · 공계순,

2004: 46).

다음 〈표 7-1〉은 한국 이주노동자의 실태 및 욕구조사에 관한 주요 내용을 정리한 것이다. 표에서 보는 바와 같이, 한국 이주노동자의 욕구조사는 생활실태 조사나 프로그램 욕구조사의 한 부분으로서 이루어졌기 때문에 단편적인 정보만을 제공할 뿐, 실질적인 욕구조사를 통해 파악할 수 있는 충분한 정보를 얻기에는 한계가 있다. 그리고 지방차원의 실태조사는 지역에 거주하는 이주노동자의 특성을 파악하여 지역정책에 반영할 수 있다는 점에서 이점이 있지만, 특정지역의 정보라는 지역적인 한계를 내재한다.

〈표 7-1〉 이주노동자에 관한 실태 및 욕구조사

관련 조사	구 분	주요 내용	조사대상 및 방법
경기개발연구, 2006	정주실태	주택, 의료, 노동, 여가, 보육, 사회자본	-조사 : 정주실태 및 정책 수요조사 -대상 : 이주노동자, 관련 민간단체 -지역 : 경기도(안산, 성남, 남양주 마석) -방법 : 이주노동자의 설문조사(315명)와 인터뷰(23명), 민간단체의 설문조사(19개) -분석 : 기술통계
	행정프로그램 욕구	지원서비스 인지도, 이용양태, 서비스종류, 만족도	
	지원 NGO 서비스	서비스 제공 실태와 문제점, 이주노동자의 정주여건 평가, 지원정책 수요 및 이주노동자 욕구의 정책반영 방안	
	적응전략 및 정주욕구	한국생활의 적응전략, 정주욕구, 시민권취득시 정주의사	
김해시 2006	직장생활	이직현황, 직장 · 직무 · 임금 · 고충처리 · 의료혜택 · 숙소시설 등의 만족도, 불공정한 대우에 대한 대처방법	-조사 : 노동실태조사 -대상 : 이주노동자 (200명) -지역 : 김해지역 -방법 : 설문조사 -분석 : 기술통계
	정부정책	정부정책에 대한 요구사항	
	지역 만족도 및 호감도	지역생활만족도, 직장 내 모임, 김해 및 한국인에 대한 호감도	
	프로그램 욕구	희망 정책 및 프로그램	
노동부 2007	모집 및 입국과정	입국경루, 송출비용, 구직자 선발기쥰, 표준근로계약조건, 입국소요기간, 한국어 및 취업교육	-조사 : 고용관리실태 -대상 고용사업체(300개), 이주노동자(300명) -지역 : 서울과 수도권 -방법 : 설문조사 -분석 : 기술통계
	근로조건	취업 업체의 특성, 월평균임금 및 근로시간, 월급사용처 및 송금액, 식사 및 숙박	
	사업체 이동	사업체 이동 사유, 이동시 애로요인	
	사건 · 사고 및 직장생활	근무 중 사건 및 사고, 직장생활시 애로사항 및 대처방법, 직장에의 기대사항	

<table>
<tr><td rowspan="4">경남발전 연구, 2007</td><td>취업 및 근로</td><td>한국에의 취업희망이유, 취업시 우선 고려사항, 근로조건 만족도</td><td rowspan="4">–조사 : 생활실태조사
–대상 : 이주노동자
–지역 : 경남지역(창원시, 김해시)
–방법 : 설문조사
–분석 : 기술통계</td></tr>
<tr><td>의료보건복지</td><td>산업재해, 의료기관 이용실태, 의료비 부담, 직장내 복지시설, 보건서비스 경험, 의료보건복지 만족도</td></tr>
<tr><td>주거와 일상 및 가정생활</td><td>거주형태, 거주지 만족도, 여가시간 주요활동, 자녀양육문제, 주거 및 일상생활 만족도</td></tr>
<tr><td>관련 정책 및 프로그램 욕구</td><td>피해사례, 권리침해시 대처방법, 단체 및 기관의 희망 지원 분야, 정책 및 프로그램 만족도</td></tr>
<tr><td rowspan="3">국가인권위, 2008</td><td>근로조건</td><td>여권 및 외국인등록증, 사업주의 근로계약서 위반, 근로시간, 주5일근무제, 평균 봉급, 숙소, 숙소내 부대시설, 주거 및 식사비용, 고충 및 애로상담</td><td rowspan="3">–조사 : 인권실태조사
–대상 : 이주노동자 (879명)
–지역 : 부산지역
–방법 : 설문조사
–분석 : 기술통계</td></tr>
<tr><td>산업재해와 안전교육</td><td>건강검진, 안전보건교육, 산업재해사고, 폭행 등의 경험</td></tr>
<tr><td>근로 만족도</td><td>근로조건 만족도, 직장생활 만족도</td></tr>
<tr><td rowspan="4">부산발전 연구원 2008</td><td>노동</td><td>노동조건, 숙식환경, 직장생활</td><td rowspan="4">–조사 : 생활실태조사
–대상 : 이주노동자
–지역 : 부산지역
–방법 : 설문조사, 심층면접
–분석 : 기술통계</td></tr>
<tr><td>의료보건복지</td><td>보험가입, 의료시설 이용실태와 불편사항, 산업재해</td></tr>
<tr><td>주거와 일상생활</td><td>주거형태, 거주 애로점, 일상생활 애로점</td></tr>
<tr><td>지원단체 및 공공기관 이용</td><td>기관 및 단체의 인지도와 이용서비스, 희망 지원분야</td></tr>
</table>

또 기존의 욕구조사는 대부분 이주노동자를 대상으로 하는 직접조사방법에 의존한다. 물론 욕구주체가 느끼는 욕구를 파악하여 이들의 가치와 요구에 맞는 서비스를 지원하기 위해서는 이주노동자를 대상으로 하는 직접조사가 필요하다. 하지만 어떤 개인이나 집단이 특정 상태에서 결핍이나 박탈을 느낀다고 해서 사회는 그것만을 기준으로 욕구로 인정하지 않으며, 특히 이주노동자와 같이 욕구주체가 정치경제적 영향력이 약한 개인이나 집단인 경우 욕구의 객체를 소유한 서비스 공급자에 의해 욕구 상황이 규정되는 경우가 많다(김영종, 2007: 544-545). Hernández · Pozo · Alonso(2004)는 욕구사정계획, 욕구분석, 사회적 자본분석의 3단계로 욕구사정활동을 구분하는데, 1단계인 욕구사정계획은 ① 욕구사정목표의 정의, ② 욕구사정의 대상 집단과 지리적 범위의 구체화, ③ 욕구영역에 관한 정

보의 확인. ④ 욕구사정의 목표에 부합하는 조사방법 및 자료수집, 분석기법의 결정으로 구성되고, 2단계인 욕구분석은 다시 ① 욕구영역의 개발, ② 욕구의 묘사 및 우선순위의 2가지 단계로 구체화되는데, 이 과정에서 욕구사정의 대상 집단에 관한 전문적 지식과 경험을 가진 주요정보원으로서 욕구주체에게 다양한 서비스를 제공하는 전문가의 역할이 중요하다고 지적한다. 하지만 기존의 욕구조사는 욕구주체가 느끼는 욕구를 측정하는 데 집중하고 있다.

이주노동자의 욕구조사는 이주노동자가 당면한 문제가 무엇이며, 어떠한 서비스를 필요로 하는지를 확인하기 위한 것이다. 그런데 확인된 욕구를 모두 충족시키기에 자원은 한정되어 있으므로, 욕구조사활동은 단순히 문제를 파악하고 욕구를 확인하는 작업이기보다 확인된 문제 중에서 어떠한 문제에 우선적으로 자원을 투입할 것인지를 결정하는 데 중요한 정보를 제공해주는 작업이어야 한다. 따라서 보다 체계적인 욕구조사는 자원할당을 위해 욕구의 상대적인 우선순위를 정하는 데 중요한 정보를 제공할 수 있어야 하고, 또 이주노동자들이 느끼는 욕구는 물론이고, 실제로 문제해결에 개입하는 서비스 제공자의 판단에 의해 규정된 욕구[1]까지 고려되어야 할 것이다. 이에 본 연구는 욕구주체의 인식을 측정하는 기존 조사와 별도로 이주노동자와 직접 접촉하면서 서비스를 제공해주는 전문가집단을 대상으로 이주노동자의 사회적 욕구의 우선순위를 보다 명확히 파악하고자 계층분석과정(AHP) 기법을 활용하고자 한다.

Ⅲ. 연구의 설계

1. 계층분석과성(AHP) 모형의 정립

1970년대 초반 Saaty에 의해 개발된 계층분석과정(AHP: Analytic Hierarchy Process)은 복잡한 다기준 문제를 다루는 의사결정의 지지도구이다. 이 기법은 복

[1] 서비스제공자를 대상으로 이주노동자의 욕구를 파악하는 것은 기존의 직접조사에서 얻을 수 없는 정보, 즉 클라이언트의 특성과 미충족된 욕구에 대한 추정 등에 관한 정보는 물론이고, 오히려 직접조사보다 질 높은 욕구사정의 정보를 도출하는 데 유용하다(김영종, 2007: 555-560).

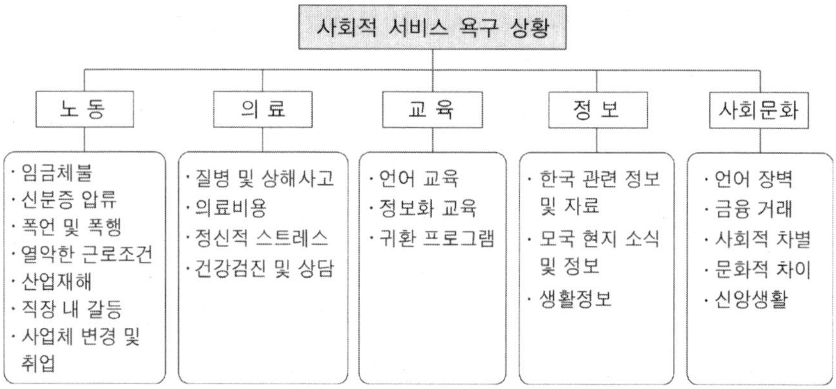

〈그림 7-1〉 계층분석과정(AHP)의 모형

잡한 문제의 계층적 분화와 일련의 대안들 사이의 선호를 결정하는 계층 내 요소들의 쌍대비교(pairwise comparison)를 통해 의사결정문제를 분석하고 구조화한다(Tiwari & Banerjee, 2001: 79). 계층분석과정(AHP)은 ① 의사결정문제의 상호 관련된 의사결정요소들의 계층화에 의한 모델링 단계, ② 쌍대비교를 통한 결정요소의 중요도와 각각의 결정요소에 대한 선호 확인, ③ 수적 계량화를 통한 각각의 결정요소의 상대적인 중요도의 계산, ④ 의사결정대안의 우순선위를 파악하기 위한 상대적인 중요도의 종합화로 이루어진다(Kumar & Bisson, 2008: 51). 따라서 AHP의 3가지 기본적인 기능은 ① 복잡성의 구조화, ② 중요도의 측정, ③ 종합화라고 할 수 있다(Forman & Gass, 2001: 469). 따라서 계층분석과정(AHP)은 다수의 속성들을 계층적으로 분류하여 각 속성의 중요도를 파악할 수 있기 때문에 수많은 사회적 욕구상황 중에서 상대적으로 중요한 욕구상황을 선별하는 데 용이할 뿐 아니라, 자원배분에 관한 문제에 적용되는 분석기법이라는 점에 의의가 있다.

계층분석과정(AHP)의 모형설계를 위해서는 우선 평가항목을 도출하고 이를 기반으로 계층을 정의한다. 평가항목의 도출에 있어 중요한 것은 객관적인 기준의 도출이다. 이를 위해 기존의 연구 및 조사 자료를 활용하여 평가항목을 도출하고,[2] 부산지역에 4명의 전문가를 대상으로 예비조사를 통해 평가항목에 대해 충

2) 자료의 종류는 연구보고서, 연구논문, NGO 발간자료 등에서 실시한 이주노동자에 관한 각종 실태 및 욕구조사에 관한 자료를 기초로 하였다.

분한 검증을 거쳐, 평가영역 5개, 세부 평가요소 22개로 총 27개의 평가항목으로 계층모형을 구성하고, 평가 항목간 쌍대비교를 통해 중요도를 측정한다.

2. 평가항목의 도출

본 연구에서 이주노동자의 사회적 욕구상황은 이주노동자에게 사회적 서비스[3]가 요구되는 상황을 의미한다. 사회적 욕구상황의 중요도를 평가하기 위한 항목은 '노동', '의료', '교육', '정보', '사회문화'의 5가지 평가영역으로 구성한다. 먼저 '노동'은 임금체불, 신분증 압류, 폭언 및 폭행, 열악한 근로조건, 산업재해, 직장내 갈등, 사업체 변경 및 취업으로 세분화한다(노동부, 2007; 경남발전연구원, 2007; 송종호, 2006; 조석주, 2007). 고용허가제의 도입으로 이주노동자는 근로기준법과 산업안전보건법 등의 노동관계법과 4대 보험 혜택을 받을 수 있지만, 열거한 평가요소들은 미등록노동자는 물론이고 등록노동자의 경우에도 빈번하게 발생하는 문제이다. 둘째, '의료'는 질병 및 상해사고, 의료비용, 정신적 스트레스, 건강검진 및 상담으로 구성한다(경남발전연구원, 2007; 조석주, 2007; 김희재, 2003). 경기개발원(2006)의 조사에서 이주노동자의 낮은 보험가입률, 의료비 부담이 의료영역의 중요한 문제로 나타났고, 또 관련연구들은 이주노동자가 문화적 차이와 사회적 차별, 무시 등으로 정신적인 스트레스가 상당히 높지만, 정기적으로 건강검진이나 건강상담을 받은 경험은 매우 낮다고 지적한다. 셋째, '교육'은 언어교육, 정보화교육, 귀환프로그램으로 세분화한다(송종호, 2006; 김희재, 2003; 경남발전연구원, 2007; 경기개발연구원, 2006; 부산발전연구원, 2008). 선행연구는 이주노동자에게 필요한 가장 대표적인 교육프로그램으로 언어교육과 정보화교육을 꼽고 있으며, 최근에는 민간단체를 중심으로 귀환프로그램의 운영이 활성화되고 있다고 지적한다. 한국과 같이 이주노동자의 정주방지를 원칙으로 하는 국가에서는 이주노동자가 본국으로 귀국한 후 잘 정착할 수 있도록 창업 혹은 컴퓨터 수리 등의 기술훈련을 내용으로 하는 귀환프로그램이 반드시 필요하기 때문이다. 넷째, '정보'는

[3] 여기서 사회적 서비스란 인간이 사회적인 삶을 영위하는 데 필수적인 서비스로서, 주로 사회로부터 제공되는 노동, 의료, 교육, 정보, 문화 등의 서비스를 총칭한다.

〈표 7-2〉 계층분석과정(AHP) 평가항목의 도출

평가 항목		세부 내용
노동	임금체불	사업주로부터 임금, 퇴직금, 각종 수당 등을 제대로 받지 못한 경우
	신분증 압류	여권, 외국인등록증, 건강보험증, 통장 등의 신분증을 압류당한 경우
	폭언 및 폭행	사업장에서 폭언이나 폭행 혹은 성희롱 및 성폭행을 당한 경우
	열악한 근로조건	낮은 임금을 받고 열악한 작업환경에서 장시간 근로하는 경우
	산업 재해	근무 중 사고로 인해 산재 신청을 하거나 보상을 받아야 하는 경우
	직장 내 갈등	사업주나 직장동료와 갈등이 있는 경우
	사업체 변경 및 취업	사업체를 변경하거나 취업을 해야 하는 경우
의료	질병 및 상해사고	질병에 걸리거나 교통사고 등의 상해사고를 당한 경우
	의료비용	당장 치료나 수술을 받아야 하는데 의료비를 내지 못하는 경우
	정신적 스트레스	정신적으로 스트레스, 불안, 우울증에 시달리는 경우
	건강검진 및 상담	정기적으로 검진을 받거나 건강에 관해 상담을 받고자 하는 경우
교육	언어 교육	언어습득을 위해 한국어 등의 언어교육을 받고자 하는 경우
	정보화 교육	컴퓨터 및 정보화 교육을 받고자 하는 경우
	귀환프로그램	본국으로의 귀환에 대비하여 기능교육이나 직업교육을 받고자 하는 경우
정보	한국관련 정보 및 자료	한국문화나 역사 등의 관련 정보 및 자료를 얻고자 하는 경우
	모국 현지소식 및 정보	모국의 현지 소식이나 정보를 알고 싶은 경우
	생활정보	일상생활에 필요한 정보나 지역의 소식을 알고 싶은 경우
사회문화	언어 장벽	의사소통 장애로 중요한 실수를 했거나 일상생활에 어려움을 겪는 경우
	금융 거래	송금 및 환전 등의 금융거래를 해야 하는 경우
	사회적 차별	외국인이라는 이유로 부당한 차별을 받거나 무시당한 경우
	문화적 차이	생활방식, 행동양식, 식문화 등의 문화적 차이로 고통을 받는 경우
	신앙생활	자신의 종교를 지키고 신앙생활을 영위하고자 하는 경우

한국 관련 정보 및 자료, 모국현지 소식 및 정보, 생활정보로 구성한다(정기선, 1999; 송종호, 2006; 조용완, 2007; 경남발전연구원, 2006). 선행연구는 이주노동자가 한국사회에 잘 적응하기 위해서는 일상생활에 필요한 정보는 물론이고 한국관련정보가 필요하고, 또 이주노동자가 본국에 귀환하여 잘 적응하기 위해서는 상시적으로 모국의 소식과 정보에 민감해야 한다고 지적한다. 다섯째, '사회문화'는 언어장벽, 사회적 차별, 문화적 차이, 신앙생활, 금융거래로 세분화하였다(윤석오 외, 2005; 경남발전연구원, 2007; 김현숙, 2004). 선행연구는 이주노동자의 가장 큰 어려움으로 언어장벽을 지적하고, 소수자로서 겪게 되는 사회적 차별과 문화적

차이로 인해 부적응의 문제가 심각하며 종교적 차이와 본국에의 송금문제와 관련한 금융거래도 중요한 욕구상황으로 인식하고 있다.

3. 조사의 대상 및 방법

계층분석과정(AHP)은 객관적인 판단과 평가의 논리적 일관성을 확보하는 것이 중요하기 때문에 전문가집단을 대상으로 조사가 이루어지는데, 본 연구는 전문가집단으로서 전국의 서비스제공자를 조사대상으로 삼는다. 이주노동자와 직접 접촉하면서 서비스를 제공해주는 전국의 관련 기관 및 단체(NGO)의 업무담당자와의 전화인터뷰를 통해 설문조사에 대한 협조여부를 묻고, 협조에 응한 총 51개의 기관 및 단체의 업무담당자에게 설문지를 배포한 결과, 총 33개의 기관 및 단체로부터 설문지를 회수하였다. 구체적으로 서비스제공자는 법무부, 노동부, 한국산업인력공단, 국가인권위원회, 종합고용지원센터, 출입국관리사무소, 지자체 담당공무원 등의 15개의 관련기관과 전국의 이주노동자 관련 민간단체 18개[4])로 구성된다. 그리고 조사를 위한 설문지는 4개 단체를 중심으로 1차 예비조사를 거쳐

〈표 7-3〉 상대적 중요도에 대한 척도

척도	정의	설명
1	동등하게 중요(equal important)	두 가지 상황을 비교했을 때 두 가지 문제가 동등하게 중요
2	약간 중요(moderate important)	한 요소가 다른 문제보다 약간 더 중요
3	중요(strong important)	한 요소가 다른 문제보다 강하게 중요
4	매우 중요(very strong important)	한 요소가 다른 문제보다 강하고도 명백하게 중요
5	절대적으로 중요 (extreme important)	한 요소가 다른 문제보다 비교가 안될 만큼 절대적으로 중요

4) 조사대상 민간단체는 아산외국인노동자지원센터, 남양주시외국인근로자복지센터, 부천이주노동자복지센터, 평택외국인복지센터, 천안병천외국인쉼터, 의정부이주센터, 수원외국인노동자쉼터, 대전외국인이주노동자지원센터, 대구외국인노동자상담소, 경산벧엘외국인근로자선교회, 광주외국인근로자선교회, 경남외국인노동자상담소, 양산외국인노동자의집, 한국외국인선교회 부산지부, 부산외국인근로자선교회, 가톨릭이주노동자센터, 김해이주민지원센터, 김해YMCA이주노동자센터 등의 18개 단체로 구성된다.

〈표 7-4〉 조사의 대상 및 방법

구 분	대 상		표본수	조사 방법
계층분석과정 (AHP) 조사	서비스 제공자	공공기관	15/15	직접면접조사, E-mail, 팩스
		민간단체	18/36	
	소계		33	배포 51, 회수 33
면접 조사	민간단체 실무자		3	직접면접조사

완성하였다. 설문항목은 이주노동자의 사회적 욕구 상황 중 전문가의 입장에서 어떤 상황이 보다 중요한지를 응답하도록 하였다. AHP 방식은 기준들을 5점 척도에 의해 두 개씩 상호 비교하는 방식으로,[5] 문항에서 제시될 비교항목간의 상대적 중요도를 다음의 척도에 따라 점수를 부여하도록 했다.

설문조사는 2008년 7월 14일부터 7월 25일까지 진행하였고, 설문지는 직접면접, 이메일, 팩스전송 등의 방법으로 배포하였으며, 분석도구로는 Expert Choice사의 AHP의 전용소프트웨어 Expert Choice 11.5를 이용하였다. 추가적으로 AHP 분석결과에 대한 보다 심층적인 논의를 위해 민간단체 실무자와 인터뷰를 실시하였다. 인터뷰는 3명의 민간단체 실무자를 대상으로 이주노동자의 사회적 욕구에 대한 전문가적 의견을 듣는 형태로 이루어졌다.

Ⅳ. 이주노동자의 사회적 욕구에 관한 AHP 분석

1. 사회적 욕구의 우선순위 분석

계층분석과정에서는 분석 자료의 신뢰도를 판단하기 위해 응답자 개개인의 비일관성지수를 산출한다.[6] 비일관성지수는 일반적으로 0.1 이하의 기준에 신뢰

5) 일반적으로 상호비교는 9점 척도를 사용하지만, 척도의 지나친 세분화가 응답자의 선호 및 중요도 측정을 어렵게 한다는 점에서 5점 척도를 사용하였다.

6) 계층분석과정(AHP)은 비교행렬의 주고유벡터를 활용한 1:1비교결과의 통합과정에서 비일관성 지수(Inconsistency Index)를 도출해 주며, 이를 이용해 의사결정자의 논리적 일관성 유지 여부를 확인하고 판단의 합리성과 논리성을 파악할 수 있다(정우수 외, 2008: 135).

〈표 7-5〉 평가 항목의 유효 표본수와 비일관성지수

평가항목 / 유효표본수	평가영역	평가영역별 평가요소				
		노동	의료	교육	정보	사회문화
전체	23/33	27/33	23/33	25/33	23/33	25/33
공공기관	11/15	14/15	10/15	10/15	10/15	12/15
민간단체	12/18	13/18	13/18	15/18	13/18	13/18
비일관성지수	0.00	0.00	0.00	0.00	0.00	0.00

성을 가지며, 0.2 이하를 허용할 수 있는 범위로 인정하는데, 본 연구에서는 0.1 이하의 기준을 적용하였다. 각 응답자의 평가영역별 문항의 비일관성지수가 0.1을 초과하는 경우 분석에서 제외시켰기 때문에 모든 평가항목의 비일관성지수는 0.00으로 나타났다. 〈표 7-5〉는 평가영역별 비일관성지수가 0.1을 초과하는 경우를 제외한 유효표본수를 나타낸 것이다.[7)]

설계된 모형에서 1단계로 노동, 의료, 교육, 정보, 사회문화의 평가영역별 중요도를 평가하고, 2단계로 세부 항목의 중요도를 산출한 다음, 3단계로 전체 평가항목을 종합하여 가중치를 부여하는 방법으로 중요도를 산출하였다. 다음 〈표 7-6〉은 평가영역별 평가요소의 상대적 중요도 및 우선순위를 나타낸 것이다.

1) 평가영역의 우선순위

1단계로 여러 사람들의 의견을 종합하여 평균값을 기준으로 평가영역별 중요도를 산출한 결과, 노동 0.368, 의료 0.258, 교육 0.134, 사회문화 0.122, 정보 0.118로 나타나 이주노동자의 사회적 욕구상황 중에서 가장 중요한 부문은 '노동'인 것을 알 수 있다. 이주노동자의 경우 노동을 목적으로 한국에 이주한 사람들이므로, 다른 영역보다 노동영역에서 발생하는 문제가 가장 우선적으로 해결되어야 할 문제이며, 노동자의 삶의 영역에서 직장생활이 대부분을 차지하기 때문에(김수재,

7) 이창효(2000)는 AHP 기법 적용시 실무지식과 전문적 경험이 있는 집단을 조사대상으로 선발한 경우 그 집단의 특성이 동질적일 때 그 규모는 10명에서 15명이면 충분하다고 지적한다(이창효, 2000: 73). 즉 본 연구에서 비일관성지수가 0.1을 초과한 설문지를 제외한 표본수가 많지 않지만 통계적 유효성을 가진다고 할 수 있다.

〈표 7-6〉 평가항목의 상대적 중요도 및 우선순위

평가영역	중요도	순위	평가영역별 평가요소	중요도	순위	종합 가중치	전체 순위
노동	0.368	1	임금체불	0.210	1	0.077	2
			신분증압류	0.088	7	0.033	16
			폭언 및 폭행	0.152	3	0.056	6
			열악한 근로조건	0.145	4	0.053	8
			산업재해	0.200	2	0.074	4
			직장 내 갈등	0.090	6	0.033	17
			사업체 변경 및 취업	0.114	5	0.042	12
의료	0.258	2	질병 및 상해사고	0.320	1	0.083	1
			의료비용	0.295	2	0.076	3
			정신적 스트레스	0.208	3	0.054	7
			건강검진 및 상담	0.176	4	0.045	9
교육	0.134	3	언어교육	0.505	1	0.068	5
			정보화교육	0.178	3	0.024	19
			귀환프로그램	0.318	2	0.043	11
정보	0.118	5	한국관련정보 및 자료	0.318	2	0.038	13
			모국현지소식 및 정보	0.312	3	0.037	14
			생활정보	0.370	1	0.044	10
사회문화	0.122	4	언어장벽	0.291	1	0.036	15
			사회적 차별	0.235	2	0.029	18
			문화적 차이	0.177	3	0.022	20
			신앙생활	0.158	4	0.019	21
			금융거래	0.139	5	0.017	22

2007: 164), 노동에 관한 욕구충족이 매우 필수적이라 할 수 있다.

두 번째 의료영역은 모든 인간이 생존하는 데 있어서 가장 필수적인 서비스로서의 중요성과 함께 이주노동자의 대부분이 3D업종에 종사하기 때문에 산업재해나 질병발생률이 높은 반면 진료비부담으로 인해 제대로 치료를 받지 못하는 경우가 많기 때문에 의료서비스를 중요하게 평가한 것으로 분석된다.

「이주민문화센터 실무자」에 의하면, "이주노동자에게 있어서 노동과 의료서비스는 다른 사회적 서비스와 같은 차원에서 논의될 수 없을 정도로 생존권과 결부된 본질적인 문제이다"고 전한다(2008. 6. 30). 또 「외국인노동자인권모임 실무자」는 "노동문제의 경우 문제를 해결할 방법이 충분히 주어진다면 그 어떤 문제 상황도 중요하지 않은 것이 없다"는 것이다(2008. 7. 6).

사실상 이주노동자들이 기본적인 권리보장과 보편적인 서비스를 제대로 지원받지 못하고 있는 현실에서 교육, 사회문화, 정보 등의 서비스에 대한 욕구는 이차적인 욕구에 해당할 수 있다.

2) 평가영역별 평가요소의 우선순위

(1) 노동 영역

노동 영역의 세부지표는 임금체불, 신분증 압류, 폭언 및 폭행, 열악한 근로조건, 산업재해, 직장 내 갈등, 사업체 변경 및 취업의 7가지로 구성된다. 이들 세부지표의 중요도는 임금체불 0.210, 산업재해 0.200, 폭언 및 폭행 0.152, 열악한 근로조건 0.145, 사업체 변경 및 취업 0.114, 직장 내 갈등 0.090, 신분증 압류 0.88로 나타났다. 즉 서비스제공자들은 임금체불과 산업재해가 다른 지표에 비해 더욱 중요한 욕구상황인 것으로 평가하고 있다.

서비스제공자들은 이주노동자가 사업주로부터 임금, 퇴직금, 각종 수당을 받지 못하는 상황에서 이를 해결할 수 있는 지원서비스가 가장 중요하다는 평가이다. 그런데 임금체불문제는 등록노동자와 미등록노동자간에 그 내용과 양상이 상이하다. 등록노동자의 경우 제도적으로 해결할 수 있는 장치가 마련됨으로써 과거에 비해 임금체불문제가 많이 해결되었고, 최근에는 오히려 사업체도산으로 인한 임금삭감 등의 문제가 발생하고 있다. 반면, 미등록노동자의 경우 임금체불문제가 여전히 심각한 수준이다. 특히 미등록노동자들의 상당수가 보다 높은 임금을 받기 위해 미등록노동자가 되는 경우가 많은데, 이들의 불안정한 고용상태를 악용하는 사용자에 의해 임금체불현상이 지속되고 있는 것이다.

두 번째로 높게 나타난 산업재해의 경우 한국산업안전공단 산업보건국의 자료에서 연도별 이주노동자의 산업재해지수는 꾸준히 증가하고 있는데, 2004년 사상자 2,724명, 2005년 2,517명, 2006년 3,406명로 증가했고, 2007년에는 전년도에 비해 이주노동자의 수가 줄었음에도 불구하고 3,967명으로 늘었고, 특히 산재발생률이 한국 내 전체노동자 산업재해 발생률보다 높아지고 있다(메디컬투데이, 2008). 이주노동자의 경우 사고빈도가 높은 직업에 종사하는 경우가 많아 다양한 부위의 골절 및 절단 등의 산업재해가 빈번하게 발생하고, 유해한 작업장에서 아무런 보호 장구 없이 작업하기 때문에 각종 직업병이 발병하는 것으로 보고 되고 있다. 특히 언어소통의 어려움으로 인해 작업수칙을 제대로 이해하지 못하는 것이 산재의 중요한 원인이다(하은희 외, 2002: 8).

세 번째로 폭언이나 폭행의 경우, 과거 산업연수생제도가 운영될 당시에는 사회적으로 인권의식이 낮았을 뿐 아니라, 제도적인 보호 장치가 거의 작동하지 않았기 때문에 이주노동자에 대한 폭행이나 폭언은 매우 일상적이었다. 급속한 경제성장 이후 가난한 나라에서 온 노동자를 하찮고 열등한 존재로 여기는 인식구조가 작업장에서 이주노동자에 대한 폭언과 폭력의 형태로 표출되고 있는 것이다. 특히 이주노동자에 대한 폭행이 사장과 같은 회사의 상급자에 의해 이루어지는 것이 아니라, 함께 일하는 한국인 노동자들에 의해 주로 발생하고 있으며, 가장 많이 이용되는 폭행의 유형은 욕설 등의 언어적 폭력이다.[8)]

그리고 열악한 근로조건은 이주노동자가 근무하는 사업체의 규모에 따라 욕구에 상이하게 작용할 수 있다. 사업체 규모가 큰 경우에는 표준근로계약서와 동일한 근로조건을 제공받을 수 있기 때문이다.

> 「김해 YMCA의 이주노동자 담당실무자」에 의하면, "대부분의 이주노동자가 급여수준, 근로시간, 작업환경에 대해 불만을 표출하고 있을 뿐 아니라, 구두계약이 흔한 숙식비의 경우 사업주가 계약내용을 준수하지 않을 가능성이 높기 때문에 문제가 될 수 있다. 따라서 사업체에 고용되기 전에 근로조건을 파악하기 위한 '사전체험근로'가 필요하다"고 전한다.

---

8) 박신혁 · 전우영(1998)의 연구에서 이주노동자의 폭행실태에 관한 조사에서 다양한 형태의 폭행이 보고되었다.

외국인근로자의 고용 등에 관한 법률 제25조는 외국인근로자가 원칙적으로 최초 고용허가서를 받은 사업장에서 계속 근로하여야 하나, 실제로 색약 등의 노동자의 신체적 결함, 업무상 재해, 노동자 감염, 이주노동자간 폭행 등의 경우 정부가 사업장 변경을 지원하고 있다. 이러한 경우 정부는 고용변동 사유 확인 및 노동자 면담, 임금청산, 사업장 변경 신청협조, 숙식제공 및 관리, 구직지원, 노동자 인수 및 인계 등을 지원하고 있다.

직장 내 갈등은 대체로 문화적 차이에 의해 발생하게 되는데, 사업주나 한국 동료와의 갈등이 주류이지만, 최근에는 이주노동자간의 갈등도 빈번해지고 있다.

> 「김해 YMCA의 이주노동자 담당실무자」는 "이주노동자간의 갈등문제는 이주노동자들의 주거환경과 밀접히 관련되는데, 회사숙소에서 다국적 이주노동자들이 혼숙하게 되면서 이들 간의 종교적, 문화적 차이로 인해 갈등이 발생하는 것이어서 주거문제가 상대적으로 중요해지고 있다"고 말한다.

마지막으로 신분증 압류 사례는 최근에 많이 줄어들고 있어 상대적인 중요도가 가장 낮게 나타난 것으로 보인다.

(2) 의료 영역

의료 영역은 질병 및 상해사고, 의료비용, 정신적 스트레스, 건강검진 및 상담의 4가지 세부기준으로 구성되는데, 질병 및 상해사고 0.320, 의료비용 0.295, 정신적 스트레스 0.208, 건강검진 및 상담 0.176으로 나타나 서비스 제공자들은 질병 및 상해사고와 의료비용이 정신적 스트레스나 건강검진 및 상담보다 더 중요한 것으로 평가한다. 이주노동자 누구에게나 일반적으로 발생할 수 있는 질병 및 상해사고는 중요한 욕구상황에 해당한다. 보건복지가족부는 자원봉사단체 등 민간단체가 입원 및 수술이 필요한 환자를 무료진료사업 시행기관에 의뢰할 경우, 우선적으로 진료를 받을 수 있도록 연계체계를 마련하고 있다(노동부 한국산업인력공단, 2007: 118).

(3) 교육 영역

교육 영역은 언어교육, 정보화교육, 귀환프로그램의 3가지 세부기준으로 구성되는데, 언어교육 0.505, 귀환프로그램 0.318, 정보화교육 0.178로 나타나 서비스제공자들은 이주노동자에게 있어 언어교육이 귀환프로그램이나 정보화교육보다 훨씬 더 중요한 것으로 평가하고 있다. 이주노동자들은 공공기관에 희망하는 교육프로그램으로 한국어교육에 대한 욕구가 가장 강하며, 지원단체에서 이용하는 서비스도 한국어교육이라는 점에서 언어교육에 대한 욕구가 무엇보다 크다고 할 수 있는데, 이주노동자의 원활한 의사소통은 작업장에서의 생산력 증가, 동료애 강화, 산업재해 방지 등 여러 가지 측면에서 기업에 이익이 되며, 사회적 편견과 문화적 차이를 해소하는 데 가장 중요한 요인이 된다(국가인권위원회, 2008: 80).

최근 들어 교육 영역에서 귀환프로그램의 도입을 적극적으로 추진하고 있다. 국내 사정이 체류를 원하는 이주노동자를 그대로 받아들일 수 없기 때문에 현재의 정책방향은 이주노동자들이 합법적 체류기간 내 국내에서 취업하다 기간이 만료되면 자발적으로 귀환하도록 유도하는 것이다(노동부 · 경기대학교 산학협력단, 2007: 217).

> 「김해YMCA 이주노동자 담당실무자」는 "이주노동자가 고국에서 정착할 수 있도록 귀국 후에 창업 등의 직업마련을 위한 프로그램이 필요한데, 귀환프로그램의 부재로 인해 미등록노동자가 증가하는 것이며, 이것은 행정력의 소모로 이어지므로 귀환프로그램의 지원이 상당히 중요하다"는 것이다(2008. 6. 30).

이주노동자의 정보접근성을 개선하기 위해 필요한 가장 기본적인 서비스는 다름 아닌 정보화교육이다. 상당수의 이주노동자들은 컴퓨터나 인터넷을 이용하는 방법조차 모르는 경우도 많다. 따라서 이주노동자의 정보접근성을 개선하기 위해서는 우선적으로 컴퓨터 관련 교육프로그램을 정부가 적극적으로 지원해주어야 하고, 정부 이외의 기관을 통해 관련 교육을 받을 수 있도록 민간단체에 대한 컴퓨터 및 인터넷 설치를 지원해주어야 할 것이다. 그런데 문제는 현재 실시하고 있는 정보화교육에 대한 이주노동자의 참여도가 높지 못할 뿐 아니라, 참여의 지속성도 매우 낮다는 데 있다.

> 「김해YMCA의 이주노동자 담당실무자」에 의하면, "사실 교육프로그램 운영자들은 대체로 정보화교육에 대해 회의적이다. 일요일에 한번 있는 2시간의 정보화교육으로는 효과를 기대할 수 없을 뿐 아니라, 결혼이민자와 다문화가정의 아동을 대상으로 한 프로그램에서도 효과가 없었다. 이것은 기존 교육프로그램 자체의 문제라기보다는 대부분의 이주민들은 컴퓨터를 보유하지 않는 경우가 많기 때문에 반복적으로 학습할 수 있는 기회의 부재로 인해 교육프로그램의 효과가 미미하다"는 것이다(2008. 12. 10).

(4) 정보 영역

정보 영역은 한국 관련 정보 및 자료, 모국 현지소식 및 정보, 생활정보의 3가지 세부기준으로 구성되는데, 생활정보 0.370, 한국관련 정보 및 자료 0.318, 모국 현지소식 및 정보 0.312로 나타나 서비스제공자들은 생활정보가 한국관련정보나 모국현지소식보다 중요한 것으로 인식하고 있다. 최근에 이주노동자들은 이주민 공동체나 인터넷을 통해 정보에 접근하고 있지만, 문제는 정보교환을 위한 공간과 시설을 확보하는 것이다. 현재 정보교환장소로서 이주민공동체나 쉼터가 중요한 역할을 하는데, 이들 시설이 매우 열악하므로 이주민공동체에 대한 지원이 필요하고, 또 다국적 언어로 된 생활 가이드북이나 웹 정보를 다국어로 제공해주는 것도 중요하다. 그리고 최근 이주민의 차별적인 특성 중의 하나는 모국과 문화적 전통에 친밀한 연계성을 유지하려는 욕구를 보인다는 것인데, 이러한 현상은 이주민 집단거주지(cultural enclaves)와 같은 지리적 구획화(geographic compartmentalization)를 초래할 뿐 아니라, 언어능력개발과 동화과정을 거부하는 문제로 발전할 수도 있다(Norris, 2002: 60). 하지만 이주노동자의 경우, 장기체류를 방지하고 본국에 귀환하여 잘 정착하기 위해서는 모국의 변화된 상황에 대한 정보가 필수적이므로 모국정보의 제공을 위한 지원프로그램을 개발할 필요가 있다.

(5) 사회문화 영역

사회문화 영역은 언어장벽, 사회적 차별, 문화적 차이, 신앙생활, 금융거래의 5가지 세부기준으로 구성되는데, 언어장벽 0.291, 사회적 차별 0.235, 문화적 차이 0.177, 신앙생활 0.158, 금융거래 0.139로 나타나 서비스제공자들은 언어장벽과 사회적 차별이 문화적 차이, 신앙생활, 금융거래에 비해 더욱 중요한 욕구상황인 것으로 평가한다. 사회문화 영역에서 가장 심각한 문제는 언어장벽이며, 이러한 욕구에 관한 서비스는 교육 영역과 중첩될 수밖에 없다. 2007년 노동부의 조사에서 한국생활의 어려움 중에서 가장 심각한 것으로 언어문제를 꼽았다. 이 조사에서 음식, 주거 · 숙소, 금전문제, 결혼 및 성생활문제, 언어소통, 문화적 차이로 인한 갈등, 브로커에 의한 착취, 외국인에 대한 차별대우 중에서 언어소통의 어려움이 가장 심각한 것으로 나타났다. 두 번째로 중요한 욕구상황은 사회적 차별로 인해 발생한다. 2008년 문화체육관광부에서 실시한 조사에서 이주민 차별에 관해 생활전반에 걸쳐 차별이 심하다는 의견이 전체 79.4%로 높게 나타났고, 같은 맥락에서 한국인이 이주민 모국의 문화를 충분히 존중한다는 질문에 36%가 그렇지 않다고 응답한 것으로 나타나 타문화 존중에 대한 인식이 부족한 것으로 나타났다. 이외에도 이주노동자들은 종교적인 이유로 인해 한국인과 차이와 갈등을 느끼게 된다.

3) 평가요소의 종합적인 우선순위

이주노동자의 사회적 욕구에 대한 서비스제공자의 종합적인 견해를 살펴보면, 욕구의 중요도는 질병 및 상해사고, 임금체불, 의료비용, 산업재해, 언어교육, 폭언 및 폭행, 정신적 스트레스, 열악한 근로조건, 건강검진 및 상담, 생활정보, 귀환프로그램, 사업체 변경 및 취업, 한국관련 정보 및 자료, 모국 현지 소식 및 정보, 언어장벽, 신분증 압류, 직장내 갈등, 사회적 차별, 정보화교육, 문화적 차이, 신앙생활, 금융거래의 순으로 나타났다. 주로 노동 및 의료영역의 중요도가 높게 나타났고, 교육 영역 중에서 언어교육이 상대적으로 높은 평가를 받은 데 반해, 정보 및 사회문화 영역에 대한 욕구는 상대적으로 중요도가 낮게 평가되었다. 이것은 노동 및 의료 영역은 인간의 기본권적 욕구에 해당하므로 필수적으로 제공될 필요가 있다는 점에서 중요한 욕구로 인식된 것이고, 반면에 가장 낮은 평가를 받고 있는 사회문화 영역은 이주노동자에게만 국한된 문제가 아닌 이주민 전반에 걸친 문제인 동시에 제도적이고 정책적인 대안을 마련하거나 지원프로그램을 통해 단기간에 해결될 수 있는 문제가 아닌 보다 장기적인 관점에서 지속적인 노력을 기울여야 할 문제이기 때문에 중요도가 상대적으로 낮게 나타난 것으로 보인다.

전체적으로 종합가중치를 부여한 결과는 노동 영역에 비해 의료 영역의 2가지 평가요소의 우선순위가 높게 나타났는데, 이것은 앞서 1단계 평가영역별 우선순위에서 노동 영역이 의료 영역보다 더 중요하게 나타난 결과와 차이를 보인다. 이것은 의료 영역이 세부 평가요소가 4가지인데 비해, 노동 영역의 평가요소가 7가지로 더욱 많아서 발생하는 것으로 사료된다. 평가영역별 세부지표를 모두 종합하여 가중치를 부여한 결과는 다음 〈그림 7-2〉와 같다.

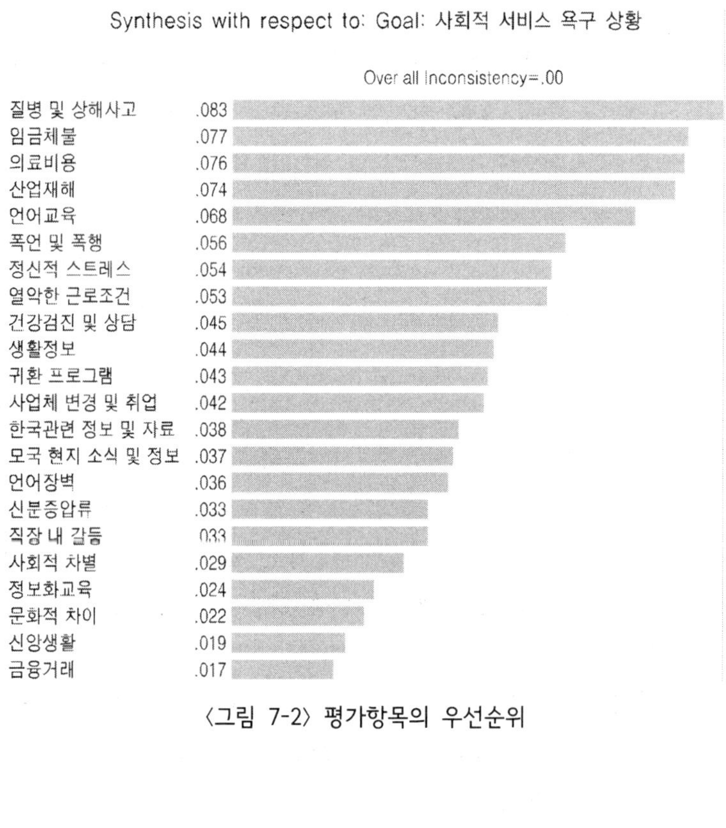

〈그림 7-2〉 평가항목의 우선순위

2. 전문가집단 간의 우선순위 분석

이주노동자의 사회적 욕구에 관한 학문적, 실질적 접근을 위해서는 실제로 이주노동자에게 서비스를 제공해주는 현장 전문가의 인식이 매우 중요하다. 본 연구에서 전문가집단은 크게 공공기관과 민간단체로 나누는데, 먼저 이주노동자에 관한 기본적인 정책 및 서비스를 개발하고 수립하는 주체로서 공공기관은 제도적인 해결책의 마련과 안정적인 서비스 제공에 중요한 역할을 하는 반면, 민간단체는 공공기관에 접근이 어려운 이주노동자에게 필요한 서비스를 지원하고 민간차원에서의 해결방안을 모색하는 데 주력하고 있다. 따라서 이들 전문가에 대한 조사는 현실적인 문제를 파악하고 실질적인 대안을 마련하는 데 중요한 정보를 제공해줄 수 있다.

공공기관과 민간단체를 대상으로 5가지 평가영역과 22가지의 세부 기준에 대한 중요도 및 우선순위를 분석한 결과, 먼저 5가지 평가영역의 중요도에 대해 공공기관은 노동(0.324), 의료(0.228), 사회문화(0.169), 정보(0.140), 교육(0.139)의 순으로 나타난 반면, 민간단체는 노동(0.365), 의료(0.271), 교육(0.142), 정보(0.115), 사회문화(0.106)의 순으로 나타났다. 따라서 공공기관과 민간단체는 모두 노동과 의료영역, 그중에서도 노동영역에 가장 높은 우선순위를 둔다는 점에서 공통적이지만, 공공기관은 사회문화영역에, 민간단체는 교육영역에 보다 우선순위를 두는 데 차이가 있었다.

한편 세부기준의 중요도에서 "노동영역"의 경우, 공공기관은 임금체불(0.215), 산업재해(0.183), 폭언 및 폭행(0.156), 열악한 근로조건(0.151), 사업체 변경 및 취업(0.102), 직장내 갈등(0.100), 신분증 압류(0.093)의 순으로 우선순위를 둔 반면, 민간단체는 산업재해(0.219), 임금체불(0.204), 폭언 및 폭행(0.148), 열악한 근로조건(0.138), 사업체 변경 및 취업(0.129), 신분증 압류(0.083), 직장내 갈등(0.080)의 순으로 나타났다.

"의료영역"에서 공공기관은 질병 및 상해사고(0.344), 의료비용(0.265), 정신적 스트레스(0.212), 건강검진 및 상담(0.179)의 순으로 중요하게 평가한 반면, 민간단체는 의료비용(0.322), 질병 및 상해사고(0.301), 정신적 스트레스(0.204), 건강검진 및 상담(0.173)의 순으로 중요하게 평가했다. 이것은 거의 모든 민간단체들이 "무료진료소" 사업에 적극적인 현상을 반영하는 결과라 할 수 있다.

"교육영역"의 경우 공공기관은 언어교육(0.516), 귀환프로그램(0.310), 정보화교육(0.174)의 중요도를 보이고, 민간단체는 언어교육(0.497), 귀환프로그램(0.323), 정보화교육(0.180)으로 나타나 수치상의 차이일 뿐 공공기관과 민간단체 간에 우선순위에 차이가 없다.

"정보영역"의 중요도에 대해 공공기관은 생활정보(0.396), 한국 관련정보 및 자료(0.334), 모국현지소식 및 정보(0.270)의 순으로 응답한 반면, 민간단체는 생활정보(0.351), 모국 현지 소식 및 정보(0.343), 한국 관련정보 및 자료(0.306)의 순으로 나타나 공통적으로 생활정보에 가장 높은 우선순위를 두지만 한국정보와 모국소식에 대한 우선순위에는 차이가 있다.

"사회문화영역"의 경우 공공기관은 언어장벽(0.291), 사회적 차별(0.247), 문화적 차이(0.194), 신앙생활(0.150), 금융거래(0.119)의 순으로 우선순위를 둔 데 반해, 민간단체는 언어장벽(0.291), 사회적 차별(0223), 신앙생활(0.166), 문화적 차이(0161), 금융거래(0.159)의 순으로 나타나 공공이나 민간단체가 공통적으로 언어장벽과 사회적 차별을 다른 욕구상황에 비해 중요하다고 인식하지만, 공공기관이 문화적 차이에, 민간단체는 신앙생활에 보다 우선순위를 두고 있다. 이주노동자를 지원하는 민간단체 중에서 종교계 지원단체가 85% 이상을 차지한다는 점에서 민간단체의 우선순위에서 신앙생활이 중요하게 나타난 것은 당연한 결과로 받아들여진다.

〈표 7-7〉과 같이 종합가중치를 부여하여 전체 평가항목의 우선순위를 분석한 결과, 공공기관은 질병 및 상해사고(0.078), 언어교육(0.072), 임금체불(0.070), 의료비용(0.060), 산업재해(0.059) 등의 순으로 우선순위를 둔 반면, 민간단체는 의료비용(0.087), 질병 및 상해사고(0.082), 산업재해(0.080), 임금체불(0.074), 언어교육(0.071) 등의 순으로 중요하게 평가했다.

〈표 7-7〉 공공기관과 민간단체간의 종합 우선순위 비교

평가영역	평가요소	공공기관		민간단체	
		종합 가중치	전체 순위	종합 가중치	전체 순위
노동	임금체불	0.070	3	0.074	4
	신분증압류	0.030	19	0.030	16
	폭언 및 폭행	0.051	7	0.055	7
	열악한 근로조건	0.049	8	0.050	8
	산업재해	0.059	5	0.080	3
	직장 내 갈등	0.033	16	0.029	17
	사업체 변경 및 취업	0.033	16	0.047	9
의료	질병 및 상해사고	0.078	1	0.082	2
	의료비용	0.060	4	0.087	1
	정신적 스트레스	0.048	10	0.055	6
	건강검진 및 상담	0.041	14	0.047	10
교육	언어교육	0.072	2	0.071	5
	정보화교육	0.024	21	0.026	18
	귀환프로그램	0.043	12	0.046	11
정보	한국관련정보 및 자료	0.047	11	0.035	14
	모국현지소식 및 정보	0.038	15	0.040	13
	생활정보	0.056	6	0.041	12
사회문화	언어장벽	0.049	9	0.031	15
	사회적 차별	0.042	13	0.024	19
	문화적 차이	0.033	16	0.017	21
	신앙생활	0.024	20	0.018	20
	금융거래	0.020	22	0.017	21

Ⅴ. 정책 제언 및 결론

1. 분석결과의 정책적 함의

본 연구는 계층분석과정(AHP)을 이용하여 이주노동자의 사회적 욕구의 우선순위를 분석하였다. 분석결과, 이주노동자의 가장 중요한 사회적 욕구 문제는 노동과 의료 영역이며, 세부적으로 질병 및 상해사고, 임금체불, 의료비용, 산업재해

의 순으로 중요하게 나타났다. 분석결과에서 우선순위가 높게 나타난 욕구문제를 중심으로 정책 방안을 제시하면 다음과 같다.

첫째, 가장 우선적으로 해결해야 할 문제로서 질병 및 상해사고와 관련해 제도적인 보완책이 마련되어야 한다. 고용허가제에 의해 이주노동자는 국민건강보험에 적용을 받지만, 실제로 이주노동자가 다니는 회사들이 건강보험에 가입하지 않는 경우가 많아 상당수가 보험혜택을 받지 못하는 실정이다. 특히 미등록노동자의 경우 의료보험가입이 사업주의 선택사항이므로, 대부분의 미등록노동자가 의료보험 혜택을 받을 수 없어 과다한 비용부담으로 치료를 포기하는 경우가 많다. 의료보장이 안 되는 경우 병원치료비를 일반수가 그대로 지불해야 하기 때문이다. 그리고 이주노동자는 질병이나 상해사고에 대비해 상해보험에 의무적으로 가입하도록 하지만, 이주노동자의 상해보험은 사망보상과 장애 후유보상만 적용되고 질병 및 상해 치료비 보장은 빠져 있다. 따라서 고용허가제 사업장의 건강보험가입여부에 대한 철저한 관리감독과 의무불이행 사업장에 대한 패널티를 강화하는 한편, 실질적으로 질병 및 상해치료비를 보장받을 수 있도록 상해보험제도를 개선해야 할 것이다.

둘째, 의료비와 관련해 보건복지가족부는 입국 후 90일이 경과한 이주노동자가 국내에서 발병한 경우 일반 질병은 500만원 이내에서 지원하고 중증질환은 해당 의료기관이 심의 및 초과사유서를 제출하면 1000만원까지 전액 지원하고 있다. 또한 외국인의 거주비율이 높은 경기도의 안산, 평택, 파주 등의 지역에서는 지방정부차원에서 취약계층의 가정을 무기한, 무제한 지원하는 '무한돌봄사업'을 통해 이주노동자에게 의료비를 지원해주고 있다. 하지만 이주노동자를 대상으로 하는 사업이 아닌 만큼 지원대상으로 선정되기 어렵다. 반면 부산시는 이주노동자와 결혼이민자와 그 자녀를 대상으로 1회 500만원 범위 내에서 입원비를 지원하고 1회 진료비가 500만원을 넘으면 심의를 거쳐 1000만원까지 지원해주고 있다. 그러나 지원대상이 되기 위해서는 여권이나 외국인등록증 등을 통해 신원을 확인할 수 있고 국내 체류기간이 90일을 넘거나 국내에서 발병했다는 의사의 판단이 있어야한다. 이처럼 정부의 의료비지원사업은 대부분이 합법적으로 체류하는 이주노동자만 지원을 받을 수 있다는 점에서 한계가 있다. 그 대안으로 나온 것이 바로 이주노동자 지원단체들이 개별적으로 또는 연합해서 만든 이주노동자 자체 의료공제회이다(송종호, 2006: 42). 의료공제회는 의료비지원, 정기적인 진료와 건강검진, 질병예방을 위한 보건교육 등을 실시하는데, 현재 외국인의료공제조합, 외국인근로자 의료공제회, 희년의료공제회 등이 있다. 이러한 사설의료보험조합은 국민건강보험을 적용받는 내국인에 비해 진료비 부담이 다소 높기는 하지만, 이마저도 수도권에 집중하고 있어 지방의 미등록노동자들의 상황은 더욱 열악하다. 따라서 각 지역마다 사설의료보험조합을 확대하거나 외국인무료진료소를 확대 운영해야 할 것이다. 다만, 이주노동자들이 대체로 유해사업장에서 일한다는 점을 감안할 때 간단한 검사나 약 처방에 의존하는 무료진료소만으로는 한계가 있고, 언어소통의 한계로 인해 자신의 증세를 제대로 표현하지 못한다는 점을 고려한다면, 장기적으로 무료진료소보다 이주노동자전용병원이 더욱 필요하다고 본다.

셋째, 임금체불에 대비한 보증보험제도의 철저한 관리와 사업주에 대한 규제 강화가 필요하다. 이주노동자를 고용한 사업주는 퇴직금 지불을 위한 출국만기보험과 임금체불에 대비한 보증보험에 반드시 가입해야 하는데, 근로계약 효력발생일로부터 15일 이내에 의무적으로 가입해야 하고 미가입시 500만원 이하의 벌금이 부과된다. 그러나 고용허가제 사업장의 보험 가입률 및 납입실적이 저조해 등록노동자의 경우에도 임금이나 퇴직금을 받지 못하는 경우가 종종 발생하고 있다. 사실상 출국만기보험에 가입하지 않아도 이를 강제하지 않고 있는 현실과 1년 이상 근무한 노동자에게 지급하게 돼 있는 퇴직금을 지급하지 않기 위해 365일 이전에 근로계약을 해지하는 사업체들이 많다. 특히 미등록노동자의 경우에는 임금체불문제가 더욱 악화되고 있다. 지난 6월 '외국인근로자 민원처리지침' 중 신고사건 조사결과 사업주 및 근로자가 출입국관리법 위반사실이 있더라도 체불임금 청산 등 노동관계법상 권리구제가 이루어진 이후 출입국사무소에 그 사실을 통보하도록 한 조항을 폐지하고, '선통보 후구제' 조치로 전환한 이후 이주노동자의 임금체불현황은 2007년 8월 802개 사업체 1639명, 48억 6100만원에서 2008년 8월 2025개 사업체, 3877명, 95억 3300만원으로 전년 대비 3배가량 체불업체가 증가하고 2배가 넘는 체불금액이 발생했다(오마이뉴스, 2008b). 심지어 최근에 체불임금 보증보험과 출국만기보험도 '임의'가입으로 전환하겠다는 정부의 발표는 다문화정책에 대한 이중적이고 모순적인 태도를 보여준다. 다문화주의가 중요한 정책의 제로 채택되고 있는 시점에서 이주노동자의 기본권 보장을 외면하는 정부의 다문화정책은 사실상 공허한 정치적 구호에 불과하다. 오히려 정부는 출국만기보험 가입규정을 이주노동자 입국과 동시에 들도록 하여 이를 어기는 사업체는 이주노동자 인수를 허용하지 않는 규제조항과 근로계약만기에 따른 사업장 변경시 출국만기보험을 이주노동자에게 귀속되도록 규정하고, 출국만기보험이 지급해야 할 퇴직금에 비해 적게 납입되는 경우 그 차액보전에 대한 명문규정과 벌칙조항을 강화해야 한다(용인이주노동자쉼터 홈페이지). 또한 출국만기보험 등의 이주노동자 전용보험을 특정보험사에서 독점하고 있는 점도 개선되어야 한다. 국가가 보험가입을 강제하고, 정부가 삼성화재와 체결한 보험에 이주노동자와 사용자가 일괄 가입하는 방식은 독과점에 따른 폐해를 양산하고 있다(오마이뉴스, 2008a). 따라서 이주노동자와 사용자가 보험사를 선택할 수 있도록 하고, 해당 보험사업의 투명한 운영을 위해서는 사업운영현황 및 실적 등에 관한 정보도 공개되어야 할 것이다.

넷째, 이주노동자의 산재보험에 대한 홍보강화와 산업재해의 예방을 위한 체계적인 안전보건교육이 필요하다. 정부는 산재보상절차를 10개국의 언어로 번역하여 산재보상교육을 실시하고 있지만, 그 효과는 미미하다. 실제로 등록노동자의 상당수가 산재보험에 대한 인식이 낮아 보상을 제대로 받지 못하는 경우가 많기 때문이다. 그리고 미등록노동자의 경우에도 산재보험을 통해 치료와 보상을 받을 수 있는 데도 불구하고 실제로 산재신청을 하지 않으려고 하기 때문에 제도가 있어도 제대로 운영되지 못하는 문제가 있다. 이주노동자의 산업재해율은 내국인근로자에 비해 현저히 높고, 또 지속적으로 증가하는 추세이다. 한국어가 미숙한 이주노동자의 경우 안전표지를 읽을 수 없을 뿐 아니라 작업수칙을 설명해도 제대로 이해하지 못해 산업재해를 당하는 경우가 많다. 그래서 정부는 안전보건 기본수칙을 10개국 언어로 번역하여 이주노동자 소식지에 싣고 있으며, 2008년 1월부터 외국인을 고용한 사업장에 '외국어로 된 안전 · 보건표지 부착'이 의무화됨에 따라 노동부와 한국산업안전공단은 '외국어 안전 · 보건표지 및 작업안전수칙 부착에 관한 지침'을 책자로 제작해 관련 사업장 5,000개소에 보급하였다. 일반적으로 이주노동자가 입국하면 산업인력공단에서 산재에 관한 교육을 받고, 또 정기적으로 산업안전교육을 실시하기도 하지만 교육의 실효성이 낮다. 언어소통의 문제로 안전교육조차 제대로 이해하지 못하기 때문이다. 그래서 안산시의 경우 안전교육 무료통역 서비스를 실시하고 있다. 이것은 언어능력을 구비한 이주노동자 전담 산업안전 교육 강사를 양성할 필요성을 보여주는 것이다. 나아가 언어와 직업의 결합을 촉진하는 언어훈련 등 이중(dual path)교육프로그램도 필요한데, 이주노동자의 지리적·시간적인 여건을 고려해 기업 내에서 언어, 안전, 직업관련 교육과 함께 직장문화에 대한 이해, 문화활동과 결합하는 교육프로그램이 필요하다(김영란, 2008: 132). 이것은 이주노동자를 위한 통합교육시스템의 필요성을 의미한다.

마지막으로 협력적인 네트워크 지원체제의 구축을 강조하고자 한다. 고용허가제 하에 들어온 이주노동자의 취업활동 및 고용관리는 「외국인근로자의 고용 등에 관한 법률」에 의해 노동부가 전담하고 있지만, 사실상 관련 업무가 법무부, 문화체육관광부, 행정안전부, 보건복지가족부, 교육과학기술부, 외교통상부, 여성가족부 등으로 다양하게 분산되어있다. 부처의 특성에 따라 노동부는 외국인력 고용관리를, 법무부는 출입국문제를, 문화체육관광부는 외국인 문화지원사업을, 행정안전부는 지역에 거주하는 외국인 지원업무를, 보건복지가족부는 의료 및 복지서비스를, 교육과학기술부는 외국인 자녀의 교육서비스를, 외교통상부는 재외동포를 위한 서비스를, 여성부는 이주여성의 권익증진을 위한 사업을 맡고 있다. 기능의 분산으로 인해 이주노동자의 복잡하고 다양한 욕구문제는 부처간 협력을 필요로 한다. 부처간 협력은 체계적인 네트워크를 통한 통합지원시스템 및 서비스관리시스템의 구축으로 발전해야 할 것이다. 물론 이주노동자 관련업무의 협조를 위한 노동부를 중심으로 하는 협력네트워킹 체제가 구축되어 있지만, 관리적 효율성을 위한 공급자 중심의 네트워크에 머무르는 수준이므로 지원조직간 네트워크를 넘어서 수혜자 중심의 네트워크 체제의 구성이 필요하다.

2. 결 론

최근 정부가 적극적인 다문화정책의 추진을 약속하였지만, 사실상 2009년 예산편성 내용을 보면 오히려 다문화정책의 일환으로 추진되어오던 사업에 대한 예산지원이 축소되거나 폐지되는 사례가 나타나고 있다. 이것은 서비스 자원의 한정성으로 인해 발생하는 문제이므로, 정부가 한정된 자원을 보다 효율적으로 사용하기 위해서는 서비스 수혜자의 욕구를 측정하고 그 우선순위를 파악하여 이를 기초로 정책을 설계해야 한다. 따라서 정책개발 및 서비스 지원에 앞서 욕구조사가 선행되어야 한다.

이 연구는 이주노동자의 사회적 욕구의 상대적인 중요도를 측정하고 우선순위를 분석하는 실증적 연구이다. 구체적으로 기존의 이주노동자 실태조사를 토대로 이주노동자의 사회적 욕구상황을 도출하고, 서비스제공자를 대상으로 하여 계층분석과정(AHP)을 이용해 사회적 욕구의 우선순위를 분석하였다. 이주노동자를 대상으로 하는 기존의 욕구조사와 별도로 본 연구는 서비스제공자를 대상으로 조사를 진행하였는데, 이러한 조사는 욕구주체가 인지하지도 표출하지도 않는 중요한 욕구를 발견할 수 있다는 데 유용성을 지닌다. 이 연구의 결과는 이주노동자의 어떠한 문제가 가장 중요하며, 어떠한 서비스에 자원이 우선적으로 배분되어야 하는지, 그 우선순위를 제시하는 데 의의가 있다.

연구결과를 서비스 영역별로 보면, 서비스제공자들은 이주노동자에게 노동과 의료 영역의 문제가 정보 및 사회문화영역에 비해 상대적으로 더 중요한 것으로 평가하고 있으며, 세부적으로 질병 및 상해사고, 임금체불, 의료비용, 산업재해, 언어교육, 폭언 및 폭행, 정신적 스트레스, 열악한 근로조건, 건강검진 및 상담, 생활정보, 귀환프로그램, 사업체 변경 및 취업, 한국관련 정보 및 자료, 모국 현지 소식 및 정보, 언어장벽, 신분증 압류, 직장 내 갈등, 사회적 차별, 정보화교육, 문화적 차이, 신앙생활, 금융거래의 순으로 욕구의 중요성을 높게 평가했다. 그리고 전문가집단으로서 공공기관과 민간단체 간에는 욕구의 우선순위 평가에 차이가 있었다. 차이점은 공공기관이 언어교육을 중요하게 평가한 반면 민간단체는 의료비를 보다 중요하게 평가하였다는 점이다. 이것은 이해관계집단간의 가치와 인식의 차이를 보여주는 것이므로, 다문화적 가치와 관점의 정책 수립을 위해서는 정부, NGO, 기업, 학계, 일반시민 등과 함께 이주민 및 이주민커뮤니티가 참여하는 다문화거버넌스의 구축을 위한 구체적인 정책적 노력이 요구된다.

마지막으로 연구의 제한점으로 지적될 수 있는 것은 먼저, 서비스제공자를 대상으로 하는 욕구조사의 한계를 들 수 있다. 실제로 욕구주체가 인식하는 욕구와 다르게 서비스 제공자들이 인식하는 문제는 그들이 대상 집단에 대해 갖는 문화적, 계급적 편견으로 이어질 수 있으며, 또한 서비스제공자가 제공하는 자료는 서비스 수혜자들만의 의견을 반영하는 것이 될 수 있고, 서비스 제공자들은 그들의 기관에서 제공하거나 제공하게 될 서비스로 충족될 수 있는 문제에 대해서만 관심을 갖는 경향이 있다는 점이 될 것이다(서인해 · 공계순, 2004: 110-111). 둘째, 계층분석과정(AHP)의 세부지표 중에서 교육영역의 '언어교육'과 사회문화영역의 '언어장벽'이 사실상 중첩된다는 점이다. 따라서 보다 정확한 평가를 위해서는 하나의 지표를 제거하여 세부지표간의 우선순위를 평가하는 것이 바람직할 것이다. 마지막으로 본 연구는 이주노동자 욕구의 중요도를 파악하고 우선순위를 분석하는 데 그치고 있어 후속적인 연구를 통해 구체적인 정책방안과 서비스전략의 수립이 보완되어야 할 것이다.

참 고 문 헌

경기개발연구원. 2006. 「외국인근로자 정주실태 및 정책수요조사」. 정책연구보고서.

경남발전연구원. 2007. 「경남지역 외국인노동자의 생활실태와 정책과제」. 연구보고서.

국가인권위원회. 2008. 부산지역 이주노동자 인권실태. 「이주노동자 인권보호 및 증진을 위한 심포지엄 자료집」.

김수재. 2007. 외국인노동자의 문화적 갈등과 대응. 「민족문화논총」 38: 153-184.

김현숙. 2004. 부산지역 여성이주노동자들의 노동상태 및 생활경험에 관한 연구. 「부산정책연구」 2.

김희재. 2003. 한국과 일본의 외국인노동자 현황 및 정책. 「사회조사연구」 18: 61-93.

김영종. 2007. 「사회복지조사방법론」. 서울: 학지사.

김환준. 2004. 「사회복지연구조사방법론」. 서울: 나남.

노동부. 2001. 「외국인근로자 고용실태와 정책과제」. 실태조사보고서.

노동부. 2007. 「외국인 고용허가제 시행 3주년 평가 및 제도개선 방안연구」. 조사보고서.

노동부 한국산업인력공단. 2007. 「외국인근로자 체류지원을 위한 상담사례집」.

노동부 · 경기대학교 산학협력단. 2007. 「외국인 근로자의 체류 및 귀국지원에 관한 연구」.

박경태. 2008. 「소수자와 한국사회」. 서울: 후마니타스.

박신혁 · 전우혁. 1998. 한국내 외국인노동자들의 생활실태와 직무관련 만족도. 98년 연차대회 학술발표논문집.

부산발전연구원. 2008. 「부산지역이주노동자의 생활실태에 따른 지원방안」 정책워크숍 자료.

서인해 · 공계순. 2004. 「욕구조사의 이론과 실제」. 서울: 나남.

송종호. 2006. 한국의 외국인노동자: 외국인노동자 지원단체의 현황과 활동. 「민족연구」 28: 29-54.

윤석오 · 박명호 · 권장수. 2005. 이주노동자 현황 및 개선방안. 「복지행정논집」 15(2): 221-259.

이수상 · 장임숙. 2008. 이주노동자의 사회적 서비스에 대한 접근성과 사회연결망. 「한국문헌정보학회지」 42(4): 243-268.

이창효. 2000. 「집단의사결정론」. 서울: 세종출판사.

정기선. 1999. 국내 외국인근로자의 스트레스와 적응. 「한국심리학회지: 산업과 조직」 12(2):61-78.

정우수 · 박웅희 · 조병선. 2008. AHP 기법을 이용한 u-City 사업타당성 평가기준에 관한 연구. 「국토연구」 56: 123-144.

조석주. 2007. 다문화공생을 위한 지방자치단체의 기능 강화방안－외국인근로자 및 결혼이민자 사례를 중심으로. 「지방행정연구」 21(3): 3-46.

조용완. 2007. 이주민을 위한 국내 도서관 서비스의 현황분석. 「한국도서관정보학회지」 38(2): 245-269.

하은희 · 이승길 · 최재욱 · 홍윤철. 2002. 외국인근로자들의 근로실태, 산업재해 및 건강실태. 「산업보건」 166: 4-13.

Arslan, L. B. & Verhulst, F. C. & Crijnene, A. A. M. 2002. Prevalence and determinants of minor psychiatric disorder in Turkish immigrants living in the Netherlands. *Socail Psychiatry and Psychiatric Epidemiology* 37: 118-124.

Bayram, N. & Thorburn, D. & Demirhan, H. & Bilgel, N. 2007. Quality of life among Turkish immigrants in Sweden. *Qual Life Res* 16: 1319-1333.

Castro, A. B. & Fujishiro, K. & Sweitzer, E. · Oliva, J. 2006. How Immigrant Workers Experience Workplace Problems: A Qualitative Study. *Archives of Environmental & Occupational Health* 61(6): 249-258.

Forman, E. H. & Gass, S. I. 2001. The Analytic Hierarchy Process-An Exposition. *Operations Research* 49(4): 469-486.

Gary, K. & Lisa, S. 2008. Meeting the health literacy needs of immigrant populations. *Patient Education & Counseling* 71(3): 328-332.

Hernández, P. S. & Pozo, C. & Alonso, M. E. 2004. The Role of Informal Social Support in Needs Assessment: Proposal and Application of a Model to Assess Immigrants' Needs in the South of Spain. *Journal of Community & Applied Social Psychology* 14:

284-298.

Kumar, S. & Bisson, B. 2008. Utilizing analytic hierarchy process for improved decision making within supply chains. *Human System Management* 27(2008): 49-62.

Norris, T. D. 2002. Immigrant Needs and Local Government Services: Implications for Policymakers. *Policy Studies Journal* 30(1): 58-69.

Marietta, M. 2007. Undocumented immigrants should receive social services. *International Social Science Review* 81(1-2): 61-66.

Silvio, D. H. 2006. The information needs and information seeking behaviour of immigrant southern Sudanese youth in the city of London, Ontario: a exploratory study. *Library Review* 55(4): 259-266.

Soares, J. J. F. & Grossi, G. 1999. Psychosocial factors, pain parameters, mental health and coping among Turkish and Swedish patient with musculoskeletal pain. *Scandinavian Journal of Occupational Therapy* 6: 174-183.

Stronks, K. & Ravelli, A. C. J. & Reijneveld, S. A. 2001. Immigrants in the Netherlands: Equal access for equal need? *Journal of Epidemiology and Community Health* 55: 701-707.

Tiwari, M. K. & Banerjee, R. 2001. A Decision Support System for the Selection of a Casting Process Using Analytic Hierarchy Process. *Production Planning & Control* 12: 689-694.

「메디컬투데이」. 2006. 40만 이주노동자, 거꾸로 가는 산업재해. 9.15.

「오마이뉴스」. 2008a. 이주노동자전용보험은 '족쇄'가 아니다. 9.23.

__________. 2008b. 아이러브 코리아, 앤드유? 10.13.

용인이주노동자쉼터 홈페이지, 정책자료. 2008. 06. 24.

(http://www.yms.or.kr/bbs/skin/sirini_ezset_fullpack/ezset_catch_trackback.php?id=policy&no=26)

이주민문화센터 실무자 인터뷰. 2008. 06. 30.

외국인노동자인권모임 실무자 인터뷰. 2008. 07. 06.

김해YMCA 실무자와의 인터뷰. 2008. 06. 30.

색 인

집필진 약력

김현숙, 부산대학교 사회과학연구원 전임연구원
김희재, 부산대학교 사회학과 교수
나금실, 동아대학교 정치외교학과 강사
이수상, 부산대학교 문헌정보학과 교수
오중환, 뉴욕 시립대학교 사회학과 교수
장임숙, 부산대학교 사회과학연구원 전임연구원
최송식, 부산대학교 사회복지학과 교수

부산대학교 다민족·다문화 연구 시리즈 3
외국 이주민의 사회적 욕구와 적응

초판인쇄 2012년 11월 20일
초판발행 2012년 11월 30일

지은이 부산대학교 사회과학연구원 편
펴낸이 안종만

편 집 김선민·마찬옥
표지디자인 최은정
기획/마케팅 최준규
제 작 우인도·고철민

펴낸곳 (주) 박영사
서울특별시 종로구 13-31번지
등록 1959. 3. 11. 제300-1959-1호(倫)
전 화 02)733-6771
f a x 02)736-4818
e-mail pys@pybook.co.kr
homepage www.pybook.co.kr
ISBN 978-89-6454-340-5 94330
978-89-6454-367-2(세트)

정 가 19,000원